# 2012年度甘肃省
# 工业和信息化白皮书

## White Paper on Industry and Informationization
## of Gansu Province 2012

**编写人员**（按姓氏笔画排序）

| | | | | | |
|---|---|---|---|---|---|
| 王永庆 | 王俊海 | 王海峰 | 白　强 | 冯玉旗 | 刘荣发 |
| 杨广斐 | 苏一庆 | 李开明 | 李俊海 | 李瑞奇 | 何　翀 |
| 张双武 | 张军祯 | 徐宗海 | 郭永清 | 陶英平 | 曹学义 |
| 葛生银 | 程学钦 | | | | |

**编　审**

陶英平　陈海澎

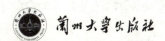

兰州大学出版社

图书在版编目(CIP)数据

2012 年度甘肃省工业和信息化白皮书／甘肃省工业
和信息化委员会编. —兰州:兰州大学出版社,
2013. 12
　　ISBN 978-7-311-04351-3

　　Ⅰ.①2… Ⅱ.①甘… Ⅲ.①工业经济—白皮书—江
西省—2012 ②信息工作—白皮书—江西省—2012 Ⅳ.
①F427.42 ②G203

　　中国版本图书馆 CIP 数据核字(2013)第 304001 号

策划编辑　宋　婷
责任编辑　佟玉梅　宋　婷
封面设计　刘　杰

书　　名　2012 年度甘肃省工业和信息化白皮书
作　　者　甘肃省工业和信息化委员会　编
出版发行　兰州大学出版社　(地址:兰州市天水南路 222 号　730000)
电　　话　0931-8912613(总编办公室)　0931-8617156(营销中心)
　　　　　　0931-8914298(读者服务部)
网　　址　http://www.onbook.com.cn
电子信箱　press@lzu.edu.cn
印　　刷　甘肃兴方正彩色数码快印有限公司
开　　本　710 mm×1020 mm　1/16
印　　张　14(插 16)
字　　数　304 千
版　　次　2013 年 12 月第 1 版
印　　次　2013 年 12 月第 1 次印刷
书　　号　ISBN 978-7-311-04351-3
定　　价　42.00 元

# 深入实施工业强省战略
# 加快推动转型跨越发展

郝 远

2012年,面对复杂多变的国内外经济形势,全省工业系统认真落实省委、省政府决策部署,坚持"稳中求进、好中求快"的总基调,积极应对各种挑战,努力克服诸多困难,扎实推进改革发展,确保全省工业主要目标任务顺利完成,重点支柱行业平稳增长,固定资产投资增势迅猛,规模以下企业培育成效明显,承接产业转移硕果累累,信息化水平明显提高,主要生产要素保障有力。

省委十二届四次全委扩大会上,王三运书记、刘伟平省长对今年全省经济工作面临的有利因素和不利因素,进行了全面科学分析,综合判断是机遇与挑战并存,机遇大于挑战。我们要紧密结合党的十八大和省委十二届四次全委扩大会议提出的新要求,进一步完善全省工业跨越发展的思路。今后全省工业发展,要以科学发展观为统领,以"3341"项目工程为抓手,以科技创新为支撑,以体制机制改革为动力,以非公经济跨越式发展为突破,以产业布局结构调整为重点,深入实施工业强省战略,扎实推动全省工业转型跨越发展。

以科学发展观为统领,就是既要追求发展的规模和速度,更要注重发展的质量和效益;既要做大做强传统优势产业,更要大力发展战略性新兴产业;既要坚持绿色发展,更要坚持循环发展,努力实现有质量、有效益、可持续的发展和实实在在、没有水分的增长。以"3341"项目工程为统领,就是围绕打造"三大战略平台"、实施"三大基础建设"、瞄准"四大产业方向",把着眼点放在谋划项目上,把着力点放在争取项目上,把落脚点放在项目落地见效上,积极储备、论证、报批和建设一批大项目,努力以大项目拉动大投资,以大投资带动大发展,确保固定资产投资高位增长,到2016年全省实现固定资产投资规模超过1万亿元。以科技创新为支撑,就是着力构建以企业为主体、市场为导向、产学研相结合的技术创新体系,加快科技创新、产品创新和品牌创新,推进科研成果快速转化和产业化,抓好科技人才队伍培养、政策资金支持、创新载体建设,使科研成果尽快转化为现实生产力,为工业转型跨越发展提供强有力的科技支撑。以体制机制改革为动力,就是进一步理顺政府与市场的关系,深化各项体制改革,激发各级政府和各类市场主体的内在发展动力。重点是逐步理顺和下放项目审批权限,落实项目责任制,强化督查考核,变一个积极性为多个积极性;健全完善企业业绩考核、薪酬兑现等激励约束机制,充分调动企业发展的积极性和主动性;稳步推进企业产权多元化改革,完善法人治理结构,建立规范的现代企业制度,推动混合所有制经济加快发展。以非公经济跨越式发展为突破,就是毫不动摇地鼓励、支持、引导非公经济发展,保证各种所有制经济依法平等使用生产要素,公平参与市场竞争,同等受到法律保护,努力把非公经济培育成新的经济增长点,充分发挥非公经济在调整结构、增加税收、促进就业等方面的重要作用,力争5年内非公经济市场主体翻一番,增加值占到全省GDP的50%以上。以产业布局为抓手,就是按照主体功能区规划要求,统筹资源、能源、市场和环境承载力,围绕优势特色、战略新兴、区域首位、富民多元"四大产业",有重点地布局重点项目,承接产业转移,促进产业集约发展、聚集发展,提升产业整体素质和竞争力,努力形成各地区布局合理、重点突出、错位互补、竞相发展的产业格局。

2013年是贯彻落实十八大精神的开局之年,是实施"十二五"规划承上启下的关键一年,也是全面建成小康社会奠定坚实基础的重要一年。根据省委全委扩大会议和省政府有关要求,要重点做好九个方面的工作:

1.加快产业结构调整。改造提升传统产业,培育壮大新兴产业,加快发展生产性服务业,实现传统产业新型化、优势产业集群化、新兴产业规模化,力争"十二五"末,打造5个千亿元企业、10个千亿元产业、10个千亿元产业集聚区。按照做大总量、优化结构、提升效益的原则,着力挖掘潜在优势,综合运用财税和信贷等扶持政策,在改造提升传统产业上下大功夫,在推进跨行业、跨区域、跨所有制兼并重组上下大力气,加快形成500个过亿级、100个十亿级、20个百亿级、5个千亿级的结构合理的企业和企业集群梯队。

2.支持重点企业发展。集中各方面力量,调集主要生产要素,落实各项优惠政策,切实提高重点企业对全省工业的贡献率。引导和帮助企业加强生产经营管理,加快项目建设,加大市场开拓力度,确保稳健经营。立足扩大内需,进一步完善部门、企业和项目业主单位互动机制和沟通对接制度,严格落实重大项目互保共建和省内企业互为市场措施,大幅度提高省内企业特别是重点企业产品市场占有率。

3.突出重点项目建设。做好项目跟踪协调服务,加快重点工业项目建设进度,确保既定项目早日建成投产,尽快发挥效益。进一步强化项目落地责任制,主动做好各方面的沟通协调,确保与央企合作项目以及甘皖、甘湘、兰洽会签约工业项目按期落地。去年签约的22个单项投资超过50亿元以上、总投资3140亿元的大型工业项目,今年开工率要超过50%。与央企签约的合作项目,今年力争新到位资金700亿元、新开工项目34个,项目累计开工率超过70%。

4.强化非公经济培育。按照全省推动非公经济跨越发展工作视频会议要求,重点通过引强入甘、创业催生、助推成长、改制重组、平台聚集"五大举措",主攻资源配置、市场准入、政策扶持、平台建设、环境营造"五大突破口",实施思想解放、政策扶持、产业提升、招商引资、金融支持、人才支撑、科技创新、创业推动、权益保护和典型引领"十大工程",推动非公企业加速发展。

5.加快产业转移承接。按照"3341"项目工程要求,加快工业园区、经济区和科技园区等载体建设,以打造兰州新区开放战略平台为牵引,以关天经济区、河西新能源基地、平庆煤电化基础为重要平台,积极为承接产业转移创造良好的硬件保障,着力推进全省重点产业发展。研究创新招商引资方式,瞄准世界500强、中国500强企业和重点地区,把承接产业转移与"民企陇上行"专项行动结合起来,精心搭建和参与各种招商平台,进一步在定点招商、精确招商、以商招商上下大功夫,坚持不懈地引进大项目、培育大企业、发展大产业、建设大园区。进一步完善签约项目的跟踪协调推进机制,切实提高签约项目履约率、资金到位率、项目开工率。

6.推动工业循环发展。按照循环经济总体规划和实施方案,重点推进三个层面的载体建设:一是围绕主导产业和产品,加快工业园区和工业企业循环化改造,在试点示范的基础上,总结经验,形成模式,向全省推广。二是围绕有色冶金、精细化工、煤电化工、特色农副产品深加工等循环经济产业链,梳理产业链条重点项目和关键链接技术,通过招商引资、政策引导,拉长、加粗、提升产业链,提高产业发展水平和质量。三是争取国家支持,引导社会投资,加大先进清洁生产技术和节能减排技术推广应用力度,切实提高资源减量化、再利用、再循环水平。

7.优化融资保障服务。充分发挥政府资金导向作用,积极引导各金融机构增加对符合产业政策和信贷条件企业和项目的信贷支持。充分发挥省级各融资平台作用,为全省企业发展提供资金保障。金川公司、白银公司、兰州电机、甘肃稀土、兰石集团等具备条件的企业,加快工作进度,确保尽早实现首发上市。

8.促进创新驱动发展。充分发挥全省科教资源优势,积极推动创新资源高效配置和综合集成,提高原始创新、集成创新和引进消化吸收再创新能力。围绕促进企业科技成果转化和产业化,针对性开展新产品、新技术、新工艺研究开发,用先进技术改造提升传统产业。加强以企业为主体、市场为导向、产学研相结合的技术创新体系建设,大力实施"六个一百"企业技术创新培育工程,切实提升企业自主创新能力和核心竞争力。加大人才培养、引进和使用力度,为工业转型跨越发展提供人才支撑。进一步加快信息化建设,着力推动工业化和信息化深度融合,以信息技术带动工业现代化,整体提高工业信息化水平。

9.落实安全生产责任。夯实企业安全生产主体责任和政府部门监管责任,落实"一岗双责"责任制,确保安全生产形势稳步好转。加强应急救援队伍建设,完善应急保障措施,切实提高事故灾难应对水平。深入推进质量振兴,着力强化食品质量安全检测,严厉打击质量安全违法行为,确保食品和产品的质量安全。

# 前　　言

　　工业和信息化是全省经济发展的支撑力量,也是推进富民兴陇的重要力量。在实现省第十二次党代会提出的与全国同步进入全面小康社会、建设幸福美好新甘肃的奋斗目标,尤其是推动全省经济又好又快发展中肩负着率先转型跨越的历史重任。

　　2012 年,面对复杂多变的国内外经济形势,全省工业和信息化系统认真落实省第十二次党代会精神及省委、省政府保增长的政策措施,坚持稳中求进、好中求快的总基调,着力解决深层次矛盾和经济运行中出现的新情况、新问题,综合施策、攻坚克难、积极应对,工业和信息化保持较快发展。全年主要发展目标顺利完成,重点支柱行业平稳增长,工业固定资产投资高位运行,承接产业转移势头强劲,中小企业发展步伐加快,主要生产要素保障有力,全社会信息化水平明显提高,为全省经济持续健康发展发挥了重要作用。

　　《2012 年度甘肃省工业和信息化白皮书》是甘肃省工业和信息化委员会向社会各界推出的工业和信息化发展的综合性年度分析报告。本书全面介绍了 2012 年度全省和各市(州)工业经济运行以及产业发展、工业固定资产投资、承接产业转移、工业循环经济、企业节能降耗、企业技术创新、中小企业发展、信用担保等情况,内容丰富,资料翔实,既可作为政府部门决策、企业经营管理者和各级工信部门同志开展工作的重要参考资料,也具有一定的史料价值,希望读者们能从这本书中有所启示和收获。

　　为了使语言简洁、明畅,本书中的企业名称多用简称。由于时间仓促,书中难免会有一些疏漏,敬请读者批评指正。

2013 年 6 月

# 目　录

# 第一篇
# 甘肃省2012年度工业综述

1.工业经济运行情况

2.工业固定资产投资情况

3.工业循环经济和节能减排情况

4.中小企业发展情况

5.企业技术创新情况

6.融资和信用担保情况

7.信息化和工业化融合情况

8.承接产业转移

# 工业经济运行情况

**一、总体情况**

2012年,甘肃省工业实现工业增加值2074.20亿元,增长14.5%,占全省生产总值的36.7%。其中,规模以上工业实现工业增加值1931.4亿元,增长14.6%,占全部工业的93.1%。规模以上工业企业产销率93.4%,较2011年回落1.8个百分点;规模以上工业企业实现利润总额285.2亿元,增长6.4%;规模以上工业亏损企业亏损额113.05亿元,增长1.6%(2006—2012年全省工业经济发展主要指标见附表1)。

**二、工业经济运行情况**

(一)轻工业快于重工业

轻工业实现工业增加值278.8亿元,增长18.8%,占全省规模以上工业的14.4%,较2011年提高1.8个百分点。重工业实现工业增加值1652.6亿元,增长14.0%,占全省规模以上工业的85.6%,较2011年下降1.4个百分点。

(二)市、县工业高于中央和省属企业

中央企业实现工业增加值852.71亿元,增长7.7%,拉动全省规模以上工业增长5个百分点,贡献率为30.27%;省属企业实现工业增加值472.32亿元,增长17.2%,拉动规模以上工业增长3个百分点,贡献率为17.28%;地方企业实现工业增加值606.33亿元,增长23.8%,拉动规模以上工业增长8.7个百分点,贡献率为51.94%。

(三)重点行业保持较快发展

石化、有色、冶金、电力、煤炭、装备制造和食品等重点支柱行业实现工业增加值1755.4亿元,增长13.34%,占全省规模以上工业的90.89%;实现利润249.16亿元,增长6.3%,占全省规模以上工业的87.36%(2012年全省重点支柱产业主要经济指标见附表2)。

(四)重点企业支撑作用明显

甘肃省监测的25户重点工业企业实现产值4093.84亿元,增长12%。实现工业增加值969.89亿元,增长9.19%,占规模以上工业的50.22%。实现利润98.57亿元,下降19.33%,占规模以上工业的38.03%。上缴税金405.48亿元,增长8.79%(2012年25户重点工业企业主要指标见附表3)。

### (五)大部分地区实现快速增长

甘肃省14个市(州),有11个市(州)的工业增速超过全省平均水平。其中,武威市(23.6%)、酒泉市(23.4%)、定西市(23.3%)、陇南市(21.5%)和金昌市(20.3%)增速超过20%(2006—2012年地区工业增加值及增速见附表4,2006—2012年地区经济效益见附表5)。

### (六)大部分主要产品的产量保持增长

天然气产量增长57.03%,电解铝产量增长49.90%,水泥产量增长27.97%,原油产量增长25.24%,铜产量增长13.3%,卷烟产量增长7.32%,镍产量增长0.63%,煤炭产量增长4.3%,钢材产量增长8.65%,铁合金产量增长2.9%(2012年全省主要工业产品的产能和产量见附表6)。

### 三、生产要素保障情况

2012年,甘肃省生产原煤4767.6万吨,增长4.3%;销售煤炭4648.41万吨,下降0.1%;产销率为95.3%;库存264.05万吨,增长441%。全省统调电厂累计来煤3558.8万吨,耗煤3544.2万吨,电煤库存321万吨,达到历史同期最好水平。累计从新疆、宁夏、内蒙古等省区调入煤炭2800万吨。两条矿用公路完成电煤运输1200万吨,同比增加200万吨。省政府规划建设的14个电煤应急储备中心已建成4个,储备能力达到300万吨,年处理能力达1500万吨,已完成前期工作并开工建设的有4个,正在抓紧做前期工作的有6个。

2012年,全社会用电量为994.56亿千瓦时,增长7.7%。其中:工业用电774.87亿千瓦时,增长8.75%,占全省用电量的77.91%;完成发电量1107.04亿千瓦时,增长3.66%;全省累计外送电量125.26亿千瓦时,下降17.92%;全省装机容量2915.765万千瓦,增长6.65%。

2012年,全省销售成品油422万吨,同比增长2.9%。其中:汽油销售完成101万吨,增长8.6%;柴油销售完成321万吨,增长1.3%。中国石油管道公司兰州输气分公司供应天然气22亿立方米,增长12.1%。

2012年,全省完成铁路货物发送量6313万吨,下降2.1%。其中:兰州铁路局管内甘肃货物发送量5273.74万吨,下降1.5%;货物周转量完成1489.73亿吨公里,同比增长7.2%。完成旅客发送量2383万人,下降2.8%;旅客周转量379.75亿人公里,增长4.3%。公路完成货运量3.95亿吨,增长37.26%;货物周转量894.63亿吨公里,增长38.19%。营业性车辆公路客运量6.19亿人,增长6.05%;旅客周转量286.43亿人公里,增长8.06%。完成航空旅客吞吐量523.14万人,其中客运发送量286.43亿人,增长24.38%;航空货运发送量1.28万吨,增长10.95%。全省石油、天然气管道总里程达到8000公里,原油输送能力达到2500万吨,成品油输送能力达到3000万吨,天然气输送能力达到500亿立方米(2012年重点物资铁路运输完成情况见附表7)。

### 四、存在的问题

**(一)部分行业开工不足**

虽然甘肃省针对高载能企业出台丰枯电价和省市财政配套补贴扶持政策,但因甘肃省周边宁夏、内蒙古、青海三省区高载能企业更具电价优势,铁合金等产品市场价格依然低于成本价,保持微亏状态运行。因此,高载能企业开工积极性不足,依然低负荷生产,铁合金、碳化硅等高载能企业被迫停产现象较为突出。

**(二)生产要素需求不够旺盛**

截至去年12月底,煤炭库存264.05万吨,较2011同期增长441%;2012年兰州铁路局管内甘肃货物发送量完成5273.74万吨,同比少运80.79万吨,减少1.5%,按计划欠运416.26万吨。生产要素需求不够旺盛,说明企业复产水平不高。

**(三)经济效益大幅下滑**

受经济下行影响,能源、原材料等高载能行业增产不增效,有色、冶金、煤炭和建材行业实现利润分别下降48.1%、80.9%、24.9%和29.4%。

**(四)工业发展内生动力不足**

2012年,甘肃省每万人拥有中小企业38户,全国平均为107户。甘肃省国有经济比重是77.06%,非公有制经济比重是22.94%。由于石油化工、有色冶金等能源原材料产业集中度比较高,中小企业和非公有制企业难以进入。

### 五、2013年主要任务

**(一)确保电力工业稳定增长**

会同电网公司、发电企业和大用户共同做好电力运行调控和开拓电力市场,力争实现发电量1180亿千瓦时,用电量1055亿千瓦时,外送电量150亿千瓦时,火电机组利用小时数4500小时。

**(二)确保电煤供求平衡**

积极应对电煤价格市场化改革,努力做好煤电各方利益协调,合理利用省外煤炭资源,推进电煤应急储备基地建设,确保省内三大主力煤矿供应电煤1800万吨,省外调入煤炭3000万吨。

**(三)确保铁路运力需求**

铁路货物发送量完成6600万吨,重点计划兑现率达到95%以上。

**(四)确保成品油和天然气有序供应**

努力保障油气市场供需平衡,成品油供应430万吨,天然气供应23.3亿立方米。

**(五)确保企业稳定生产**

突出抓好25户重点企业稳定生产,每月召开重点企业分析例会进行调度,"一企一策"解决企业实际困难。

**（六）强化工业经济调度分析**

对用电负荷、电煤库存和铁路运输实行日报制度，对百户企业实行旬报制度，对全省工业经济运行实行月分析，及时掌握运行趋势，提出应对措施及建议，供省政府领导决策。

（撰稿人 经济运行处苗健）

附表1：

2006—2012年全省工业经济发展主要指标

| 年份 | 全省生产总值 | | 全部工业 | | | 规模以上工业 | | | |
|---|---|---|---|---|---|---|---|---|---|
| | 数值/亿元 | 速度/% | 数值/亿元 | 速度/% | 占GDP比重/% | 增加值/亿元 | 速度/% | 实现利润/亿元 | 速度/% |
| 2006年 | 2275.0 | 11.4 | 873.1 | 15.9 | 38.4 | 774.2 | 17.3 | 106.7 | 79.9 |
| 2007年 | 2699.2 | 12.1 | 1066.7 | 16.5 | 39.5 | 956.7 | 17.1 | 214.8 | 101.3 |
| 2008年 | 3176.1 | 10.1 | 1221.7 | 9.5 | 38.5 | 1135.2 | 9.5 | 114.8 | -46.6 |
| 2009年 | 3382.4 | 10.1 | 1191.3 | 9.9 | 35.2 | 1136.7 | 10.6 | 169.1 | 47.3 |
| 2010年 | 4119.5 | 11.7 | 1602.9 | 15.8 | 38.9 | 1376.3 | 16.6 | 231.7 | 37.1 |
| 2011年 | 5020.0 | 12.5 | 2071.3 | 16.3 | 41.3 | 1782.9 | 16.2 | 268.1 | 15.6 |
| 2012年 | 5650.2 | 12.6 | 2074.2 | 14.5 | 36.7 | 1931.4 | 14.6 | 285.2 | 6.4 |

附表2：

### 2012年全省重点支柱产业主要经济指标

| | 增加值 | | | 利润 | | |
|---|---|---|---|---|---|---|
| | 工业增加值/亿元 | 速度/% | 比重/% | 实现利润/亿元 | 速度/% | 比重/% |
| 全省总计 | 1931.38 | 14.6 | 100.0 | 285.2 | 6.4 | |
| 煤炭工业 | 166.51 | 15.5 | 8.6 | 22.9 | −24.6 | 8.0 |
| 电力工业 | 167.52 | 8.5 | 8.7 | 12.4 | 31000.0 | 4.3 |
| 冶金工业 | 191.25 | 14.4 | 9.9 | 6.4 | −75.7 | 2.3 |
| 有色工业 | 316.14 | 31.8 | 16.4 | 31.8 | −53.3 | 11.1 |
| 石化工业 | 559.90 | 3.3 | 29.0 | 127.3 | 85.1 | 44.6 |
| 机械工业 | 123.92 | 15.9 | 6.4 | 16.5 | −12.5 | 5.8 |
| 电子工业 | 12.69 | 13.4 | 0.6 | 2.8 | 29.9 | 1.0 |
| 食品工业 | 217.50 | 17.0 | 11.3 | 31.9 | 45.0 | 11.2 |
| 纺织工业 | 11.87 | 22.2 | 0.6 | 12.7 | −11.3 | 4.5 |
| 建材工业 | 93.70 | 34.0 | 4.9 | 3.9 | 37.4 | 1.4 |
| 医药工业 | 26.69 | 32.0 | 1.4 | 11.0 | 8.2 | 3.9 |
| 其他工业 | 43.69 | 21.3 | 2.2 | 5.6 | 42.3 | 2.0 |

附表3:

**2012年25户重点工业企业主要指标**

| 企业名称 | 主营业务收入 | | | 工业增加值 | | | 利润总额 | | |
|---|---|---|---|---|---|---|---|---|---|
| | 完成/亿元 | 上年同期/亿元 | 增速/% | 完成/亿元 | 上年同期/亿元 | 增速/% | 完成/亿元 | 上年同期/亿元 | 增速/% |
| 中国石油兰州石化公司 | 700.03 | 745.19 | -6.06 | 86.00 | 87.00 | -1.15 | -47.1 | -41.68 | 13.00 |
| 中国石油庆阳石化公司 | 201.09 | 219.27 | -8.29 | 47.80 | 46.60 | 2.58 | 1.44 | 0.66 | 118.70 |
| 长庆油田分公司 | 279.98 | 227.18 | 23.24 | 220.28 | 178.86 | 23.16 | 86.73 | 61.36 | 41.35 |
| 玉门油田分公司 | 145.55 | 147.21 | -1.13 | 45.00 | 44.09 | 2.06 | -7.24 | -7.10 | 2.03 |
| 甘肃银光化学工业有限责任公司 | 53.01 | 54.58 | -2.88 | 8.00 | 7.00 | 14.28 | 0.93 | 0.28 | 237.70 |
| 甘肃烟草工业有限责任公司 | 111.99 | 89.48 | 25.15 | 85.40 | 66.14 | 29.12 | 11.85 | 7.46 | 58.92 |
| 中国铝业股份有限公司兰州分公司 | 55.76 | 60.48 | -7.80 | 5.73 | 11.32 | -49.4 | -3.47 | 1.85 | -287.78 |
| 中国铝业股份有限公司连城分公司 | 66.34 | 38.23 | 73.51 | 0.53 | 1.96 | -73 | -3.4 | 0.81 | -521.98 |
| 甘肃华鹭铝业有限公司 | 29.28 | 32.00 | -8.51 | 1.47 | 2.94 | -50 | -0.31 | 2.07 | -115.00 |
| 甘肃省电力公司 | 361.22 | 325.28 | 11.05 | 85.26 | 75.40 | 13.07 | 2.07 | 1.97 | 5.27 |
| 金川集团股份有限公司 | 1500 | 1218.22 | 23.13 | 110.00 | 110.00 | 0.00 | 15 | 43.74 | -65.71 |
| 酒泉钢铁集团有限责任公司 | 1015.27 | 830.01 | 22.32 | 103.00 | 100.00 | 3.00 | 8.12 | 17.38 | -53.28 |
| 白银有色集团股份有限公司 | 372.59 | 218.54 | 70.49 | 43.19 | 36.18 | 19.37 | 11.51 | 8.85 | 30.08 |
| 华亭煤业集团有限公司 | 83.29 | 86.58 | -3.80 | 42.93 | 42.99 | -0.13 | 10.84 | 11.81 | -8.20 |
| 靖远煤业集团有限责任公司 | 55.56 | 56.45 | -1.57 | 24.01 | 21.21 | 13.22 | 2.56 | 1.68 | 52.36 |
| 窑街煤电集团有限公司 | 31.59 | 26.20 | 20.58 | 17.19 | 15.60 | 10.20 | 0.63 | 0.52 | 20.02 |
| 甘肃祁连山水泥集团股份有限公司 | 42.48 | 36.25 | 17.18 | 12.81 | 11.86 | 7.97 | 2.26 | 4.49 | -49.72 |
| 兰州兰石集团有限公司 | 35.37 | 31.94 | 10.75 | 7.73 | 6.56 | 17.90 | 0.48 | 1.02 | -53.00 |
| 兰州兰电电机集团有限公司 | 7.22 | 10.20 | -29.2 | 3.17 | 3.02 | 4.80 | 0.15 | 0.43 | -65.50 |
| 甘肃刘化集团有限责任公司 | 13.84 | 11.74 | 17.90 | 2.93 | 2.60 | 12.51 | 0.85 | 0.85 | 0.13 |
| 西北永新集团有限公司 | 8.53 | 7.23 | 18.00 | 1.48 | 1.16 | 28.00 | 0.23 | 0.15 | 56.00 |
| 兰州长城电工股份有限公司 | 19.28 | 18.36 | 5.01 | 3.94 | 3.18 | 23.93 | 0.66 | 0.50 | 31.82 |
| 方大炭素新材料科技股份有限公司 | 21.08 | 23.72 | -11.12 | 4.35 | 4.94 | -11.94 | 2.25 | 2.95 | -23.81 |
| 甘肃腾达西铁资源控股集团有限公司 | 17.33 | 24.62 | -29.61 | 4.39 | 4.81 | -8.75 | 1.51 | 0.13 | 1104.46 |
| 金昌化工集团公司 | 18.74 | 16.53 | 13.34 | 3.30 | 2.81 | 17.6 | 0.02 | 0.02 | 18.50 |
| 25户企业合计 | 5246.42 | 4555.49 | 15.17 | 969.89 | 888.23 | 9.19 | 98.57 | 122.20 | -19.33 |

附表4：

2006—2012年地区工业增加值及增速

| 地区 | 2006 年 | | 2007 年 | | 2008 年 | | 2009 年 | | 2010 年 | | 2011 年 | | 2012 年 | |
|---|---|---|---|---|---|---|---|---|---|---|---|---|---|---|
| | 增加值/亿元 | 速度/% | 增加值/亿元 | 速度/% | 增加值/亿元 | 速度/% | 增加值/亿元 | 速度/% | 增加值/亿元 | 速度/% | 增加值/亿元 | 速度/% | 增加值/亿元 | 速度/% |
| 兰州市 | 212.4 | 17.2 | 247.9 | 18.0 | 296.6 | 13.5 | 308.2 | 9.8 | 372.7 | 12.3 | 465.1 | 15.0 | 538.2 | 11.5 |
| 嘉峪关市 | 77.8 | 24.4 | 95.1 | 20.6 | 114.8 | 5.4 | 119.7 | 10.0 | 142.7 | 22.0 | 186.3 | 19.2 | 169.0 | 19.5 |
| 金昌市 | 115.5 | 21.8 | 171.0 | 18.1 | 144.8 | 5.4 | 141.0 | 17.0 | 150.1 | 12.0 | 160.3 | 17.6 | 159.3 | 20.3 |
| 白银市 | 72.9 | 18.3 | 90.2 | 18.4 | 107.7 | 17.5 | 112.3 | 15.4 | 128.3 | 22.3 | 164.5 | 17.2 | 192.6 | 19.6 |
| 天水市 | 30.4 | 8.5 | 35.5 | 12.5 | 41.0 | 13.1 | 47.5 | 8.3 | 54.8 | 16.2 | 73.8 | 14.1 | 88.3 | 17.8 |
| 武威市 | 23.2 | 24.6 | 28.3 | 19.9 | 34.6 | 20.6 | 40.8 | 14.1 | 51.0 | 21.6 | 60.5 | 25.0 | 88.9 | 23.6 |
| 张掖市 | 22.9 | 36.2 | 30.4 | 29.6 | 40.9 | 22.6 | 45.6 | 16.2 | 45.4 | 23.0 | 57.8 | 23.0 | 59.8 | 14.4 |
| 平凉市 | 33.0 | 13.3 | 39.7 | 19.0 | 55.5 | 21.0 | 61.1 | 10.2 | 71.1 | 22.1 | 89.5 | 17.0 | 108.0 | 17.0 |
| 酒泉市 | 54.1 | 18.9 | 63.8 | 19.0 | 83.0 | 16.0 | 101.0 | 14.2 | 140.0 | 29.5 | 158.2 | 21.5 | 195.1 | 23.4 |
| 庆阳市 | 86.1 | 18.1 | 102.7 | 18.5 | 132.8 | 16.5 | 154.7 | 15.6 | 182.4 | 22.1 | 235.7 | 23.1 | 281.2 | 19.0 |
| 定西市 | 6.3 | 14.2 | 11.6 | 16.5 | 10.8 | 6.6 | 12.7 | 12.5 | 13.0 | 17.7 | 16.2 | 25.1 | 20.5 | 23.3 |
| 陇南市 | 24.2 | 25.9 | 31.1 | 22.3 | 20.3 | -13.8 | 17.1 | 2.3 | 25.3 | 21.6 | 31.2 | 16.7 | 35.3 | 21.5 |
| 临夏回族自治州 | 9.9 | 14.7 | 11.3 | 11.9 | 13.1 | 5.6 | 15.5 | 9.5 | 15.2 | 19.4 | 15.8 | 10.8 | 15.7 | 17.8 |
| 甘南藏族自治州 | 4.6 | 22.6 | 6.7 | 10.4 | 6.8 | 5.0 | 8.6 | 14.2 | 10.0 | 9.7 | 10.3 | 9.4 | 13.3 | 15.2 |

附表5：

2006—2012年地区经济效益

| 地区 | 2005年 利润/亿元 | 2006年 利润/亿元 | 2006年 增速/% | 2007年 利润/亿元 | 2007年 增速/% | 2008年 利润/亿元 | 2008年 增速/% | 2009年 利润/亿元 | 2009年 增速/% | 2010年 利润/亿元 | 2010年 增速/% | 2011年 利润/亿元 | 2011年 增速/% | 2012年 利润/亿元 | 2012年 增速/% |
|---|---|---|---|---|---|---|---|---|---|---|---|---|---|---|---|
| 兰州市 | -30.91 | -27.60 | 同期为负 | 13.58 | 扭亏为盈 | -52.68 | -487.9 | 54.36 | 扭亏为盈 | 43.94 | -19.170 | -16.61 | -138.00 | -22.95 | 19.3 |
| 嘉峪关市 | 10.04 | 11.28 | 12.35 | 17.75 | 57.358 | 20.45 | 15.211 | 11.88 | -41.91 | 20.03 | 68.603 | 28.64 | 43.00 | 14.19 | -50.1 |
| 金昌市 | 20.39 | 40.59 | 99.06 | 79.92 | 96.896 | 43.71 | -45.31 | 21.95 | -49.78 | 26.60 | 21.185 | 38.27 | 43.87 | 18.70 | -59.4 |
| 白银市 | 4.09 | 5.18 | 26.65 | 13.58 | 162.16 | 14.00 | 3.0928 | 8.06 | -42.43 | 12.48 | 54.839 | 15.66 | 25.48 | 17.86 | 10.6 |
| 天水市 | 1.89 | 1.69 | -10.58 | 3.72 | 120.12 | 4.80 | 29.032 | 2.69 | -43.96 | 4.64 | 72.491 | 2.52 | -45.70 | 3.43 | 41.3 |
| 武威市 | 0.36 | 0.51 | 41.66 | 0.80 | 56.863 | 7.62 | 852.5 | 2.62 | -65.62 | 5.56 | 112.21 | 4.89 | -12.10 | 4.27 | -7.7 |
| 张掖市 | 1.55 | 1.94 | 25.16 | 3.28 | 69.072 | 4.85 | 47.866 | 4.53 | -6.598 | 8.69 | 91.832 | 9.42 | 8.40 | 8.33 | -8.1 |
| 平凉市 | 5.11 | 5.67 | 10.95 | 6.13 | 8.1129 | 6.63 | 8.1566 | 4.94 | -25.49 | 12.70 | 157.090 | 15.46 | 21.73 | 7.63 | -50.3 |
| 酒泉市 | 5.10 | -6.72 | -231.80 | -1.06 | 同期为负 | -21.79 | 同期为负 | -2.8 | 同期为负 | 6.15 | 扭亏为盈 | 14.71 | 139.00 | 15.16 | 9.6 |
| 庆阳市 | 5.10 | 61.00 | 1096.10 | 62.03 | 1.6885 | 74.75 | 20.506 | 51.09 | -31.65 | 72.45 | 41.809 | 108.90 | 50.40 | 167.56 | 53.8 |
| 定西市 | 5.10 | 0.10 | -98.04 | 1.34 | 1240 | 0.20 | -85.07 | 0.03 | -85.00 | 1.66 | 5433.300 | 1.97 | 18.67 | 1.99 | 15.4 |
| 陇南市 | 5.10 | 10.16 | 99.21 | 11.02 | 8.4646 | 6.39 | -42.01 | 4.88 | -23.63 | 10.62 | 117.620 | 9.79 | -7.82 | 10.37 | 3.9 |
| 临夏回族自治州 | 5.10 | 0.70 | -86.27 | 0.95 | 35.714 | 2.47 | 160 | 2.51 | 1.6194 | 2.38 | -5.179 | 4.02 | 68.90 | 5.82 | 41.0 |
| 甘南藏族自治州 | 5.10 | 2.20 | -56.86 | 1.74 | -20.91 | 3.35 | 92.529 | 2.34 | -30.15 | 3.80 | 62.393 | 3.58 | -5.79 | 6.84 | 44.3 |

附表6：

## 2012年全省工业主要产品的产能和产量

| 产品名称 | 单位 | 产能 | 产量 | 产量增长/% | 备　注 |
|---|---|---|---|---|---|
| 电解铝 | 万吨 | 206 | 176.00 | 49.90 | |
| 镍 | 万吨 | 20 | 12.78 | 0.63 | |
| 铜 | 万吨 | 80 | 70.86 | 13.30 | |
| 铅 | 万吨 | 3 | 2.15 | 12.57 | |
| 锌 | 万吨 | 34 | 32.08 | 31.37 | |
| 粗钢 | 万吨 | 930 | 810.16 | -1.18 | 核定产能,不含山西翼钢 |
| 钢材 | 万吨 | 1010 | 883.04 | 8.65 | 核定产能,不含山西翼钢 |
| 铁合金 | 万吨 | 170 | 127.80 | 2.90 | |
| 电力装机 | 亿千瓦 | 2916 | | 6.65 | |
| 发电量 | 亿千瓦时 | | 1107.04 | 3.66 | |
| 原油 | 万吨 | | 629.52 | 25.24 | |
| 原油加工 | 万吨 | 1600 | 1520.52 | 5.76 | |
| 煤炭 | 万吨 | 6000 | 4767.60 | 4.30 | |
| 天然气 | 亿立方米 | | 1.28 | 57.03 | |
| 乙烯 | 万吨 | 70 | 64.17 | -7.520 | |
| 合成氨 | 万吨 | 88 | 82.00 | 12.20 | |
| 碳化硅 | 万吨 | 180 | 49.82 | | |
| 电石 | 万吨 | 150 | 126.78 | 23.61 | |
| 水泥 | 万吨 | 4304 | 3515.06 | 27.97 | |
| 卷烟 | 万箱 | | 88.00 | 7.32 | |

附表7：

### 2012年重点物资铁路运输完成情况

| 项　目 | 年度计划/亿元 | 累计完成/亿元 | 同比/% | 同比进度/% |
|---|---|---|---|---|
| 总运量 | 5660 | 5273.74 | −80.79 | −416.26 |
| 煤炭 | 1930 | 1505.30 | −107.26 | −454.70 |
| 石油 | 551 | 470.08 | −131.18 | −80.92 |
| 金矿 | 719 | 925.15 | 227.94 | 206.15 |
| 钢铁 | 970 | 846.79 | −46.59 | −123.21 |
| 非金属 | 240 | 233.64 | −7.08 | −6.36 |
| 矿建 | 84 | 131.99 | 7.58 | 47.99 |
| 水泥 | 54 | 34.31 | −18.00 | −19.69 |
| 粮食 | 209 | 202.44 | −5.57 | −6.56 |
| 化肥 | 200 | 232.50 | 32.91 | 32.50 |
| 化工 | 320 | 324.25 | 6.02 | 4.25 |
| 鲜活农产品 | 53 | 5.20 | −47.13 | −47.80 |
| 集装箱 | 195 | 194.10 | 9.18 | −0.90 |
| 其他 | 135 | 167.99 | −1.61 | 32.99 |

# 工业固定资产投资情况

## 一、投资完成情况

2012年，甘肃省完成工业固定资产投资2215.09亿元，增长45.82%，占全省固定资产投资的36.84%。其中，采矿业完成投资370.38亿元，增长65.9%；制造业完成投资1171.49亿元，增长48.83%；电力、燃气及水的生产和供应业完成投资673.21亿元，增长32.36%[2012年各市(州)工业固定资产投资完成情况见附表1]。

2012年，全省信息产业累计完成固定资产投资90.8亿元，增长43.54%。其中，电子信息产业500万元以上项目累计完成投资34.1亿元，增长136.2%，占信息产业投资的37.56%；电信累计完成固定资产投资56.7亿元，下降5.7%，占信息产业投资的52.44%。

## 二、项目实施情况

2012年，全省实施亿元以上的工业和信息化项目(工业项目总投资5亿元以上，信息化项目总投资1亿元以上)130个，计划总投资2087.79亿元，累计完成投资740.58亿元，占计划总投资的35.47%，占全省工业固定资产投资的33.43%。长庆油田分公司产能建设、白银有色集团股份有限公司(以下简称白银有色集团)铜冶炼技术提升改造、酒泉钢铁集团有限责任公司(以下简称酒钢集团)榆钢支持灾后重建、天水星火机床有限责任公司数控重型机床产业园建设、三一重工股份有限公司混凝土搅拌站设备生产、金川集团股份有限公司(以下简称金川公司)年产6万吨电解镍扩能改造和年产1万吨羰基镍高技术产业化、天水华天科技公司集成电路封装测试生产线工艺升级技术改造、甘肃东兴铝业有限公司酒嘉风电基地高载能特色铝合金节能技术改造工程电解铝一期二系列55万吨等省列重点工业项目(不含煤炭、风电、光电等能源项目)，计划总投资522.16亿元，当年完成投资184.37亿元，累计完成投资323.87亿元，累计完成投资占总投资的62.03%(2012年省列重点工业项目见附表2)。

2012年，全省建成项目670项，总投资900.44亿元，达产达标后，可新增工业产值1099.70亿元、税收70.69亿元、利润112.68亿元。其中，1亿元以上项目119项，总投资551.53亿元，占建成项目总投资的61.25%。这些建成项目，可新增原煤产能240万吨,电解铝产能53万吨,铝型材15万吨,粗钢产能275万吨,镍产能8万吨,铅锌产能5万吨,铁合金产能168万吨,碳化硅产能61万吨,电石产能55万吨,合成氨20万吨,水泥产能490万吨,机床800台(2012年全省已建成总投资亿元以上工业和信息化项目见附表3)。

### 三、存在的问题

#### (一)抓项目建设的水平不平衡

突出表现在:有的市(州)对本地的比较优势和劣势了解不透、把握不准,战略思维和全局定位还显不足;有的抓不住项目谋划和争取的关键环节,前期工作推进慢、质量低,不能很好地满足项目申报要求;有的市(州)和部门与国家部委或企业对接项目不够主动,办法不多,能力有待提升;有的市(州)和部门落实项目力度不够,招商引资重签约、轻跟进,工作效率低,服务意识弱。

#### (二)大项目接续不足

投资规模大、档次水平高、产出效益好的大项目较少,50亿元、上百亿元的重量级项目不多,特别是大项目储备明显不足,有些还停留在规划、论证等前期工作中,离项目落地还有很大距离。

#### (三)园区规划建设水准有待提高

工业园区建设布局体现循环经济发展的理念不充分,既有园区布点多、比较分散,土地集约利用不够,园区公共基础设施建设滞后的问题;也有园区内企业摆布不尽合理,关联度低,上下游产业链延伸配套不完善的问题;还有园区规划和城市发展规划衔接不够的问题,影响到功能的互补。

#### (四)资源开发利用效率低

一些企业在获得资源开发权后,以种种借口"按兵不动";个别企业搞完开工仪式后就"休眠"了;个别企业甚至占用资源后因没实力开发,倒卖和转让探矿权、采矿权,影响了把资源优势转化为经济优势的效率。

#### (五)产业发展与富民存在一定脱节现象

一些总部不在省内的央企,虽然投资很大、产出很高、效益很好,可对地方的财政贡献不大,带动当地产业发展、老百姓就业、提高收入的作用不强。

#### (六)部分在建项目进度迟缓

纳入省工信委监测的130个重点工业和信息化项目(工业项目投资总额5亿元以上,信息产业和信息化项目总投资额1亿元以上,不含能源项目),有38个项目没有完成投资计划,酒钢集团酒嘉风电基地高载能特色铝合金节能技术改造工程电解铝一期二系列55万吨、中材集团酒泉市400万吨新型干法水泥生产线、金川公司精密镍铜节能技术改造、临洮铝业公司10万吨电解铝产能置换等重点项目投资进度甚至低于50%。

#### 四、2013年重点任务

**(一)打造千亿级产业链**

尽快启动庆阳石油化工等一批千亿级产业链确定的重大项目，重点推进投资20亿元以上的81个重大项目前期工作,尽快开工建设。

**(二)启动实施"3341"项目**

信息畅通建设实施18个项目,总投资82亿元;特色优势产业实施110个项目,总投资826亿元;战略新兴产业实施60个项目,总投资140亿元;区域首位产业实施194个项目,总投资1600亿元;富民多元产业实施391个项目,总投资987亿元。

**(三)实施一批重大技术改造项目**

围绕传统产业振兴、新兴产业发展和工业转型升级,争取国家技术创新成果转化应用、中西部地区特色优势产业、两化融合、军民结合等专项支持,利用省级相关专项资金,实施350个传统产业改造提升、战略新兴产业、循环经济和资源综合利用、节能节水、两化融合项目。省工信委专项资金的50%用于支持高新技术和战略新兴产业。

**(四)突出抓好规模以下企业技术改造**

继续加大对规模以下企业技术改造贴息支持力度,支持200户微型企业主营业务收入达到500万元以上,300户小型企业主营业务收入达到规模以上并入规。

**(五)支持企业产品结构调整**

加强技术创新示范企业、企业技术中心、重点行业技术创新平台建设,组织实施450个以上科技成果转化和产业化项目,省级以上技术中心企业的新产品销售收入比重达到26%。

(撰稿人　政策法规与产业投资处陶英平)

附表1:

### 2012年各市(州)工业固定资产投资完成情况

| 市(州) \ 指标 | 实际完成投资/万元 | 增速/% |
|---|---|---|
| 全省 | 22150892 | 45.82 |
| 兰州市 | 3468329 | 34.46 |
| 嘉峪关市 | 590748 | 46.19 |
| 金昌市 | 1270110 | 66.20 |
| 白银市 | 1601378 | 26.26 |
| 天水市 | 1233146 | 37.64 |
| 武威市 | 1980632 | 72.87 |
| 张掖市 | 809299 | 98.49 |
| 平凉市 | 1468213 | 69.15 |
| 酒泉市 | 5055193 | 34.93 |
| 庆阳市 | 1786618 | 97.11 |
| 定西市 | 1045788 | 31.40 |
| 陇南市 | 1045944 | 40.74 |
| 临夏回族自治州 | 451515 | 21.99 |
| 甘南藏族自治州 | 343979 | 16.73 |

附表2:

### 2012年省列重点工业项目

| 项目名称 | 建设性质 | 建设内容 | 建设起止年限 | 计划总投资/亿元 | 累计完成投资/亿元 | | 累计完成投资占总投资比重 |
|---|---|---|---|---|---|---|---|
| | | | | | 累计投资 | 其中：2012年投资 | |
| 长庆油田分公司产能建设 | 新建 | 油气资源勘探开发，产能及配套设施建设 | 2011—2015 | 300.00 | 228.04 | 138.04 | 76.01% |
| 华煤集团年处理60万吨甲醇制20万吨聚丙烯科技示范 | 新建 | 年产20万吨聚丙烯 | 2011—2014 | 25.40 | 7.10 | 7.10 | 27.95% |
| 白银有色集团铜冶炼技术提升改造 | 新建 | 新建高纯阴极铜20万吨生产线 | 2009—2013 | 18.00 | 11.45 | 5.73 | 63.61% |
| 金川公司年产6万吨电解镍扩能改造 | 改建 | 年产6万吨镍精炼系统、净化系统，平衡配套建设高镍磨浮、熔铸系统，产能达到年15万吨 | 2010—2013 | 15.78 | 9.34 | 5.33 | 59.19% |
| 金川公司年产1万吨羰基镍高技术产业化 | 新建 | 年产羰基镍粉4634吨，羰基镍丸5000吨以及副产品羰基镍铁粉1221吨 | 2010—2012 | 6.97 | 6.79 | 0.99 | 97.42%，已建成投产 |
| 甘肃东兴铝业有限公司酒泉风电基地高载能特色铝合金节能技术改造工程电解铝一期二系列55万吨 | 新建 | 年产电解铝55万吨 | 2012—2013 | 58.00 | 1.45 | 1.43 | 2.5% |

续附表2

| 项目名称 | 建设性质 | 建设内容 | 建设起止年限 | 计划总投资/亿元 | 累计完成投资/亿元 | | 累计完成投资占总投资比重 |
| --- | --- | --- | --- | --- | --- | --- | --- |
| | | | | | 累计投资 | 其中:2012年投资 | |
| 酒钢集团榆钢支持灾后重建 | 新建 | 结合淘汰落后装备，采用现代化大型化替代现有的2800立方米高炉代替380立方米高炉，建设冶炼设施以及H型钢生产线，棒材生产线，生产能力达到229万吨 | 2011—2012 | 52.77 | 43.68 | 18.67 | 82.77%，建成并进入试生产 |
| 天水星火机床有限责任公司数控重型机床产业园建设 | 新建 | 年产数控机床765台，大型机床铸件10万吨 | 2011—2015 | 20.00 | 8.28 | 2.27 | 41.4% |
| 三一重工股份有限公司混凝土搅拌站设备生产 | 新建 | 年产混凝土搅拌站550套，干粉砂浆搅拌站50套 | 2011—2012 | 6.30 | 2.38 | 2.38 | 37.78% |
| 天水华天科技公司集成电路封装测试生产线工艺升级技术改造 | 新建 | 年产ELQFP,QFP,LQFP,TQFP,SSOP,SOP,MSOP,ESOP,SOT等系列集成封装测试产品9亿块 | 2011—2013 | 4.14 | 3.35 | 1.12 | 80.92% |
| 兰州长城电工股份有限公司天水产业园建设 | 新建 | 实施智能化高，中压成套开关设备及电器元件产业化，智能化低压成套开关设备及电器元件产业化，数字预装式变电产业化，基础件及配套加工中心，综合办公及技术开发研究院，产业园信息化系统建设等 | 2012—2017 | 14.80 | 2.01 | 1.31 | 13.58% |

注：本表所指省省列重点工业项目是指列入2012年省列重点工业项目中除煤炭,风电,光电等能源项目外的其他项目。

附表3：

单位：万元

### 2012年全省已建成总投资亿元以上工业和信息化项目

| 序号 | 项目名称 | 建设单位 | 主要建设内容 | 建设起止年限 | 总投资 | 新增生产能力 | 新增经济效益 | | |
|---|---|---|---|---|---|---|---|---|---|
| | | | | | | | 产值 | 税收 | 利润 |
| 兰州市（22项） | | | | | | | | | |
| 1 | 淘汰落后环保节能技改项目 | 中国铝业股份有限公司连城分公司 | 配置288台500千安节能型预焙电解槽，配套建设20.4万吨/年预焙阳极生产系统 | 2010—2012 | 453646 | 年产原铝38.8万吨 | 491667 | 24856 | 91199 |
| 2 | 榆钢支持地震灾区恢复重建项目 | 酒钢集团钢有限公司 | 产原铝38.8万吨，铁225万吨，钢229万吨，材240万吨 | 2011—2012 | 527724 | | | | |
| 3 | 高温气冷堆含硼炭堆内构件项目 | 方大炭素新材料科技股份有限公司 | 新建封闭武保温主厂房1座，新建辅助设施，堆内构件设备配电、液压室等 | 2009—2012 | 10533 | | 10256 | 952 | 5600 |
| 4 | 甘肃建总科技工业园[隧道掘进机（盾构机）生产基地]（一期） | 甘肃省建设投资（控股）集团总公司 | 一期启动156亩，建筑面积80000立方米，其中：隧道掘进机30000立方米，塔吊车间20000立方米，大型结构件车间30000立方米 | 2010—2012 | 150000 | | 300000 | 3600 | 14400 |
| 5 | 1318工程 | 兰州蓝星纤维有限公司 | 年产1600吨特种纤维项目 | 2009—2012 | 125000 | 1600吨特种纤维 | 37000 | | |
| 6 | 180万立方米原油商业储备库 | 中国石油西部管道公司 | | 2009—2012 | 166000 | | | | |
| 7 | 300万吨/年柴油加氢及配套工程 | 中国石油兰州石化公司 | | 2010—2012 | 98000 | | 131320 | | |
| 8 | 504三期工程 | 中核兰州铀浓缩有限公司 | | 2009—2012 | 280000 | | 116240 | | |
| 9 | 年产50万吨催化汽油醚化项目 | 兰州石化三叶公司 | | 2012 | 14480 | | 15928 | 537 | 1200 |
| 10 | 整体迁建南坪技术改造 | 兰州助剂厂 | 全厂搬迁至沙井驿南坡坪，生产能力由原来的3000吨达到12000吨 | 2011—2012 | 14000 | | 18000 | 2300 | 1200 |
| 11 | 厂区搬迁 | 兰州塑塑业有限公司 | 占地31亩，厂房面积6700平米 | 2012 | 12000 | | 6500 | 30 | 40 |
| 12 | 中草药保健品加工产业化项目 | 甘肃奇正实业集团公司 | 建设年产1000吨中药粉体及浸膏生产线 | 2011—2012 | 36300 | | 50000 | 6112 | 12594 |
| 13 | 技术改造、产业升级建设 | 兰州联合重工有限公司 | 联合重工整体搬迁改造 | 2009—2012 | 49628 | | 84900 | 6792 | 10649 |
| 14 | 年产120万吨高速线材钢生产线建设 | 榆中兰鑫钢铁有限公司 | 通过改造新建年产120万吨高速线材钢生产线 | 2011—2012 | 32600 | 年产120万吨高速线材 | 280000 | 10000 | 14000 |
| 15 | 年产15万吨电石扩建及电石炉气循环利用项目 | 甘肃鸿丰电石有限公司 | 新建3台25500千伏安全自动化密闭电电炉 | 2009—2012 | 29679 | | 41850 | 3569 | 1500 |

续附表3

| 序号 | 项目名称 | 建设单位 | 主要建设内容 | 建设起止年限 | 总投资 | 新增生产能力 | 新增经济效益 | | |
| --- | --- | --- | --- | --- | --- | --- | --- | --- | --- |
| | | | | | | | 产值 | 税收 | 利润 |
| 16 | 年产5万只太阳能高温真空集热管生产线 | 兰州大成科技股份有限公司 | | 2010—2012 | 18000 | | 25000 | 1500 | 4000 |
| 17 | 农用拖拉机及农机具生产基地(一期) | 甘肃畅宇车辆制造有限公司 | 5万台低速汽车,4万台三轮汽车,3万台小四轮拖拉机 | 2010—2012 | 29900 | | 25000 | 612 | 1750 |
| 18 | 高端装备制造基地项目(一期) | 中国铁建重工集团有限公司兰州公司 | 包括地铁盾构制造和地铁管片生产两大板块。一期建设厂房3万多平方米,建设办公楼建筑面积8000多平方米 | 2011—2012 | 175000 | | | | |
| 19 | 日产500吨鲜牛奶生产线二期工程 | 兰州伊利乳业有限责任公司 | | 2010—2012 | 15000 | | 50000 | 200 | 800 |
| 20 | 光网及基础设施建设工程 | 兰州电信分公司 | | 2012 | 24000 | | | | |
| 21 | 年产18万吨石化废品节能循环综合利用 | 兰州康顺石化有限责任公司 | | 2011—2012 | 16000 | | 16000 | 1800 | 4000 |
| 22 | 吉利汽车兰州生产基地二期建设项目 | 兰州吉利汽车工业有限公司 | 二期建设10万辆自由舰生产线和2万辆豪SKD生产线 | 2010—2012 | 91000 | | | | |
| 天水市(9项) | | | | | | | | | |
| 1 | 2×2500生产线配套余热发电项目 | 天水中材水泥有限责任公司 | 建设2×2500生产线配套余热发电 | 2009—2012 | 68000 | 日产5000吨水泥 | 37800 | 2295 | 3500 |
| 2 | 凯迪生物质能源发电项目 | 天水市凯迪阳光生物质能源开发有限公司 | 一期1×30兆瓦机组主厂房、汽机房、锅炉房、除氧煤料间、锅炉房及燃烧、热力、燃料配送、灰渣输送、供排水、污水处理、消防系统等 | 2010—2012 | 45896 | 发电30兆瓦 | 19500 | 2535 | 1170 |

续附表3

| 序号 | 项目名称 | 建设单位 | 主要建设内容 | 建设起止年限 | 总投资 | 新增生产能力 | 新增经济效益 | | |
|---|---|---|---|---|---|---|---|---|---|
| | | | | | | | 产值 | 税收 | 利润 |
| 3 | 奔马啤酒10万吨技改项目 | 甘肃天水奔马啤酒有限公司 | 对原有生产经营条件进行大规模改造提升，引进安装年产10万吨啤酒生产线，大型啤酒灌装设备，大型行政办公设施，大型啤酒储存、分装车间等基础建设 | 2009—2012 | 14000 | 年产10万吨啤酒 | 4000 | 1500 | 1600 |
| 4 | 工厂化生产有机食用菌循环经济产业链建设项目 | 天水众兴菌业有限责任公司 | 新建年产6000吨食用菌工厂化生产线1条；利用食用菌工厂的废弃物菌渣为原料，建设年产饱和蒸汽38937吨的生物质能源生产线1条 | 2010—2012 | 11600 | 年产量6000吨 | 8328 | 2737 | 3100 |
| 5 | 数控重型机床制造基地项目二期工程 | 天水星火机床有限责任公司 | 新建厂房等建筑面积20520平方米，五轴落地镗铣加工中心等设备37台(套)，形成年产机床产品700台的生产能力 | 2011—2012 | 42895 | 年产机床产品700台 | 108375 | 4424 | 5030 |
| 6 | 国内首创25万吨JCOE大直缝埋弧焊全自动生产线ERP项目 | 天水锻压机床有限公司 | 建立和完善1个省级MES实验室，1个国家级ERP实验室、新建项目研制所需的重型车间(建设面积为4560平方米)，年产3条JCOE大直缝埋弧焊管全自动生产线 | 2009—2012 | 38000 | 年产3条JCOE大直缝埋弧焊管全自动生产线 | 132000 | 30000 | 12000 |
| 7 | 高压电工触头生产基地建设项目 | 天水西电长城合金有限公司 | 在天水市秦州区东十里工业示范园区新征土地99亩，建筑面积30000平方米，改造搬迁设备227台(套)，新增加设备97台(套) | 2010—2012 | 15170 | 年产高压触头130吨 | 25240 | 1538 | 3086 |
| 8 | 国家高低压电器质量监督检验中心二期 | 甘肃电器科学研究院 | 国家高低压电器质量监督检验中心二期建设 | 2010—2012 | 11500 | | 4000 | | 1800 |
| 9 | 阿胶生产线一期项目 | 太极集团甘肃天水岐黄阿胶有限公司 | 建成年产100吨阿胶生产线 | 2009—2012 | 12989 | 年产100吨阿胶 | 16000 | 1500 | 3500 |

续附表3

| 序号 | 项目名称 | 建设单位 | 主要建设内容 | 建设起止年限 | 总投资 | 新增生产能力 | 新增经济效益 | | |
| --- | --- | --- | --- | --- | --- | --- | --- | --- | --- |
| | | | | | | | 产值 | 税收 | 利润 |
| 白银市(8项) | | | | | | | | | |
| 1 | 铜冶炼渣资源综合利用 | 白银有色集团股份有限公司 | 新建年处理铜冶炼渣140万吨的渣造系统及其配套辅助设施 | 2009—2012 | 52302 | | 93207 | 2907 | 8697 |
| 2 | 4000吨/年硫酸体系非皂化萃取分离稀土生产线技术改造项目 | 甘肃稀土新材料股份有限公司 | 以公司自产的水浸液为原料,新建配制、萃取、沉淀、洗涤、过滤、烘干、锻烧、筛分包装等工序及产品前后处理系统和有价元素回收系统,生产镨钕、镧、镧铈钕的氧化物及盐类,也可进一步加工成市场所需的各种金属 | 2011—2012 | 10291 | 分离稀土氧化物4000吨,年产氧化镧216吨,镧铈富集物2840吨,镧铈镨钕840吨,氧化富集物80吨,锌 | 14678 | 1066 | 2798 |
| 3 | 年产500吨碳纤维新材料扩建项目 | 甘肃郝氏碳纤维有限公司 | 年产200吨碳纤维碳化生产线1条,150吨碳纤维隔热材料生产线,80吨碳碳复合材料生产线,70吨碳纤维制品生产线 | 2011—2012 | 17800 | 500吨 | 35000 | 2732 | 4109 |
| 4 | 年产4万吨PE实壁管项目 | 甘肃颐通管业有限公司 | 引进先进HDPE实壁管生产线4条,HDPE钢带增强螺旋缠绕生产线3条,购置破碎机、清洗机、烘干机塑化造粒机等8台(套),建筑总面积53010平方米 | 2011—2012 | 30000 | | 46000 | 1600 | 5500 |
| 5 | 白银科技创新器建设一期 | 白银高新投资发展股份有限公司 | 占地面积50亩,建设科研楼2栋,建筑面积16848平方米;实验楼2栋,建筑面积14400平方米;多层钢结构厂房8栋,每栋建筑面积12960平方米;单层钢结构厂房1栋,建筑面积2592平方米;总建筑面积46800平方米 | 2012 | 12500 | | | | |
| 6 | 60万吨/年硫酸改扩120万吨/年硫酸精砂制酸副产10万吨余热蒸汽项目 | 靖远晖泽硫酸厂 | 将年产6万吨工业硫酸生产线改扩为年产12万吨视模,配套建设副产10万吨余热蒸汽生产线 | 2011—2012 | 6112 | 6万吨 | 10203 | 301 | 1012 |
| 7 | 饮料生产线项目 | 白银统一企业有限公司 | 建设1条PET热灌装饮料生产线和1条制瓶生产线,年产1200万件果汁饮料;二期建设方便面生产线 | 2011—2012 | 23040 | | 40000 | 1500 | 2000 |
| 8 | 年产500吨碳纤维材料扩建项目 | 甘肃郝氏碳纤维有限公司 | 新建碳材料生产加工车间,碳纤维复合材料精加工车间,中心实验室各1间,新增200吨碳纤维生产生产设备66台(套) | 2011—2012 | 17800 | | 23000 | 2496 | 4380 |

续附表3

| 序号 | 项目名称 | 建设单位 | 主要建设内容 | 建设起止年限 | 总投资 | 新增生产能力 | 新增经济效益 | | |
| --- | --- | --- | --- | --- | --- | --- | --- | --- | --- |
| | | | | | | | 产值 | 税收 | 利润 |
| 武威市(15项) | | | | | | | | | |
| 1 | 年产30万吨合金钢坯及轧延线材生产线建设项目 | 武威市金安特钢有限公司 | 新建30万吨合金钢坯及轧延线材生产线，建设生产车间、炼钢车间、轧钢车间、成品库、料场 | 2011—2012 | 11000 | 年产30万吨合金钢坯及轧延线材 | 12386 | 1114 | 1065 |
| 2 | 年产2万盏太阳能路灯建设项目 | 江苏荣宝照明公司 | 建设年产2万盏太阳能LED路灯生产研发基地，主要建设LED封装、路灯制造、涂装车间等，工程分三期建设完成 | 2011—2012 | 15000 | 年产2万盏太阳能路灯 | 16890 | 1520 | 1452 |
| 3 | 年产30万辆自行车及电动自行车建设项目 | 上海永久公司 | 建设自行车、电动车生产线8条，专业生产设备20余套。项目建成后，可实现年产自行车25万辆、电动车5万辆的生产能力 | 2011—2012 | 11000 | 年产30万辆自行车及电动自行车 | 12386 | 1114 | 1065 |
| 4 | 玉米种子深加工项目(一期) | 甘肃敦煌种业股份有限责任公司 | 建设玉米种子深加工 | 2012 | 15000 | | 16890 | 1520 | 1452 |
| 5 | 混凝土生产项目 | 甘肃太西商砼有限责任公司 | 建设商砼生产厂 | 2011—2012 | 10000 | | 11260 | 1013 | 968 |
| 6 | 废气余热电站技改项目 | 古浪鑫淼精细化工有限公司 | 完成废气余热收集系统和余热锅炉的技术改造升级 | 2009—2012 | 11803 | | | | |
| 7 | 年产5万吨双氰胺生产线 | 古浪鑫淼精细化工有限公司 | 年产5万吨双氰胺生产线 | 2010—2013 | 12700 | 1万吨 | 3300 | 94 | 345 |
| 8 | 年产1万吨肌酸生产线项目 | 古浪鑫淼精细化工有限公司 | 建设年产1万吨肌酸生产线，包括厂房，供水、供电系统及反应釜 | 2010—2012 | 12696 | 1万吨 | 35000 | 4282 | 6168 |
| 9 | 2万吨/年马铃薯淀粉生产线 | 甘肃高原薯业有限公司 | 建设年产2万吨马铃薯淀粉生产线3条 | 2011—2012 | 12000 | 2万吨 | 24000 | 960 | 2900 |
| 10 | 年产200兆瓦光伏组件生产项目一期 | 甘肃润峰电力有限公司 | 一期建设光伏组件生产线3条，年产能达到100兆瓦 | 2012 | 10000 | 100兆瓦 | 80000 | 1200 | 6800 |
| 11 | 年产6万吨绿碳化硅生产线及精深加工项目 | 甘肃华瓷新型研磨材料有限公司 | 年产6万吨绿碳化硅生产线及精深加工生产线 | 2012 | 18150 | 6万吨 | 41000 | 1200 | 2000 |
| 12 | 年产8万吨(黑)绿碳化硅生产线项目 | 甘肃恒发矿业有限公司 | 年产8万吨(黑)绿碳化硅生产线 | 2012 | 11000 | 8万吨 | 45000 | 1130 | 3600 |

续附表3

| 序号 | 项目名称 | 建设单位 | 主要建设内容 | 建设起止年限 | 总投资 | 新增生产能力 | 新增经济效益 | | |
|---|---|---|---|---|---|---|---|---|---|
| | | | | | | | 产值 | 税收 | 利润 |
| 13 | 年产6万吨绿碳化硅及精深加工生产线项目 | 销售煤电甘肃金能工贸有限公司天祝分公司 | 年产6万吨绿碳化硅及精深加工生产线 | 2012 | 13800 | 6万吨 | 34000 | 1600 | 3200 |
| 14 | 年产6万吨碳化硅生产线建设 | 天祝正星硅业公司 | 年产6万吨碳化硅生产线 | 2012 | 11560 | 6万吨 | 34000 | 1600 | 3200 |
| 15 | 年产6万吨绿碳化硅生产线及研磨深加工生产线 | 天祝亿鑫光伏有限公司 | 年产6万吨绿碳化硅生产线及研磨深加工工生产线 | 2012 | 16400 | 6万吨 | 34000 | 1600 | 3200 |
| 金昌市（8项） | | | | | | | | | |
| 1 | 1.5万吨海绵钛生产线项目 | 金川公司 | 年产1.5万吨海绵钛生产线 | 2011—2012 | 220000 | 1.5万吨 | 82500 | 5775 | 8250 |
| 2 | 6万吨镍电解生产线项目 | 金川公司 | 年产6万吨镍电解生产线 | 2010—2012 | 157834 | 6万吨 | 750000 | 5250 | 75000 |
| 3 | 1万吨羰基镍生产线项目 | 金川公司 | 年产1万吨羰基镍生产线 | 2011—2012 | 69709 | 1万吨 | 138000 | 9660 | 13800 |
| 4 | 5000吨羰基铁生产线项目 | 金川公司 | 年产5000吨羰基铁生产线 | 2011—2012 | 46145 | 5000吨 | 42500 | 2975 | 4250 |
| 5 | 150万只印花镍网生产线项目 | 宇恒镍网公司 | 年产150万只印花镍网生产线 | 2011—2012 | 12000 | 150万只 | 30000 | 2100 | 3000 |
| 6 | 150万吨捣固焦和300万重介洗煤项目 | 鑫华焦化公司 | 年产150万吨捣固焦和300万重介洗煤装置 | 2010—2012 | 94000 | 150万吨焦炭，300万吨洗煤 | 180000 | 12600 | 18000 |
| 7 | 20万吨合成氨项目 | 丰盛科技环保公司 | 年产20万吨合成氨装置 | 2010—2012 | 88225 | 20万吨 | 60000 | 4200 | 6000 |
| 8 | 年产40万吨电石项目 | 金泥化工有限公司 | 年产40万吨电石生产装置 | 2010—2012 | 60000 | 40万吨 | 120000 | 8400 | 12000 |

续附表3

| 序号 | 项目名称 | 建设单位 | 主要建设内容 | 建设起止年限 | 总投资 | 新增生产能力 | 新增经济效益 | | |
|---|---|---|---|---|---|---|---|---|---|
| | | | | | | | 产值 | 税收 | 利润 |
| 张掖市（9项） | | | | | | | | | |
| 1 | 3.5 万吨玉米种子加工中心建设 | 中种迪卡公司 | 建设种子加工生产线和种子质量检测中心，形成年烘干玉米果穗 6 万吨，加工成品种子 3.5 万吨的生产能力。建设果穗烘干生产线和种子加工工生产线各 1 条，并新建办公、种子质量检测等综合设施 | | 20000 | | 24500 | 560 | 3780 |
| 2 | 玉米种子加工生产线扩建 | 中种长城公司 | 建设果穗烘干生产线 1 条及种子加工生产线 1 条，并配套相关设施 | | 17400 | | 26609 | 3223 | 3942 |
| 3 | 煤炭气化二期工程 | 张掖市晋昌源煤业有限公司 | 建成 1.6 亿立方米煤制气生产线 | | 20000 | | 80000 | 5000 | 10000 |
| 4 | 年产 60 万吨原煤矿井 | 张掖市东皇煤业公司 | 年产原煤 60 万吨 | | 36000 | | 24000 | 1400 | 2400 |
| 5 | 日产 2500 吨新型干法水泥生产线项目 | 张掖市祁骑水泥集团公司 | 日产 2500 吨熟料生产线及其配套设施 | | 20000 | | 24937 | 3841 | 5852 |
| 6 | 9 兆瓦光伏发电项目 | 铜世化工公司 | 9 兆瓦光伏发电基地 | | 13000 | | 7500 | 150 | 450 |
| 7 | 2 万吨中药材饮片加工生产项目 | 神威药业民乐现代农业有限公司 | 加工甘草、板蓝根、当归、党参、大黄、黄芪等药材饮片，年产中药饮片 2 万吨 | | 10000 | | 44000 | 1982 | 3479 |
| 8 | 三益化工氟化铝一期生产线项目 | 张掖三益化工外贸有限公司 | 年生产 3 万吨干法氟化铝生产线 | | 17000 | | | | |
| 9 | 2.6 万吨玉米种子加工项目 | 甘肃恒基种业有限责任公司 | 新建玉米果穗烘干生产线 4 条，脱粒、精选、包衣线各 2 条，包装线 8 条，烘干仓 4 座，锅炉房及钢板仓等设备设施，轻钢厂房（含库房）6 座，办公楼及生活设施建设 | | 11100 | | | | |

续附表3

| 序号 | 项目名称 | 建设单位 | 主要建设内容 | 建设起止年限 | 总投资 | 新增生产能力 | 新增经济效益 | | |
|---|---|---|---|---|---|---|---|---|---|
| | | | | | | | 产值 | 税收 | 利润 |
| 酒泉市(28项) | | | | | | | | | |
| 1 | 150兆瓦晶硅电池组件生产项目(二期) | 浙江正泰太阳能科技有限公司 | 150兆瓦晶硅电池组件生产产线 | | 25000 | 150兆瓦 | 30000 | 1350 | 2400 |
| 2 | 铝型材加工项目 | 甘肃东方铝业股份有限公司 | 建设年产民用和工业用铝型材5万吨 | 2012 | 90000 | 5万吨 | 100000 | 4500 | 8000 |
| 3 | 巨龙食品科技工业园建设项目 | 甘肃巨龙集团 | 年产白酒1万吨 | 2012 | 60000 | 1万吨 | 18000 | 810 | 1440 |
| 4 | 玉米种子烘干项目 | 敦煌种业 | 年加工种子3.2万吨 | 2012 | 30000 | 3.2万吨 | 48000 | 2160 | 3840 |
| 5 | 啤酒原料产业加工中心项目 | 亚盛绿鑫啤酒原料集团 | 年产啤酒原料5万吨 | 2012 | 15000 | 5万吨 | 8000 | 360 | 640 |
| 6 | 康宝矿业年产30万吨铁精粉加工项目 | 玉门康宝矿业有限公司 | 建成年产30万吨铁精粉加工生产线 | 2012 | 12000 | 30万吨铁精粉 | 18000 | 2520 | 1764 |
| 7 | 1000万平方米花岗岩装饰面板一期300万平方米生产项目 | 玉门华地矿业有限公司 | 建成年加工花岗岩石材300万平方米生产线 | 2011—2012 | 59000 | 300万平方米花岗岩板材 | 30000 | 4200 | 2940 |
| 8 | 6万吨果蔬加工项目 | 安徽东宝食品有限公司 | 建成库容5万吨冷藏库,2万吨油炸薯条生产线,2000吨果蔬粉生产线,2万吨速冻果蔬生产线,1万吨土豆泥和南瓜泥的脱水生产线,完成东厂区配电8000吨设备,供水,供气,供暖,排污管网及控制系统等基础设施建设 | 2011—2012 | 50000 | 库容5万吨冷藏库 | 36000 | 5040 | 3528 |
| 9 | 700万米/年抽油杆生产线建设项目 | 玉门油田机械厂 | 新增年产700万米/年抽油杆生产线,扩产后生产能力达到1000万米/年 | 2010—2012 | 10127.01 | 生产能力达到300万米/年 | 8285 | 662 | 30 |
| 10 | 100万平方米花岗岩板材加工项目 | 酒泉市鑫磊实业有限责任公司金塔矿矿 | 建设100万平方米花岗岩板材加工生产线及相关配套附属设施 | 2011—2012 | 26000 | 100万平方米 | 6000 | 560 | 1850 |
| 11 | 30万吨原煤开采 | 山东新矿集团永发公司 | 完成30万吨原煤开采及相关建设相关设施 | 2011—2012 | 80000 | 30万吨 | 5000 | 2200 | 8000 |
| 12 | 150万吨洗煤厂 | 山东新矿集团公司 | 建设150万吨洗煤厂及相关附属设施 | 2012 | 22000 | 150万吨 | 4500 | 800 | 4000 |
| 13 | 北寨山子20万吨露天煤矿开采 | 乌海市天霸煤化工有限公司 | 建设20万吨露天煤矿开采及相关配套附属设施 | 2011—2012 | 15000 | 20万吨 | 4000 | 2500 | 8500 |
| 14 | 七个井子煤矿20万吨原煤露天矿井建设 | 乌海市天霸投资有限公司 | 七个井子煤矿20万吨原煤露天采矿井建设 | 2011—2012 | 12000 | 20万吨 | 4000 | 2500 | 8500 |
| 15 | 200万平方米花岗岩板材加工项目 | 甘肃三魁矿业有限公司 | 建设200万平方米花岗岩板材加工生产线及相关配套附属设施 | 2011—2012 | 12000 | 200万平方米 | 10500 | 900 | 3500 |

续附表3

| 序号 | 项目名称 | 建设单位 | 主要建设内容 | 建设起止年限 | 总投资 | 新增生产能力 | 新增经济效益 | | |
|---|---|---|---|---|---|---|---|---|---|
| | | | | | | | 产值 | 税收 | 利润 |
| 16 | 煤基联产综合利用项目(一期) | 瓜州县陇水河谷能源有限公司 | 建设年处理原煤240万吨、出产洁净煤120万吨,煤焦油24万吨,活性炭1万吨生产线 | 2012 | 10099 | 处理原煤30万吨 | 3000 | 120 | 160 |
| 17 | 高纯硅材料精细加工及综合利用项目(二期) | 甘肃三新硅业有限公司 | 建设年产20万吨工业硅生产线 | 2012 | 115485 | 1.5万吨 | 20000 | | 110 |
| 18 | 熔融石英项目 | 甘肃三新硅业有限公司 | 建设5万吨/年熔融硅英生产线 | 2012 | 14100 | 0.5万吨 | 2000 | | 20 |
| 19 | 还原剂(精煤加工)项目 | 甘肃三新硅业有限公司 | 建成年产60万吨还原剂(精煤)生产线 | 2012 | 19200 | 处理原煤1万吨 | 400 | | 8 |
| 20 | 老金厂贵金属精选建设项目 | 金龙(集团)有限责任公司 | 18万吨/年金矿石 | 2012 | 10030 | 处理原矿0.5万吨 | 100 | | 3 |
| 21 | 水泥粉磨站项目 | 瓜州县弘也水泥有限责任公司 | 年产120万吨水泥粉磨站 | 2012 | 40000 | 3万吨 | 810 | 6 | 11 |
| 22 | 年产200万平方米石材加工生产线项目 | 敦煌市津环宇实业发展有限公司 | 建设钢结构生产车间,宿舍楼,综合办公楼;购置安装大切机组12台,自动磨光机1台,手动磨光机6台,人工切边机12台,红外线切边机4台等设备 | 2012—2013 | 10000 | 200万平方米 | 12000 | 4500 | 2000 |
| 23 | 窑洞旱铜矿选矿项目 | 肃北县晟熙矿业有限责任公司 | 设计建设规模为工程处理原矿15万吨/年,年产含铜23%的铜精矿5220吨的铜产品的铜选厂 | 2011—2012 | 11000 | 日处理原矿500吨,年产铜精粉5220吨 | 5038 | 1007 | 3200 |
| 24 | 年产120万吨新型干法水泥生产线(一期)建设项目 | 甘肃恒亚水泥有限公司 | 建成年产60万吨新型干法水泥生产线 | 2011—2012 | 47000 | | 24000 | 3120 | 2160 |
| 25 | 年产40万吨铁精粉生产线(一期)建设项目 | 阿克塞海源矿业公司 | 建成年产20万吨铁精粉生产线 | 2012 | 10000 | | 20000 | 2600 | 1820 |
| 26 | 年产400万吨石棉尾矿回收利用项目 | 大西煤集团阿克塞汇丰物业公司 | 建成年处理400万吨石棉尾矿,年产10万吨水选优质石棉,12万吨铁精粉生产线 | 2011—2012 | 12000 | | 15000 | 1950 | 1360 |
| 27 | 天成物流中心建设项目 | 阿克塞天成贸易有限责任公司 | 建成水泥专用车辆200辆,矿石专用车300辆,建管理中心2000平方米的现代化物流中心,配套附属设施 | 2012 | 10000 | | 36000 | 4680 | 3240 |
| 28 | 现代物流中心建设项目 | 甘肃恒亚物流有限公司 | 运送水泥专用车辆200辆,建管理中心2000平方米,大型停车场10000平方米 | 2012 | 10000 | | 60000 | 7800 | 5400 |

续附表3

| 序号 | 项目名称 | 建设单位 | 主要建设内容 | 建设起止年限 | 总投资 | 新增生产能力 | 新增经济效益 | | |
|---|---|---|---|---|---|---|---|---|---|
| | | | | | | | 产值 | 税收 | 利润 |
| 嘉峪关市（4项） | | | | | | | | | |
| 1 | 综合开发利用废弃粉状石灰石生产钙质熔剂项目 | 嘉峪关大友企业公司 | 新建3座4.5米×64米回转窑、三套预热器、冷却器以及原料筛分系统等辅助设施。项目建成后可年利用废弃小粒级石灰石150万吨，年产高活性石灰75万吨 | 2011—2012 | 22000 | | 19950 | 1502 | 4665 |
| 2 | 有色冶金新材料生产加工项目一期建设工程 | 甘肃广银铝业有限公司 | 建设总规模为年产100万吨铝加工项目，计划总投资2.89亿元，其中一期工程目标为45万吨。生产各种高品质的铝合金棒、锭、板带、各种建筑型材和工业铝型材，以及上下游相关配套产品 | | 28900 | 15万吨铝板带、20万吨铝棒、10万吨铸锭型材 | 800000 | 5000 | 15000 |
| 3 | 年产25万吨预焙阳极项目 | 嘉峪关秦通预焙阳极有限公司 | 新建原料仓库、沥青熔化工段等生产用房，购进相关设备，建设年产25万吨预焙阳极生产线 | 2010—2012 | 100187 | 年产25万吨预焙阳极 | 74252 | 4801 | 14773 |
| 4 | 4000吨/天熟料新型干法水泥生产线及配套纯低温余热发电工程项目 | 酒钢宏达建材有限公司 | 新建4000吨/天熟料新型干法水泥生产线及配套纯低温余热发电工程 | | 62979 | | 93520 | 55020 | 75360 |
| 平凉市（4项） | | | | | | | | | |
| 1 | 纸箱包装产业园建设项目 | 静宁县恒达有限责任公司 静宁县工业公司 | 一期工程建宽幅2米和宽幅1.8米的高速瓦楞纸板生产线各1条。二期建2条瓦楞纸板生产线和4条彩色精包装生产线，建成3座生产车间共2.05万平方米，并配套完善各项基础设施 | 2011—2012 | 28000 | | 23600 | 800 | 2500 |
| 2 | 30万纸综合利用二期项目 | 静宁县恒达有限责任公司 | 新建年产10万吨高速瓦楞纸和14万吨的箱板纸生产线各1条。年造纸能力达到30万吨。新建2条再生塑料颗粒生产线1500万只蛋托生产线及通信定位系统再生塑料颗粒生产线 | 2010—2012 | 23000 | 年处理30万吨废纸 | 18000 | 720 | 1870 |
| 3 | 安全工程项目 | 华亭煤业集团公司 | 煤巷综合掘进、人员定位及通信系统建设、建设污水处理厂1座 | 2011 | 25529 | | | | |
| 4 | 维简工程项目 | 华亭煤业集团公司 | 对生产矿井防风设施、安全生产设施进行维护和改造 | 2012 | 115999 | | | | |

续附表3

| 序号 | 项目名称 | 建设单位 | 主要建设内容 | 建设起止年限 | 总投资 | 新增生产能力 | 新增经济效益 | | |
|---|---|---|---|---|---|---|---|---|---|
| | | | | | | | 产值 | 税收 | 利润 |
| 庆阳市(2项) | | | | | | | | | |
| 1 | 年产60万吨水泥粉磨生产线暨60万立方米预拌混凝土搅拌生产线项目 | 宁县明峰建材有限公司 | 年产60万立方米预拌混凝土搅拌生产线，建设年产60万吨水泥粉磨生产线 | 2012 | 15700 | | 42000 | 1500 | 2500 |
| 2 | 羊绒纺纱生产线技改项目 | 镇原县解语花山羊绒制品有限公司 | 年产山羊绒200吨，羊绒纱200吨，清洗净毛1210吨，粗纺毛纱1000吨 | 2011—2012 | 10528 | | | | |
| 临夏回族自治州(1项) | | | | | | | | | |
| 1 | 三峡天然气液化储备调峰站项目 | 三峡天然气有限责任公司 | 天然气液化储备调峰站 | 2011—2012 | 12000 | 日增生产天然气20万立方米 | 3200 | 112 | 87 |
| 定西市(4项) | | | | | | | | | |
| 1 | 新材料新型纸浆、内墙环保涂料项目 | 甘肃圣大方舟马铃薯变性淀粉有限公司 | 新建新型纸浆1万吨，内墙环保涂料3000吨生产线各1条 | 2011—2012 | 10000 | | 12000 | 1020 | 300 |
| 2 | 保温管生产项目 | 甘肃恒通管业制造有限公司 | 保温管生产项目 | 2011—2012 | 12000 | | 20000 | 500 | 800 |
| 3 | PK砖和PK板生产线项目 | 甘肃安居新科建材有限公司 | 建设年产36万立方米PK砖生产线4条、年产120万平方米PK板生产线2条 | 2011—2012 | 15000 | 156万平方米 | 7500 | 225 | 750 |
| 4 | 文峰药材交易城建设及配套现代中药材仓库改造项目 | 甘肃惠森药业公司 | 建成9万平方米中药材交易场所及电子交易场设施，改造提升1.1万平方米中药材仓储设施 | 2010—2013 | 16500 | 年静态仓储能力50万吨 | 580000 | 4800 | |

续附表3

| 序号 | 项目名称 | 建设单位 | 主要建设内容 | 建设起止年限 | 总投资 | 新增生产能力 | 新增经济效益 | | |
|---|---|---|---|---|---|---|---|---|---|
| | | | | | | | 产值 | 税收 | 利润 |
| 陇南市（5项） | | | | | | | | | |
| 1 | 1500吨/日黄金采选冶项目 | 甘肃大冶地质矿业有限责任公司 | 建设日采选冶黄金矿石1500吨配套生产线 | 2011—2012 | 52000 | 1500吨/天 | 35000 | 6500 | 17000 |
| 2 | 450吨/日黄金采选冶项目 | 西和县中宝矿业有限公司 | 建设日采选冶黄金矿石450吨配套生产线 | 2011—2012 | 27700 | 450吨/天 | 28300 | 4000 | 15000 |
| 3 | 临江20万千伏安铁合金生产基地 | 文县万利铁合金有限公司 | 建设临江20万千伏安铁合金生产基地一期工程 | 2011—2012 | 36000 | | 160000 | 13000 | |
| 4 | 年产100万吨原矿技改扩建项目 | 徽县甘肃洛坝集团公司 | 新建一套运输系统，使3年后的采矿规模由55万吨/年达到100万吨/年 | 2011—2013 | 19999 | 三年后年采矿能力达100万吨 | 30000 | 4000 | 6000 |
| 5 | 金矿采选项目 | 两当县招金矿业有限公司 | 建设日处理矿石450吨金矿采选生产线 | 2010—2012 | 11000 | 日处理矿石450吨 | 9200 | 1000 | 850 |

注：本表所列工业和信息化项目不包括风电，光电等清洁能源项目

# 工业循环经济和节能减排情况

**一、基本情况**

2012年,甘肃省万元工业增加值能耗下降3.6%。其中,兰州、嘉峪关、白银、张掖、陇南、金昌、天水、武威、平凉和酒泉等市下降幅度高于全省平均水平("十一五"及2011年、2012年单位工业增加值能耗情况见附表1,2012年全省主要工业产品能耗指标见附表2)。

2012年,全省万元工业增加值用水量由2011年的84立方米/万元下降到76.1立方米/万元,超额完成责任书目标。全省工业取水总量15.69亿立方米(不含庆阳市石油开采业),工业用水重复利用率达到77.2%,实现节水量1.658亿立方米(2012年全省工业增加值及取水量见附表3)。

2012年,全省筛选公布了第一批25个示范园区、45户示范企业,向全社会发布了工业循环经济十大典型模式案例,组织48户年耗能10万吨及以上重点用能企业编写并发布了2011年度清洁生产社会责任报告,全省工业循环经济由试点示范向全面发展推进。

2012年,全省资源综合利用企业超过170户,综合利用各类废渣1200万吨(如图1-1所示)、工业废气500万立方米。资源综合利用主要产品:水泥达到2400万吨、墙材310万立方米、电力87800万千瓦时、精矿粉60万吨,分别增长47%、16%、19%和60%,实现产值65亿元,享受减免税4.6亿元。

2012年,全省淘汰炼铁、铁合金、水泥等落后产能510万吨,玻璃60万重量箱,制革115万标张,涉及11个行业90户企业,争取国家资金15491万元(如图1-2所示)。关闭能耗高、污染重的小企业81户,涉及小炼钢、小造纸、小水泥、印染、皮革、化纤、铜冶炼、锌冶炼、铅冶炼、小砖窑、小化工等行业,企业职工10286人,获中央财政关闭小企业补助资金11636万元(如图1-3所示)。

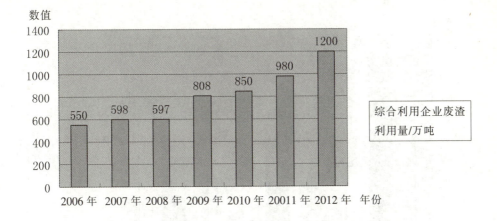

图1-1 2006—2012年全省资源综合利用企业废渣利用量情况

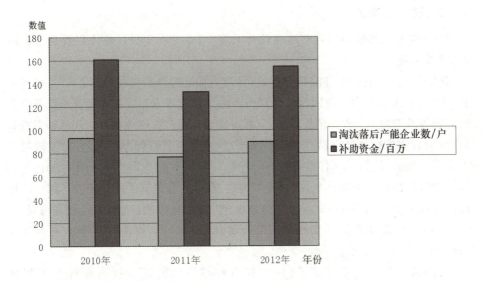

图1-2 近三年全省淘汰落后产能情况

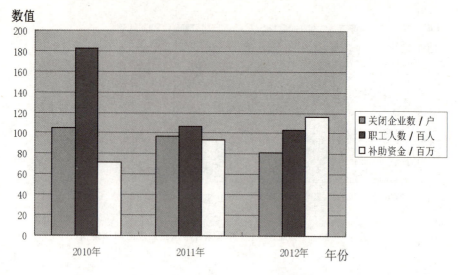

图1-3 近三年全省小企业关闭情况

**二、开展的主要工作**

(一)以专项规划和法规制度建设为先导,形成有利于循环经济发展和节能减排的政策环境

2009年12月24日,国务院批准实施《甘肃省循环经济总体规划》以来,甘肃省先后颁布了《甘肃省再生资源回收综合利用办法》《甘肃省取水许可和水资源费征收管理办法》等政府规章。省工信委印发了《甘肃省固定资产投资项目节能评估和审查暂行办法》《甘肃省循环经济试点(示范)园区、企业申报及管理办法(试行)》等政策文件,会同省质监局发布了《甘肃省循环经济地方标准体系建设规划(2010—2015年)》及《甘肃省用能单位能源计量评价》等多项地方标准,会同有关厅局印发了加快循环经济试点(示范)工业园区、试点(示范)企业、产业链、重点项目建设四个指导意见。

(二)以建设国家循环经济示范区为契机,加快循环经济载体由试点向示范推进

会同省开发行编制完成了《甘肃省循环经济示范区建设系统性融资规划(2011—2015年)》,与国开行签署了1000亿元融资协议支持甘肃省循环经济发展。指导各市(州)编制完成循环经济发展规划,批复并实施了嘉峪关市、金昌市、白银市、平凉市等9个市(州)循环经济发展规划,河西堡化工循环经济产业园等22个园区和企业循环经济发展规划。制定了41个省级循环经济试点园区改造提升、16条产业链打造、116户循环经济试点企业培育实施方案,以及分年度制订了工作计划,确定了金昌经济技术开发区等25个省级循环经济示范园区和金川公司等45户省级循环经济示范企业。通过典型试点示范,在城市、园区、企业等不同层面,探索总结出

金昌市、白银有色集团、金川公司、酒钢集团、窑街煤电集团有限公司、兰州餐厨废弃物资源化利用、天水高新农业、张掖市有年金龙集团、定西节水型工农业复合、合作工业园区基础设施建设10个循环经济发展模式,初步形成了有色与精细化工、冶金—资源综合利用—新材料、风电设备制造、清洁能源利用、特色农副产品—农业废弃物、绿色食品等循环经济产业链。

(三)以淘汰落后产能和项目建设为手段,加快转变发展方式和产业的升级换代

"十一五"以来,全省累计淘汰落后产能1523.5万吨、制革120万标张、印染14000万米,关停小火电机组29台,争取淘汰落后产能中央财政奖励资金69271万元。对283户存在安全隐患、高耗能、高污染的小企业实施整顿关闭,落实中央财政补助资金28076万元,安置职工39213人。组织实施节能技术改造财政奖励项目、资源节约和环境保护中央预算内项目651项,总投资649.1亿元,其中有269个重点项目得到国家14.3亿元资金支持。2012年,利用省级节能和循环经济专项资金,支持了总投资94.07亿元的123个项目。全省淘汰炼铁、铁合金、水泥等落后产能510万吨、玻璃60万重量箱、制革115万标张,关闭能耗高、污染重的小企业89户,企业能源中心建设项目3个,争取中央财政奖励和补助资金合计29955万元。淘汰落后产能、关闭小企业和实施节能技术改造,为工业经济发展腾出了能源空间,特别是高载能产业工艺技术和装备达到了国际和国内先进水平,工业经济的产业优化升级换代速度加快。

(四)以大力开展资源综合利用为途径,着力提高工业生产废弃物综合利用率

随着全省循环经济发展步伐的加快,资源综合利用领域不断拓宽。金川公司、白银有色集团采用生物冶金技术提取贫矿和露天剥离废石资源中有价金属进展良好,窑街煤电集团有限公司煤矸石发电、油母页岩制取页岩油技术得到成功应用。采矿废石、冶炼废渣、化工废渣、粉煤灰、煤矸石等工业固体废弃物被广泛用于生产建材产品。含硫烟气、高(焦)炉煤气、化工废气等废气以及工业生产过程中的余热余压和工业废水进一步得到循环利用。通过利用工业固体废弃物和废气、余热,生产出水泥、新型墙材、精矿粉、电力、页岩油、胶粉、硫酸、二氧化碳等资源综合利用产品。

(五)以提升可持续清洁生产能力为方向,推进资源节约型和环境友好型社会建设

组织实施了10个清洁生产重点示范项目,启动了200户自愿清洁生产试点企业创建活动。酒钢集团等列为全国"两型"企业创建试点,资源节约型和环境友好型企业试点工作进展良好。组织开展了年耗能10万吨及以上标准煤重点用能企业清洁生产社会责任报告,编制并发布了44份企业清洁生产社会责任报告。稳步推进新型墙体材料革新,除定西市外,其他13个市(州)均成立了新型墙体材料工作机构。制

定发布了《甘肃省城市"限粘"县城"禁实"工作方案》,有12个县城按期完成了"禁实"任务并通过检查验收。全省新型墙体材料产品产量增长8%左右。

(六)以制定改善政策制度体系为抓手,积极构建工业节水激励约束机制

2012年,省政府与14个市(州)政府签订工业节水目标责任书,各市(州)政府分别与县(区)政府签订了节水目标责任书。制定了《甘肃省工业用水信息季报制度》和《甘肃省工业企业节水台账模板》,全省年用水20万立方米以上工业企业基本设立节水台账。严格限制新上和引进高取水工业项目,新、改、扩建的取水建设项目均进行水资源论证,执行"三同时、四到位"制度。部分市(州)着手制定收取超定额累进加价水费政策,收取加价水费,强化计量检测,有效调动了企业节水主动性。开展"世界水日""中国水周"等主题宣传活动,加大对节水法律法规、小常识等的宣传,积极开展节水培训,增强了社会各界对节约用水和保护水资源的意识。

(七)以信息化和工业化的融合为助推器,不断提高工业循环经济的管理技术水平

省政府发布了《节能减排统计监测及考核实施方案》《甘肃省推进信息化与工业化融合发展实施方案》《甘肃省关于加快推进数字城市建设的指导意见》《甘肃省信息产业"十二五"发展规划》等一系列规章制度,系统推进循环经济和信息产业的发展。通过信息化和工业化的融合,大力发展循环经济,促进了"制度标准化、标准表单化、表单电子化",实现了企业结构调整和发展方式的转变。重点建设了金川公司、酒钢集团、白银有色集团工业企业能源管理中心项目,通过采用先进技术,将数据采集、处理和分析、控制和调度、平衡预测和能源管理等功能进行有机、一体化集成,实现企业能源管理中心系统的管控一体化设计,形成支撑循环经济发展的系统和应用功能比较完善的平台体系。

(八)以加强节能基础、提升监控能力、强化节能措施为重点,不断推动节能监察能力建设

目前,全省已经有75个节能监察机构,其中省级1个,市(州)由上年13个增加到14个,县(市、区)由上年32个增加到60个,专职人员达273人。全省共争取中央财政节能监察机构能力建设项目51个、资金4821万元,省级节能专项资金支持了24个节能监察机构能力建设项目。加大节能宣传培训力度,围绕能源统计、能耗限额标准宣贯、淘汰落后产能检查、节能技术(设备)等专项活动,培训人员650多人(次)。

**三、循环经济十大典型案例**

(一)金昌市循环经济发展模式

1.模式特征

通过构建循环经济产业体系,从依赖单一资源产业向多产业融合发展转型的资源型城市循环经济发展模式。

2.典型经验

金昌市作为资源型城市，在做大做强镍钴等支柱产业的基础上，依靠技术创新，纵向延伸，横向拓展，形成了产业链间物质平衡、伴生资源充分利用、废弃物循环利用的循环经济发展格局，实现了由单一产业向多产业集群转变，由单一资源依赖型向多元经济优势互补型转变，由单纯依靠自身力量向区域一体化组团发展方向转变，走出了一条特色突出、优势明显、集约发展的资源型城市实现转型发展的循环经济之路。在纵向延伸方面，形成了"硫化铜镍矿开采—镍铜钴冶炼—镍铜钴压延及新材料产业"产业链；在横向拓展方面，形成了"二氧化硫—硫酸—硫化工，硫酸—磷酸—磷化工，烧碱—氯气—PVC—电石渣—水泥"等产业链。金昌市新材料工业区循环经济发展模式如图1-4所示。

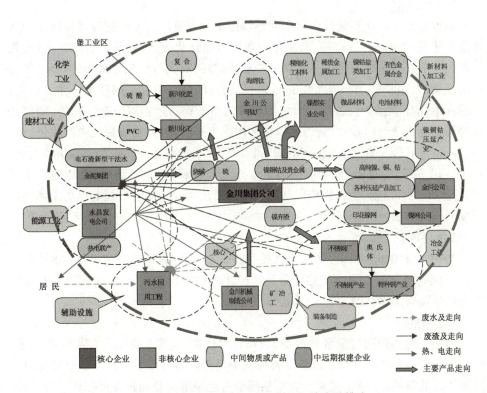

图1-4　金昌市新材料工业区循环经济发展模式

3.主要成效

2010年与2005年相比，在地区生产总值提高81.7%的同时，单位地区生产总值能耗下降23%，单位工业增加值用水量下降52.6%，工业固体废物综合利用率提高14.6%，二氧化硫排放量下降26.8%，COD排放量下降13.4%。

4.适用范围

金昌市充分利用本地区的资源优势和大型骨干企业的副产品，开发与之相关的系列产品，形成固体废弃物利用与新产品开发的连带关系，通过构建循环经济利用产业体系，实现了从主要依赖单一资源向多产业共生发展成功转型，显著提高了资源综合利用效率。该模式对于资源型产业和城市构建多产业共生发展的循环经济产业体系具有一定的示范意义。

(二)白银有色循环经济发展模式

1.模式特征

通过对主导产业进行循环化改造、延伸产业链、缓解资源和环境压力的大型有色冶炼企业循环经济发展模式。

2.典型经验

白银有色集团在资源逐渐枯竭和环境污染的双重压力下，把循环经济作为企业摆脱困境的唯一有效途径，对主导产业进行循环化改造，在采矿、选矿、冶炼、化工四大环节发展循环经济。一是在采矿和选矿环节，实行绿色开采，从多金属矿分选出铜精矿、铅精矿、锌精矿、铅锌精矿，将剥离的废石和选矿尾砂用于井下填充。二是在冶炼环节，加大技术创新，将冶炼废渣中的铜、锌、铅以及金、银、硒、镉等10多种稀贵金属全部回收利用，将尾砂作为水泥生产配料，从冶炼烟气中回收铅、锌、铜、锑、铋等有价元素。目前公司的铜、铅、锌回收率分别达到97%、96%和98%以上。三是在化工环节，对铅、锌冶炼中的尾气高效回收利用，生产硫酸，总硫利用率从70%提高到95%以上，为白银市大气污染治理做出重大贡献。白银有色集团循环经济发展模式如图1-5所示。

3.主要成效

2010年与2005年相比，在总产值提高89%的同时，资源产出率提高170%，能源产出率提高99.3%，二氧化硫排放量下降63.1%，COD排放量下降48%，回收有价伴生金属的覆盖率提高84.7%。

4.适用范围

白银有色集团通过循环化改造，依托技术创新，实现资源的多层次转换利用、生态环境改善和产业升级，形成了资源枯竭型企业通过发展循环经济缓解资源和环境压力的新模式。该模式对于资源枯竭型有色冶炼企业通过发展循环经济，缓解资源压力，减少污染排放，具有积极的借鉴意义。

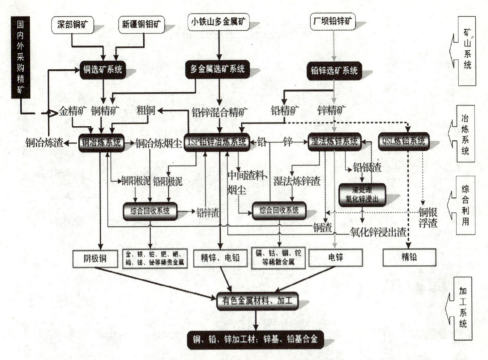

**图1-5　白银有色集团循环经济发展模式**

(三)金川公司资源综合利用循环经济模式

1.模式特征

以有色金属采、选、冶、化、深加工为主体,以技术创新为依托的共伴生矿深度资源化循环经济发展模式。

2.典型经验

金川公司依靠技术创新和科技进步,实施以矿业和金属为核心的产业一体化和产品多元化发展循环经济的企业战略,开发了一批达到国际先进水平且具有自主知识产权的核心技术,建成了具有国际领先水平的利用尾矿砂、水淬渣代替细砂、水泥的矿山膏体泵送充填利用设施和工业固体废弃物综合利用生产线,组织建设并实施了一批节水项目,构建了企业内部、企业间以及企业与区域空间的互动共生网络,实现了产业结构一体化、技术创新集成化、资源利用深度化、产品方案多元化的循环经济发展模式。水、电、汽单耗等多项经济技术指标达到或超过国际先进水平,采矿损失率和贫化率分别控制在4.5%和4.0%以下,低品位矿石开采量占总出矿量的45%,镍矿中所伴生的铂、钯的回收率从49%提高到了70%,锇、铱、钌、铑的回收率则提高了十多倍,所含21种有价元素中的16种得以提取和利用。金川公司资源综合利用循环经济模式如图1-6所示。

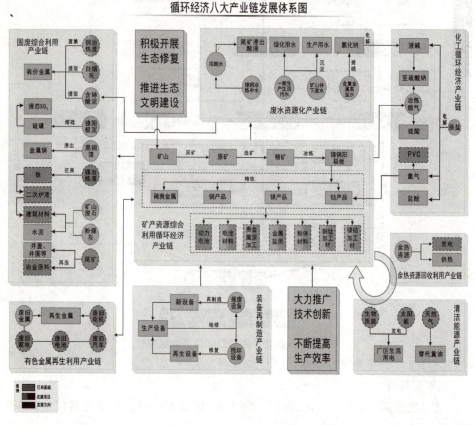

图1-6 金川公司资源综合利用循环经济模式

3.主要成效

"十一五"期间,金川公司累计实现营业收入3014亿元,年均增长27%;万元产值能耗、水耗、电镍综合能耗和电铜综合能耗较"十五"末分别下降28.16%、34.23%、7.61%和42.45%,节能28.01万吨标煤。2011年营业收入超过1200亿元,资产总额增长34%,实现利税总额53亿元。

4.适用范围

金川公司在发展循环经济过程中采用的下向机械化盘区胶结充填采矿法、羰基镍气化冶金技术、生物冶金技术、高品质电解镍生产控制技术等达到世界领先或先进水平,该模式对于有色金属工业调整产业结构、大型共伴生矿山合理开发利用和发展循环经济具有重要的借鉴意义。

(四)酒钢集团循环经济发展模式

1.模式特征

酒钢集团以钢铁为主,黑色和有色并举、工业和农业同步、资源与能源高效循环利用的多元化循环经济发展模式。

2.典型经验

通过淘汰落后装备、优化结构、技术进步、节能降耗、综合利用,用更少的资源消耗生产更多高技术含量、高性能、高附加值产品;通过"三流"(物质流、能量流、水资源流)的减量化、资源化、再利用,实现节能降耗、可持续清洁生产;采用"三利用"等先进的节能、节水、资源回收利用和环保技术,使企业生产过程中副产煤气及余热、余压、废水、固体废弃物等得到充分利用;充分发挥钢铁企业能源转换、固体废弃物处理功能,消纳废钢、污水、废渣(铬渣、镍弃渣等)等废弃物,铁渣、钢渣等固体废弃物供建材企业使用,焦炉煤气、热力等供城市居民使用;通过发展以合金铝、硅锰、硅铁为主的高载能工业,就地消纳风电。企业主要技术经济指标、节能减排指标和清洁生产指标达到国内先进水平,形成了以钢铁产业为主、多业并举的发展循环经济的酒钢集团模式,如图1-7所示。

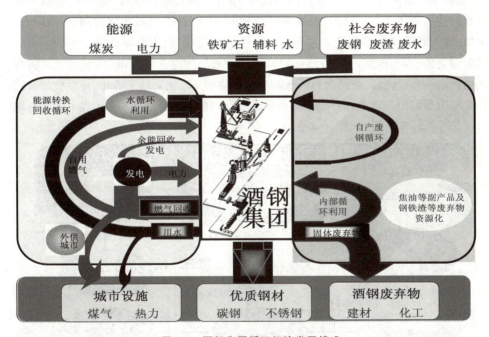

图1-7　酒钢集团循环经济发展模式

3.主要成效

2011年,酒钢集团营业收入8442378万元,净利润110276万元。单位产值能耗1.17吨标煤/万元,节能86091吨,单位产值水耗7.77立方米/万元,节水477万立方米;钢铁产业减排二氧化硫1685.61吨,减排粉尘1685.61吨;减排废水1636万吨,减排固体废弃物215万吨。

4.适用范围

积极围绕钢铁主业推进清洁生产和开发绿色产品,对内加强资源与能源的循环利用,对外通过产业链条的延伸积极消纳废弃物。该模式对于我国新型现代化钢铁集团多元化发展,做大做强,全面提升可持续发展水平,建设资源节约型和环境友好型企业具有一定的借鉴意义。

(五)窑街煤电集团有限公司循环经济发展模式

1.模式特征

以煤炭资源的绿色开采和综合利用为先导,不断优化煤炭产业结构,多产业融合发展的循环经济模式。

2.典型经验

充分发挥煤炭及其衍生资源优势,加快推进绿色矿山建设,一方面通过延伸资源产品链,提高资源加工深度,有效实现资源增值;另一方面不断提高资源的综合利用效率,减少非产品产出,降低企业生产和环境成本。逐步形成了以"煤—电—化—冶—材—运"为主导的油页岩综合利用、煤、电、冶、新型建材等循环经济产业链。矿井水处理后回用于电厂冷却水、洗煤厂补充水、井下除尘、景观和绿化用水,煤矸石、中煤、煤泥和油页岩半焦进入劣质煤热电厂进行发电,利用原煤开采伴生的油页岩提取页岩油,煤层气提纯后和油页岩炼油产生的尾气混合后发电,工业废渣及粉煤灰生产水泥和免烧砖,余热进行厂区和生活区供暖。以煤炭加工转化、伴生资源高效综合利用和矿山环境治理为核心的循环经济发展模式已见成效。窑街煤电集团有限公司循环经济发展模式如图1-8所示。

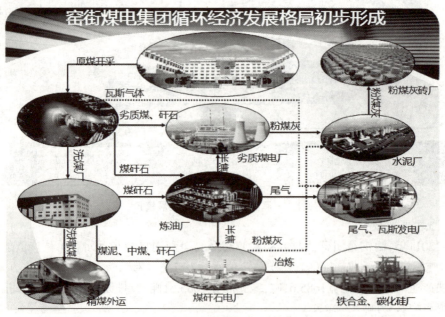

图1-8　窑街煤电集团有限公司循环经济发展模式

### 3.主要成效

"十一五"期间,该集团能耗由2005年的2.32吨标准煤/万元下降到2010年的1.41吨标准煤/万元,累计下降39.2%,超额完成了省政府下达的"十一五"期间万元产值能耗下降20%的节能目标任务。2011年,完成工业总产值33.52亿元,上缴税金4.56亿元,实现利润5266万元。

### 4.适用范围

煤炭行业发展循环经济的关键在于煤炭的清洁开采、废弃物资源的综合利用、生态建设和煤炭的高效转化与利用等环节,这也是实现煤炭企业、资源型城市和社会环境和谐发展的必由之路。该模式对于以煤炭为主的衰退期矿区,通过发展循环经济,建设绿色矿山,合理延伸产业链,实现矿区可持续发展具有一定的借鉴意义。

### (六)兰州餐厨废弃物资源化利用模式

#### 1.模式特征

以有效解决"地沟油"等环境污染和食品安全问题为目标,通过规范回收、分类处理,实现餐厨废弃物减量化、无害化和资源化。

#### 2.典型经验

兰州餐饮业快速发展的同时,也产生了一系列环境污染和食品安全问题。甘肃驰奈生物能源系统有限公司以24项国家专利为基础,按照BOT方式投资、建设、运营餐厨废弃物资源化处理项目。该公司通过制定餐厨废弃物收运系统规划,绘制了兰州市主城区餐饮企业分布图,建设了餐厨废弃物信息化管理平台和运输监测系统,建立完善了产生登记、定点回收制度和收运管理体系,从收集到运输再到处理厂排出餐厨废弃物的全过程均以全封闭输送方式进行。甘肃驰奈生物能源系统有限公司在国内首个采用湿式厌氧发酵方式处理城市餐厨废弃物,最大限度地将餐厨垃圾中可利用的资源全部回收与转化,实现了处理处置法制化、产生源头减量化、回收体系正规化、产品技术安全化、管理系统网络化的兰州市餐厨废弃物无害化处理、资源化利用模式。兰州餐厨废弃物资源化利用模式如图1-9所示。

#### 3.主要成效

经系统处理每吨餐厨废弃物可生产工业油脂35千克、生物燃气105立方米、生物燃气发电210千瓦时、固态有机肥57千克、液态有机肥650千克,实现COD减排72.25千克,氨氮减排0.056千克,氯化物减排3千克,二氧化碳减排226.77千克,二氧化硫减排0.72千克,氮氧化物减排0.63千克。

#### 4.适用范围

实现餐厨废弃物的深度资源化、解决"地沟油"等餐厨废弃物的污染问题是一项系统工程,既需要管理与政策平台的支撑与保障,也需要处理技术方面的完善与创新,同时更需要废物产生单位对环境和责任意识的不断提升。该模式对以产业化和市场化为目标实现城市餐厨废弃物资源化利用具有积极的示范意义。

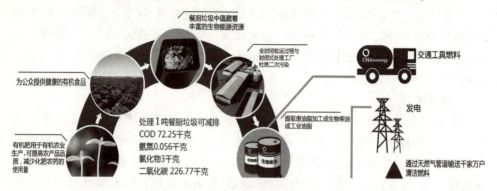

**图1-9　兰州餐厨废弃物资源化利用模式**

（七）天水高新农业循环经济模式

1.模式特征

创新雨水和太阳能利用途径，种植、养殖、加工一体化，高效节水型农业集成循环经济模式。

2.典型经验

天水国家农业科技园区（如图1-10所示）是以种植和养殖业为龙头产业，综合利用各种废弃物，基于"五化农业"（规模化、设施化、品牌化、生态化、循环化）的高效集成的农业复合型产业体系。通过创新产业组织形式和技术创新，将航天种业、果品、蔬菜、畜牧、农产品加工五大产业，通过农业废弃物、饲料、沼气、有机肥等紧密联系在一起，具备了技术创新、科技示范、产业孵化、培训交流、辐射带动、旅游观光六大功能。园区内建筑物全部采用最新的屋面雨水收集再利用技术，日光温室和连栋温室内全部配套节水滴灌技术。形成了依托种植和养殖业，集种植业、养殖业、农产品加工业、饲料工业、有机肥、旅游、餐饮、商业等高度集成的农业循环经济产业体系。

3.主要成效

2011年实现生产总值2.32亿元，利润总额5621.8万元。生产沼气270万立方米，发电602万度，综合利用沼渣1152吨，沼液3.69万吨，生产优质有机肥2万吨。

4.适用范围

通过种养加工一体化高效农业集成循环经济模式的构建，以及雨水集流、太阳能利用，形成"农作物种植—食用菌生产—畜禽养殖—沼气工程—农作物种植"生态农业循环体系。该模式适合有一定种植和养殖业传统、有一定投资能力并能够引入技术的地区，特别是对大城市郊区可进行推广。

图1-10 天水国家农业科技园区

(八)张掖市有年金龙集团公司发展循环经济模式

1.模式特征

充分利用戈壁荒滩,形成规模化、设施化、品牌化、生态化、循环化高效集成的复合型产业发展模式。

2.典型经验

通过改造戈壁荒滩,形成了"种植—优质全粉—精淀粉—废渣—食用酒精—饲料—养殖—处理后废水—养鱼—粪便沼气—有机肥"各环节的闭路循环。以马铃薯为原料,生产马铃薯颗粒全粉、雪花全粉和精淀粉,"三粉"生产线产生的废物和边角料,浓缩果汁生产线排出的皮渣及园内的残次水果则被用于酒精厂生产酒精;酒精生产线排出的酒糟用于畜禽养殖和鱼池养鱼,鱼池排出的肥水又用于浇灌园林。生产废水稀释养殖场畜禽的粪便和秸秆等废弃物用于生产沼气,沼液、沼渣等废弃物制有机肥料。通过递次开发,首尾相连,吃干榨尽,充分利用,真正实现了节能减排和"零排放"。主导产品马铃薯雪花全粉、颗粒粉国内市场占有率达13.5%,占国内同类产品出口额的14.5%。张掖市有年金龙集团公司发展循环经济示意图如图1-11所示。

3.主要成效

2011年,实现产值1.5亿元,利税2000多万元;接待观光游客5万多人,节煤约2万吨,节水约50万立方米。改造戈壁荒滩1万多亩,吸收农村剩余劳动力500多人。

4.适用范围

通过改造戈壁荒滩,建设自有马铃薯种植基地,种植、养殖和农副产品加工废弃物生产沼气,沼气发电和供燃烧锅炉,沼渣、沼液用作肥料,实现了以种植业、养殖业内部产业链为核心,农副产品加工增值,废弃物再生利用,并向第三产业延伸的生态农业产业化循环经济发展模式。该模式适合在有一定种植养殖传统,拥有一定技术支撑能力的企业推广。

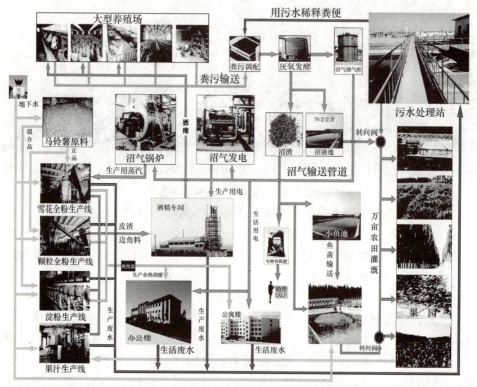

**图1-11 张掖市有年金龙集团公司发展循环经济示意图**

(九)定西节水型工农业复合循环经济模式

1.模式特征

主导产业引导,多个小型循环经济单体联合推动,节水型工农业复合循环经济发展模式。

2.典型经验

定西市围绕打造"中国薯都"的战略目标,大力实施品牌战略,走良种化、集约化、标准化、专业化的发展路子,不断促进马铃薯产业从粗放式生产向标准化精深加工转变,用现代分离技术生产淀粉、全粉、雪花粉、精淀粉等产品及其衍生品,提升产业软实力,为饲料、造纸、铸造、石油、纺织等行业提供原料。同时,注重生产过程中废水、废渣的综合利用,促进畜禽养殖、加工产业发展,禽畜粪便等废弃物配套建设大型沼气系统,沼液、沼渣生产有机肥,回用于种植业。定西市初步构建了以圣大方舟公司为代表的"马铃薯精深加工、生物质基材等不同形式的循环经济产业链",如图1-12所示,形成了以企业、协会、基地、农户为依托的节水型工农业复合的循环经济发展模式,技术推广成本低,经济效益高,实现了由粗放式经营向集约化经营方向转变。

3.主要成效

2011年,全市马铃薯产量达到449万吨,建成各类规模以上农业产业化加工龙头企业101家,带动辐射全市53.8万农户,累计建成规模养殖小区537个,发展规模养殖户4.6万户,累计配套建设沼气12.1万户。

4.适用范围

以"企业+协会+基地+农户""企业+基地+农户""协会+基地+农户"等形式,实现节水型工农业复合的循环经济发展模式,对于资源禀赋特殊、经济欠发达的生态脆弱地区,尤其是普遍严重缺水的甘肃中部地区探索经济发展与资源环境效应的统一,实现跨越式发展具有一定的示范作用。

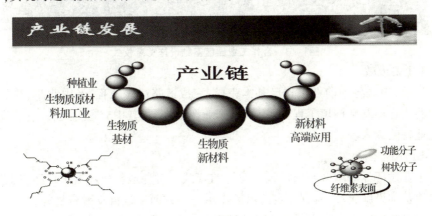

图1-12 循环经济产业链发展

(十)合作工业园区基础设施建设模式

1.模式特征

积极引入社会资金用于循环经济公用基础设施建设,撬动融资杠杆,激活民营资本,通过加强基础设施建设,推动工业园区循环经济发展的BT模式。

2.典型经验

合作市循环经济产业园以《园区循环经济规划》等规范性文件为先导,围绕"畜牧、中药、农副产品、民族用品"等主导产业和项目,以循环经济产业园区为主要平台,以副产品与废弃物的闭路循环、能量梯级利用、基础设施与信息共享为纽带,构建畜牧产品生产加工、农产品生产加工、中药研发加工以及民族特色加工四大循环产业链。

以BT合作投资模式引入社会资金,由承建方——中国太平洋建设集团以全额垫资的方式建设园区公用基础设施,激活民营资本,并举行了基础设施奠基仪式,进入全面施工建设阶段,如图1-13所示。建成后移交园区管委会,业主分期付款偿还项目资金。为保证园区建设的顺利进行,市政府专门成立了园区建设环境治理协调工作领导小组,协调园区建设中遇到的各类矛盾及问题。

图1-13　合作工业园区基础设施奠基仪式

3.主要成效

目前,园区各项前期工作已基本完成,完成道路清表工程,经中北路、纬二路、纬四路正在做基础换填工程。已有10家企业登记入园,其中5户企业已入场建设,其他企业将陆续入场。

4.适用范围

工业循环经济园区基础设施建设的BT模式,对各地新建新型循环经济工业园区加快基础设施建设,具有一定的示范作用。一方面通过撬动融资杠杆,放大了园区基础设施建设资金,"筑巢引凤"吸引更多产业项目落地生根;另一方面,园区基础设施的改善,更加有利于园区围绕主导产业,依层、分批互补推进产业链的设计和建设,加快形成园区内能源、资源等的循环利用。

(撰稿人　循环经济处吴国振)

附表1:

### "十一五"及2011年、2012年单位工业增加值能耗情况

| 市(州) | "十一五"万元工业增加值能耗情况/% | 2011年万元工业增加值能耗情况/% | 2012年万元工业增加值能耗情况/% |
|---|---|---|---|
| 全 省 | -31.39 | -1.96 | -8.10 |
| 兰州市 | -30.18 | -5.66 | -4.22 |
| 嘉峪关市 | -26.64 | -4.99 | -10.89 |
| 金昌市 | -25.29 | -7.05 | -5.78 |
| 白银市 | -36.01 | -6.16 | -8.56 |
| 天水市 | -32.20 | -4.60 | -4.61 |
| 武威市 | -19.48 | -6.01 | -6.97 |
| 张掖市 | 1.34 | -7.15 | -21.07 |
| 平凉市 | -32.55 | 35.90 | -7.62 |
| 酒泉市 | -41.63 | -9.95 | 3.05 |
| 庆阳市 | -24.30 | -6.60 | -3.85 |
| 定西市 | -39.61 | -1.84 | -3.44 |
| 陇南市 | -8.25 | -3.97 | -7.20 |
| 临夏回族自治州 | -43.97 | -3.50 | -13.68 |
| 甘南藏族自治州 | -17.27 | -3.86 | -4.11 |

附表2：

### 2012年全省主要工业产品能耗指标

| 行业 | 单位产品能耗指标 | 单位 | 本期指标值 | 上年同期指标值 | 升降 |
|---|---|---|---|---|---|
| 电力 | 火力发电标准煤耗 | 克标准煤/千瓦时 | 311.68 | 313.54 | 下降0.59% |
| | 火力供电标准煤耗 | 克标准煤/千瓦时 | 333.84 | 336.28 | 下降0.73% |
| 石化 | 原油加工单位耗电 | 千瓦时/吨 | 53.03 | 60.33 | 下降12.1% |
| | 原油加工单位综合能耗 | 千克标准油/吨 | 67.08 | 69.20 | 下降3.06% |
| | 单位合成氨生产综合能耗 | 千克标准煤/吨 | 1350.73 | 1374.63 | 下降1.74% |
| 钢铁 | 吨钢综合能耗 | 千克标准煤/吨 | 604.38 | 642.30 | 下降5.90% |
| | 硅铁单位电耗 | 千瓦时/吨 | 8363.07 | 8549.89 | 下降2.19% |
| 有色 | 铜冶炼综合能耗 | 千克标准煤/吨 | 579.06 | 600.72 | 下降3.61% |
| | 单位电解铝综合能耗 | 千克标准煤/吨 | 1746.54 | 1789.40 | 下降2.40% |
| 建材 | 吨水泥综合能耗 | 千克标准煤/吨 | 113.33 | 118.11 | 下降4.05% |
| | 每重量箱平板玻璃综合能耗 | 千克标准煤/重量箱 | 17.22 | 17.40 | 下降1.03% |

附表3：

### 2012年全省工业增加值及取水量

| 市(州) | 工业增加值/亿元 | 取水量/万立方米 | 重复利用量/万立方米 | 节水量/万立方米 |
|---|---|---|---|---|
| 全省 | 2061.65 | 156947.1 | 531842 | 16580 |
| 金昌市 | 162.93 | 8296.4 | 74700 | 3000 |
| 嘉峪关市 | 213.33 | 10576.0 | 142254 | 640 |
| 白银市 | 212.59 | 10215.0 | 103088 | 600 |
| 兰州市 | 562.42 | 51600.0 | 106142 | 6100 |
| 甘南藏族自治州 | 23.54 | 632.7 | 3887 | 190 |
| 临夏回族自治州 | 32.45 | 2255.0 | 26076 | 270 |
| 酒泉市 | 258.70 | 27164.0 | 13156 | 3200 |
| 武威市 | 109.07 | 12107.0 | 20936 | 480 |
| 平凉市 | 125.40 | 11300.0 | 18400 | 600 |
| 陇南市 | 49.36 | 2665.0 | 4626 | 200 |
| 张掖市 | 75.52 | 5815.0 | 8096 | 400 |
| 庆阳市 | 82.00 | 7708.0 | 5935 | 440 |
| 天水市 | 115.76 | 3415.0 | 3307 | 170 |
| 定西市 | 38.58 | 3198.0 | 1239 | 290 |

# 中小企业发展情况

## 一、运行情况

2012年,甘肃省中小企业累计实现工业增加值776.16亿元,增长23%。其中:规模以上中小微企业实现增加值633.32亿元,增长25.62%;规模以下中小企业实现增加值142.84亿元,增长12.6%。规模以上中小微企业实现主营业务收入1743.49亿元,增长18.6%;实现利润75.23亿元,增长8.1%;上缴税金62.47亿元,增长10.9%。截至2012年12月底,全省共有工业中小企业68127户(含个体工业企业),其中规模以上中小微企业1382户(中型企业278户,小型企业1064户,微型企业40户),规模以下中小微企业66745户;从业人员68万人,其中规模以上企业人员27.68万人,规模以下企业人员40.32万人[2012年规模以上工业中小微企业情况见附表1,2012年规模以下工业中小企业情况见附表2,2012年规模以上工业中小微企业经济效益指标(一)见附表3,2012年规模以上工业中小微企业经济效益指标(二)见附表4,2012年地区规模以上工业中小微企业经济效益指标(一)见附表5,2012年地区规模以上工业中小微企业经济效益指标(二)见附表6,2012年行业规模以上工业中小微企业经济效益指标(一)见附表7,2012年行业规模以上工业中小微企业经济效益指标(二)见附表8]。

## 二、主要工作进展情况

### (一)营造良好的发展环境

认真落实了《国务院关于进一步支持小型微型企业健康发展的意见》(国发〔2012〕14号),省政府颁布了《关于促进小微企业发展的指导意见》(甘政发〔2012〕39号),印发了《支持小微企业发展答问》《中小企业政策百问百答》《创办小微企业百问百答》和《甘肃省促进小型微型企业发展指导意见解读》,分发给各市(州)、县(区)主管部门和部分企业。深入开展以"服务企业,助力成长"为主题的中小企业服务年活动,通过组织政策咨询宣讲、加强投融资对接和创业辅导、培育支持创业基地、推动中小企业信息化、实施国家中小企业银河培训工程、开展知名专家走进中小企业活动等活动,营造全社会重视关心中小企业特别是小微企业发展的良好氛围。

(二)加大财政扶持力度

2012年,国家安排甘肃省工业中小企业技术改造项目、公共服务示范平台项目等共162个,争取到国家专项资金1.57亿元,较上年增长22%。省级财政设立的2500万元中小企业专项资金,扶持了张掖市中小企业服务中心、兰州理工大学高新技术成果推广转化中心、皋兰县中小企业创业孵化基地等共61个项目。省级财政还安排了1亿元专项资金,支持179户规模以下企业通过技术改造达到规模以上,加上地方配套资金和推进小微企业重组,年度新增规模以上企业300户。

(三)落实税收扶持政策

1.实施增值税转型,鼓励小微企业创新发展,从事商业的小规模纳税人税负下降了25%,从事工业及其他纳税人税负下降了50%。

2.经省政府批准,甘肃省增值税起征点从5000元调至最高档20000元,惠及了90%以上的个体户,享受免税的户数增加64458户,增幅达42.69%。

3.免征蔬菜流通环节增值税,平抑市场蔬菜价格。仅2011年上半年,全省蔬菜免税销售额达47.43亿元,免征增值税9486.91万元。

4.减免小微企业税收管理类、登记类和证照类收费。2011年上半年,全省小微企业领用增值税发票281万余份,减免工本费161万多元。

(四)强化融资服务

目前,全省小微企业专营机构362家,贷款余额占全省小微企业贷款的38%,同比提升4个百分点,专业化服务初具规模、初显成效。中国人民银行兰州中心支行开展"小微企业金融服务年",引导全省各级人民银行和银行业金融机构从八个方面对小微企业给予信贷支持、服务创新和政策宣传。省银监会督促银行业金融机构成立"小微企业金融业务中心"或"小微企业专营支行",鼓励符合小微企业贷款占比条件的金融机构改造为专营支行、批量筹建同城支行、增设批量专营网点或增设分支机构。省政府批准以服务中小企业为主的兰州银行在天水、定西、武威等地设立9家分行,批准成立12家村镇银行,推动中国工商银行甘肃省分行恢复33家县支行,增强对县域经济和小微企业的金融服务力量。经中国银监会批准,兰州银行进入全国首批发行小微企业金融债券的城市商业银行之列,获准发行50亿元专项金融债券,募集的资金将全部用于全省小微企业贷款。

(五)完善服务体系

建立全省中小企业经济运行监测体系,按季度发布《甘肃省工业中小企业运行监测》,其中有358户重点监测中小企业纳入国家中小企业运行监测平台。制定下发了《关于加快推进中小企业服务体系建设的指导意见》,以省级综合服务平台为"枢纽",14个市(州)及产业开发区(集聚区、循环经济区)综合服务平台为"窗口",重点县(市、区)综合服务平台为"触角"的全省中小企业公共服务平台网络工作全面铺开。目前,已完成省级中心枢纽的方案设计,各市(州)窗口平台已通过初审,临夏回族自治州和嘉峪关市"窗口"平台已正式挂牌运营。2012年,国家级中小企业公共服务示范平台达到7个,新认定省级公共服务示范平台45个,累计认定79个,全年培育扶持小微企业创业基地15个。全年培训2000多名中小微企业管理人员,特别是会同中国建设银行甘肃分行、中国工商银行甘肃分行、中国农业银行甘肃分行、中国人民银行甘肃分行和甘肃省农村信用联社,举办了5期"陇原之星中小企业银河精英训练营"活动,免费培训500名中小企业家,5家商业银行与124家中小企业达成36.36亿元的融资协议。

(六)推进信息化建设

目前,全省大部分中小企业已开始应用电子商务,并建立了企业门户网站,部分企业建立了局域网或使用互联网开展业务。部分企业的运用软件、信息系统和电子商务系统开始建设,有些已建成并投入使用。2012年全省已累计开展了12场"数字企业"体验培训活动,培训2000家企业,完成1941家"数字企业"建设任务。甘肃省将围绕产业转型升级,推进信息技术的广泛应用以及企业生产、管理各环节的综合集成,力争到"十二五"末,使中小企业普遍建立网络门户站;重点行业的骨干企业生产装备自动化和半自动化达到90%以上;先进控制技术在流程型生产骨干企业中应用普及率达到90%以上;骨干企业的计算机辅助设计(CAD)、计算机辅助制造(CAM)、计算机辅助工业计划(CAPP)、计算机辅助工程(CAE)和产品生命周期管理(PLM)等技术的应用率达到80%以上;重点行业的骨干企业中有80%以上实施企业资源计划(ERP)等重要管理信息系统,电子商务广泛应用;中小企业互联网应用普及率达到90%;利用信息技术开展生产、管理、创新活动的比例超过50%,利用电子商务开展采购、销售等业务的比例超过40%。

**三、存在的问题**

(一)受市场和投资预期不稳定影响,部分中小企业出现订单减少、开工不足的情况

通货膨胀压力仍存,原材料价格波动较大,劳动力成本不断上涨,融资成本偏高,加上部分大企业拖欠配套中小企业资金,导致企业生产经营成本压力不断增大,利润空间受到严重挤压。与此同时,销售低于预期,利润有所下降。

(二)小微企业普遍存在规模小,有效抵押资产缺乏,担保不足,导致银行业金融机构"惜贷"

大多数中小企业获得贷款的渠道主要依靠当地信用社和建设银行,其他基层商业银行对小微企业放贷积极性不高。

(三)省级财政中小企业发展专项资金设立晚、数额少

甘肃省每年仅有2500万元中小企业发展专项资金,对中小企业服务体系建设、重点项目拉动的能力偏弱,财政扶持资金的整体效益难以发挥和体现。

（四）中小企业社会化服务体系建设仍然滞后，各级服务机构之间尚未形成有效的资源共享机制，影响现有资源的有效利用

省级再担保机制尚未建立，担保风险的财政补偿机制及政策性担保机构的注册机制有待完善，"银担企"合作的工作机制和政策体系尚未形成，担保能力仍然较弱。

（五）现有统计体系的不足

现有的统计体系里只对规模以上的工业中小企业有完整报表，对小微企业的统计分析监测比较困难。

**四、2013年工作重点**

1.认真落实国务院和省政府关于促进中小企业特别是小微企业发展的各项政策措施，协调和督促各市（州）和省直有关部门出台配套细则，通过定期的督促检查和中小企业服务年活动的深入开展，确保各项政策措施落到实处。

2.积极采取措施减轻企业负担，继续帮助企业落实阶段性缓缴社会保险、降低社会保险费率以及减免税收等优惠政策，落实力度不断加大。

3.实施中小企业成长工程，积极支持中小企业改造扩能，力争1~2年有一批小型企业主营业务收入由500万~2000万元达到2000万元以上，一批微企业主营业务收入由100万~500万元达到500万元以上，每年新增一批小微企业。

4.健全中小企业公共服务体系，力争到"十二五"末，省、市（州）及80%的县（市、区）基本形成信息畅通、功能完善、服务协同、资源共享、对接便捷的中小企业公共服务平台网络，省级中小企业公共服务示范平台达到100个。

5.继续做好工信部重点监测中小企业的数据报送工作，每季度发布中小企业运行监测情况。纳入监测平台的企业数量达到400户以上。

（撰稿人　中小企业处周鹏）

附表1：

### 2012年规模以上工业中小微企业情况

| 指标名称 | 企业单位数/户 | 工业增加值/万元 | 增长/% |
|---|---|---|---|
| 合计 | 1382 | 6333203.26 | 25.62 |
| 中型企业 | 278 | 2498875.45 | 15.80 |
| 小型企业 | 1064 | 3778534.39 | 32.60 |
| 微型企业 | 40 | 55793.42 | 63.80 |

附表2：

### 2012年规模以下工业中小企业情况

| 指标名称 | 企业单位数/户 | 总产值/亿元 | 工业增加值/亿元 | 增长/% | 从业人数/人 |
|---|---|---|---|---|---|
| 规模以下工业企业 | 66745 | 438.31 | 142.84 | 12.6 | 403222 |

附表3：

## 2012年规模以上工业中小微企业经济效益指标（一）

| 指标名称 | 企业单位 户数 | 亏损企业 户数 | 亏损企业 增减/% | 应收账款 总额/万元 | 应收账款 增减/% | 存货 总额/万元 | 存货 增减/% | 其中:产成品 总额/万元 | 其中:产成品 增减/% |
|---|---|---|---|---|---|---|---|---|---|
| 总　计 | 1382 | 398 | 16.4 | 2868017.3 | 17.6 | 3397214.7 | 19.4 | 1541376.9 | 16.7 |
| 其中:国有企业 | 148 | 49 | 19.5 | 333022.6 | 9.8 | 300214.0 | 6.0 | 112603.8 | −24.6 |
| 集体企业 | 64 | 16 | 45.5 | 61675.3 | 16.8 | 92977.4 | 34.3 | 36975.0 | 28.3 |
| 股份合作制企业 | 19 | 6 | 20.0 | 16480.2 | 35.5 | 21430.2 | 16.6 | 3456.4 | −54.1 |
| 股份制企业 | 970 | 285 | 15.1 | 2142387.8 | 16.4 | 2655457.8 | 6.3 | 1235973.4 | 28.7 |
| 外商及港澳台投资企业 | 49 | 11 | 10.0 | 176220.2 | 19.9 | 152908.3 | 9.1 | 49632.0 | −5.2 |
| 其他企业 | 132 | 31 | 24.0 | 138231.2 | 34.5 | 174227.0 | 64.0 | 102736.3 | 69.3 |
| 总计中:亏损企业 | 398 | 398 | 73.0 | 674409.0 | 21.3 | 976661.5 | 16.5 | 457949.4 | 6.0 |
| 总计中:国有控股企业 | 311 | 94 | 0.0 | 1242061.0 | −5.0 | 1208502.0 | −0.2 | 427072.4 | −8.0 |
| 其中:亏损企业 | 94 | 94 | 51.6 | 325414.8 | 20.2 | 363455.3 | 13.3 | 128762.8 | −10.0 |
| 其中:中央企业 | 29 | 29 | 31.8 | 242179.3 | 24.1 | 140581.1 | −1.3 | 27303.8 | −48.8 |
| 在总计中:新建企业 | 83 | 20 | 300.0 | 114646.9 | −6644.9 | 128824.4 | 1284.6 | 67954.3 | 930.4 |
| 在总计中:中型工业 | 278 | 76 | 2.7 | 1195672.4 | 17.7 | 1438816.6 | 15.9 | 545393.5 | 10.6 |
| 小型工业 | 1064 | 303 | 19.8 | 1627589.3 | 16.7 | 1930867.5 | 22.2 | 986029.6 | 20.7 |
| 微型工业 | 40 | 19 | 26.7 | 44755.6 | 59.2 | 27530.6 | 12.2 | 9953.8 | −4.3 |
| 其中:国有控股企业 | 117 | 37 | −7.5 | 552463.6 | −5.8 | 667151.1 | 0.7 | 230485.2 | −18.2 |
| 其中:亏损企业 | 37 | 37 | 42.3 | 233237.1 | 24.9 | 229636.8 | 2.9 | 72775.7 | −23.5 |
| 在总计中:1国有控股 | 311 | 94 | 0.0 | 1242061.0 | −5.0 | 1208502.0 | −0.2 | 427072.4 | −8.0 |
| 2集体控股 | 134 | 40 | 25.0 | 220123.5 | 29.2 | 274898.9 | 11.1 | 110588.6 | −9.1 |
| 3私人控股 | 817 | 230 | 26.4 | 1206134.6 | 51.7 | 1616897.6 | 39.9 | 877969.4 | 36.7 |
| 4港澳台商控股 | 13 | 3 | 50.0 | 43986.5 | 2.7 | 46142.6 | 34.5 | 20667.6 | 20.0 |
| 5外商控股 | 15 | 1 | 0.0 | 42318.9 | 0.0 | 71213.4 | 0.0 | 16170.4 | 0.0 |
| 6其他 | 92 | 30 | 0.0 | 113392.8 | 0.0 | 179560.2 | 0.0 | 88908.5 | 0.0 |

附表4:

## 2012年规模以上工业中小微企业经济效益指标（二）

| 指标名称 | 主营业务收入 总额/万元 | 增减/% | 利润 总额/万元 | 增减/% | 亏损企业亏损 总额/万元 | 增减/% | 税金 总额/万元 | 增减/% | 本年应付职工薪酬 总额/万元 | 增减/% | 从业人员平均人数 人数 | 增减/% |
|---|---|---|---|---|---|---|---|---|---|---|---|---|
| 总计 | 17434891.6 | 18.6 | 752275.7 | 8.1 | 404750.2 | 14.0 | 624721.0 | 10.9 | 1048742.8 | 18.9 | 276814.0 | -2.8 |
| 在总计中: | | | | | | | | | | | | |
| 1 国有企业 | 2226416.2 | 16.3 | 19035.5 | 53.4 | 132003.2 | 11.3 | 108007.8 | 12.9 | 192714.4 | 15.9 | 41677.0 | 5.3 |
| 2 集体企业 | 465907.7 | 2.5 | 37946.9 | -10.6 | 2749.4 | -20.2 | 23767.4 | 1.1 | 41077.2 | 42.0 | 11690.0 | -1.0 |
| 3 股份合作制企业 | 115829.6 | 21.7 | 8984.8 | 101.1 | 2963.4 | 400.4 | 7424.1 | 227.2 | 12167.0 | 38.2 | 3175.0 | 12.0 |
| 4 股份制企业 | 12470069.9 | 10.9 | 561573.2 | -35.8 | 245384.7 | 5.2 | 401805.8 | 8.7 | 672249.6 | 11.3 | 188137.0 | -3.8 |
| 5 外商及港澳台投资企业 | 1033704.9 | 4.5 | 86704.5 | 90.9 | 6250.4 | -47.1 | 49426.7 | 21.4 | 74226.0 | 10.7 | 12889.0 | -2.2 |
| 6 其他企业 | 1122963.3 | 21.9 | 38030.8 | 23.1 | 15399.1 | 60.3 | 34289.2 | -3.2 | 56308.6 | 30.5 | 19246.0 | -7.1 |
| 在总计中:亏损企业 | 3955907.3 | 0.0 | -404750.2 | 101.3 | 404750.2 | 43.6 | 134316.4 | 2.4 | 288994.2 | 8.5 | 77437.0 | -3.7 |
| 在总计中:国有控股企业 | 7116491.8 | 10.6 | 276346.0 | -4.9 | 254704.0 | -8.0 | 302920.7 | 6.5 | 512322.9 | 12.9 | 100737.0 | -0.7 |
| 其中:亏损企业 | 2037593.8 | 0.0 | -254704.0 | 30.1 | 254704.0 | 12.3 | 76837.8 | 22.7 | 168212.4 | 10.4 | 30220.0 | 3.3 |
| 其中:中央企业 | 1334727.9 | 2.6 | -175787.5 | 9.6 | 175787.5 | 1.2 | 59343.7 | 51.1 | 89076.0 | 3.5 | 12748.0 | 1.9 |
| 在总计中:新建企业 | 622439.0 | 1454.6 | 28625.9 | -1964.6 | 10694.5 | 327.4 | 12476.1 | 2095.7 | 24884.3 | 872.0 | 9010.0 | 664.2 |
| 在总计中:中型工业 | 7390665.3 | 7.3 | 254398.3 | -25.6 | 214684.5 | 8.3 | 331198.8 | 8.0 | 622672.7 | 13.1 | 144794.0 | -6.5 |
| 小型工业 | 9930377.3 | 28.3 | 488577.1 | 42.4 | 182886.8 | 18.5 | 291129.6 | 16.2 | 420899.0 | 28.9 | 130717.0 | 1.5 |
| 微型工业 | 113849.0 | 47.6 | 9300.3 | -11.3 | 7178.9 | 192.9 | 2392.6 | -59.3 | 5171.1 | 8.6 | 1303.0 | 5.4 |
| 其中:国有控股企业 | 3942039.0 | 5.3 | 78824.0 | -30.0 | 167200.1 | -8.9 | 181507.2 | 9.3 | 364544.5 | 9.9 | 69202.0 | -1.6 |
| 其中:亏损企业 | 1485759.4 | -0.2 | -167200.1 | 16.9 | 167200.1 | 5.1 | 68755.2 | 30.5 | 134875.0 | 9.0 | 22244.0 | 1.3 |
| 在总计中: | | | | | | | | | | | | |
| 1 国有控股 | 7116491.8 | 10.6 | 276346.0 | -4.9 | 254704.0 | -8.0 | 302920.7 | 6.5 | 512322.9 | 12.9 | 100737.0 | -0.7 |
| 2 集体控股 | 11840730.0 | 0.1 | 77845.8 | -2.6 | 24062.2 | 125.6 | 56677.5 | 15.4 | 106903.6 | 21.6 | 30818.0 | -2.0 |
| 3 私人控股 | 7672456.8 | 29.9 | 278473.0 | 22.9 | 1117715.9 | 91.6 | 189025.8 | 16.5 | 322087.0 | 27.3 | 119781.0 | -4.7 |
| 4 港澳台商控股 | 194848.0 | 6.4 | 23518.6 | 28.4 | 790.8 | 360.6 | 8382.4 | 57.7 | 10362.7 | 34.0 | 2546.0 | 0.0 |
| 5 外商控股 | 3713723.3 | 0.0 | 35488.9 | 0.0 | 1316.0 | 0.0 | 15392.2 | 0.0 | 25043.2 | 0.0 | 3714.0 | 0.0 |
| 6 其他 | 895649.7 | 0.0 | 60603.4 | 0.0 | 12161.3 | 0.0 | 52322.4 | 0.0 | 72023.4 | 0.0 | 19218.0 | 0.0 |

附表5:

## 2012年地区规模以上工业中小微企业经济效益指标（一）

| 地区 | 企业户数 | | | | 亏损企业 | | 亏损额 | | 应收账款 | | 产成品库存 | |
|---|---|---|---|---|---|---|---|---|---|---|---|---|
| | 合计 | 中型 | 小型 | 微型 | 户数 | 增减/% | 总额/万元 | 增减/% | 总额/万元 | 增减/% | 总额/万元 | 增减/% |
| 全省 | 1382 | 278 | 1064 | 40 | 398 | 16.4 | 404750.2 | 14.0 | 2868017.3 | 17.6 | 1541376.9 | 16.7 |
| 白银市 | 140 | 19 | 116 | 5 | 49 | 63.3 | 60228.4 | 12.7 | 185762.0 | 13.7 | 106108.6 | 12.9 |
| 定西市 | 55 | 9 | 45 | 1 | 10 | 42.9 | 2876.9 | -30.2 | 72451.1 | 68.2 | 55213.0 | 30.2 |
| 甘南藏族自治州 | 17 | 2 | 14 | 1 | 4 | 0.0 | 1779.6 | -1.9 | 47717.7 | 23.0 | 13179.0 | 12.8 |
| 嘉峪关市 | 26 | 10 | 16 | | 13 | 85.7 | 12382.2 | 392.1 | 96691.9 | -35.0 | 59467.0 | -3.0 |
| 金昌市 | 32 | 4 | 28 | | 18 | -5.3 | 24476.2 | 26.8 | 42959.1 | 14.1 | 30823.7 | -18.8 |
| 酒泉市 | 192 | 22 | 151 | 19 | 65 | 3.2 | 38452.1 | 13.5 | 602364.5 | 10.8 | 182966.8 | -8.8 |
| 兰州市 | 317 | 75 | 235 | 7 | 98 | 27.3 | 93919.2 | 14.6 | 873999.7 | 43.9 | 332455.9 | 13.1 |
| 临夏回族自治州 | 35 | 8 | 27 | | 10 | 0.0 | 6591.7 | 44.8 | 55855.6 | 23.9 | 24413.7 | 28.4 |
| 陇南市 | 65 | 12 | 53 | | 12 | -7.7 | 9113.7 | 46.8 | 126069.8 | 5.4 | 118996.1 | 65.5 |
| 平凉市 | 82 | 29 | 51 | 2 | 18 | 5.9 | 83233.4 | 0.8 | 124892.5 | 28.2 | 62304.9 | 15.3 |
| 庆阳市 | 60 | 5 | 55 | | 5 | 25.0 | 3103.3 | 102.5 | 48479.7 | 82.4 | 21137.4 | 80.0 |
| 天水市 | 116 | 34 | 81 | 1 | 22 | -31.3 | 35152.5 | -8.1 | 269882.8 | 8.6 | 112987.9 | -3.7 |
| 武威市 | 119 | 29 | 86 | 4 | 37 | 27.6 | 12158.7 | 14.2 | 103160.1 | 61.5 | 142594.1 | 80.5 |
| 张掖市 | 126 | 20 | 106 | | 37 | 23.3 | 21282.3 | 49.7 | 217730.8 | -14.8 | 278728.8 | 23.7 |

附表6：

2012年地区规模以上工业中小微企业经济效益指标（二）

| | 主营业务收入 | | 利润总额 | | 职工薪酬 | | 从业人员 | |
| --- | --- | --- | --- | --- | --- | --- | --- | --- |
| | 总额/万元 | 增减/% | 总额/万元 | 增减/% | 总额/万元 | 增减/% | 人数 | 增减/% |
| 全省 | 17434891.6 | 18.6 | 752275.7 | 8.1 | 1048742.8 | 18.9 | 276814 | -2.8 |
| 白银市 | 1414256.4 | 2.6 | -2773.7 | -116.5 | 73122.4 | -1.9 | 20234 | -10.5 |
| 定西市 | 622515.4 | 55.6 | 30987.2 | 88.1 | 23561.2 | 33.0 | 8391 | -2.8 |
| 甘南藏族自治州 | 276636.8 | 32.2 | 68359.7 | 44.3 | 14638.4 | 13.4 | 3225 | 8.0 |
| 嘉峪关市 | 690641.2 | 0.3 | 52709.3 | -46.1 | 45122.9 | 16.0 | 8964 | 27.5 |
| 金昌市 | 588324.8 | 11.2 | -14988.0 | 30.2 | 21023.7 | 4.8 | 5086 | 5.4 |
| 酒泉市 | 2507259.3 | 45.0 | 216624.7 | 10.1 | 110697.3 | 24.7 | 26463 | -4.9 |
| 兰州市 | 4459608.0 | 8.1 | 130684.9 | 28.9 | 341613.2 | 15.2 | 78642 | 0.6 |
| 临夏回族自治州 | 415300.5 | 29.6 | 41873.4 | 12.9 | 30051.3 | 45.2 | 7265 | 5.0 |
| 陇南市 | 621030.4 | 3.4 | 87263.7 | 0.6 | 47363.0 | 18.9 | 14583 | -3.3 |
| 平凉市 | 1217015.9 | 17.4 | -32099.9 | 394.6 | 98119.5 | 18.5 | 21649 | 4.9 |
| 庆阳市 | 575881.7 | 44.8 | 56288.7 | 580.3 | 21514.8 | 59.5 | 9001 | 19.6 |
| 天水市 | 1118152.0 | 11.9 | 9566.4 | -5620.1 | 94999.6 | 17.2 | 30245 | 0.0 |
| 武威市 | 1549797.6 | 38.5 | 33751.7 | 51.3 | 62687.6 | 58.7 | 22800 | -18.1 |
| 张掖市 | 1378471.6 | 17.6 | 74027.6 | -10.5 | 64227.9 | 16.3 | 20266 | -17.4 |

附表7:

## 2012年行业规模以上工业中小微企业经济效益指标（一）

| 行业名称 | 企业单位 户数 | 亏损企业 户数 | 亏损企业 增减/% | 应收账款 总额/万元 | 应收账款 增减/% | 存货 总额/万元 | 存货 增减/% | 其中:产成品 总额/万元 | 其中:产成品 增减/% | 主营业务收入 总额/万元 | 主营业务收入 增减/% |
|---|---|---|---|---|---|---|---|---|---|---|---|
| 总　　计 | 1382 | 398 | 16.4 | 2868017.3 | 17.6 | 3397214.7 | 19.4 | 1541376.9 | 16.7 | 17434891.6 | 18.6 |
| 煤炭开采和洗选业 | 68 | 13 | 44.4 | 64800.1 | 8.0 | 76037.3 | 79.2 | 57868.1 | 102.6 | 496442.4 | 11.9 |
| 石油和天然气开采业 | 2 | 0 | 0 | 2773.3 | 20.0 | 3870.1 | 20.0 | 0 | -100.0 | 70273.4 | 28.1 |
| 黑色金属矿采选业 | 26 | 12 | 71.4 | 31452.7 | -25.3 | 39666.2 | 45.1 | 27925.5 | 81.9 | 292953 | 69.5 |
| 有色金属矿采选业 | 51 | 8 | 0 | 85741.2 | -9.3 | 222005.8 | 81.4 | 154575.2 | 102.0 | 593064.6 | 28.6 |
| 非金属矿采选业 | 18 | 5 | -16.7 | 19073.6 | 52.9 | 33612.1 | 125.1 | 12718.4 | 3.4 | 223292.0 | 93.7 |
| 开采辅助活动 | 5 | 1 | 0 | 5945.4 | 900.9 | 822.6 | 30.1 | 124.7 | -79.1 | 30869.0 | 33.6 |
| 其他采矿业 | 0 | 0 | 0 | 0 | 0 | 0 | 0 | 0 | 0 | 0 | 0 |
| 农副食品加工业 | 182 | 36 | 2.9 | 173280.9 | -6.5 | 497322.6 | 33 | 315249.2 | 24.6 | 2131082.0 | 30.6 |
| 食品制造业 | 52 | 18 | 12.5 | 37381.0 | -10.0 | 87511.1 | 7.6 | 55565.4 | 6.8 | 409293.9 | 25.2 |
| 酒、饮料和精制茶制造业 | 68 | 23 | 43.8 | 83360.8 | -5.8 | 286871.4 | 19.2 | 112516.2 | -8.1 | 865527.5 | 12.4 |
| 烟草制品业 | 1 | 1 | 0 | 587.9 | -45.5 | 1007.5 | 35.1 | 525.2 | 12.6 | 9613.0 | -10.1 |
| 纺织业 | 21 | 4 | 0 | 15207.3 | 20.8 | 27132.8 | -4.4 | 12436.9 | -13.3 | 197232.2 | 11.2 |
| 纺织服装、服饰业 | 6 | 1 | 0 | 2395.1 | -30.0 | 4307.7 | 14.8 | 2541.6 | 20.3 | 37457.6 | 20.3 |
| 皮革、毛皮、羽毛及其制品和制鞋业 | 8 | 1 | 0 | 30122.3 | 38.4 | 98114.5 | 51.7 | 7506.5 | 105.0 | 150362.3 | 44.3 |
| 木材加工和木、竹、藤、棕、草制品业 | 1 | 1 | 0 | 87.4 | -70.0 | 961.3 | 85.8 | 250.7 | -0.7 | 1314.2 | -14.7 |
| 家具制造业 | 1 | 0 | 0 | 333.1 | 0 | 579.3 | -0.5 | 298.8 | 51.8 | 2078.2 | 17.9 |
| 造纸和纸制品业 | 17 | 3 | -57.1 | 6327.2 | 22.2 | 27417.6 | 66.8 | 21001.7 | 198.8 | 133891.8 | 43 |
| 印刷和记录媒介复制业 | 6 | 2 | 100.0 | 9387.5 | 49.2 | 13817.8 | 23.2 | 7592.8 | 6.7 | 44290.2 | 17 |
| 文教、工美、体育和娱乐用品制造业 | 4 | 1 | 0 | 2237.3 | -1.8 | 6815.1 | 259.2 | 719.1 | -50.1 | 17012.5 | -73.5 |

续附表7

| 行业名称 | 企业单位 户数 | 亏损企业 户数 | 亏损企业 增减/% | 应收账款 总额/万元 | 应收账款 增减/% | 存货 总额/万元 | 存货 增减/% | 其中:产成品 总额/万元 | 其中:产成品 增减/% | 主营业务收入 总额/万元 | 主营业务收入 增减/% |
|---|---|---|---|---|---|---|---|---|---|---|---|
| 石油加工、炼焦和核燃料加工业 | 12 | 1 | 0 | 7960.5 | 6.7 | 98451.1 | -6.3 | 40752.3 | 3.5 | 432591.1 | 0.9 |
| 化学原料和化学制品制造业 | 106 | 38 | 11.8 | 150018.9 | 18.1 | 265444.9 | -9.3 | 113984.7 | -25.2 | 1802035.3 | 5.0 |
| 医药制造业 | 45 | 5 | -16.7 | 295798.5 | 157.0 | 158039.9 | 64.9 | 81618.3 | 104.7 | 504616.2 | 25.3 |
| 化学纤维制造业 | 2 | 1 | 0 | 7151.4 | 105.1 | 3943.5 | 82.4 | 2573.3 | 31.7 | 29530.4 | 150.8 |
| 橡胶和塑料制品业 | 48 | 9 | 28.6 | 87848.9 | 71.1 | 80935.9 | 7.9 | 32532.3 | -13.6 | 402505.8 | 40.9 |
| 非金属矿物制品业 | 170 | 63 | 28.6 | 313660.7 | 56.8 | 288897.8 | 21.3 | 133834.8 | 22.5 | 1568884.7 | 26.9 |
| 黑色金属冶炼和压延加工业 | 89 | 55 | 52.8 | 110074.7 | 39.3 | 274464.3 | 45.0 | 138290.3 | 22.2 | 974895.5 | 0.4 |
| 有色金属冶炼和压延加工业 | 33 | 9 | 125.0 | 63600.6 | 11.0 | 106005.4 | 20.8 | 48794.0 | 5.6 | 816239.5 | 47.2 |
| 金属制品业 | 40 | 10 | -16.7 | 55319.2 | -14.4 | 57713.2 | 18.0 | 24169.4 | 2.9 | 228328.1 | 8.3 |
| 通用设备制造业 | 28 | 8 | 0 | 98018.7 | 22.5 | 89690.1 | -0.8 | 20516.5 | -13 | 298772.6 | 28.8 |
| 专用设备制造业 | 40 | 5 | -16.7 | 113490.7 | 42.3 | 80645.4 | 16.1 | 26940.8 | -16.1 | 289288.4 | 23.6 |
| 汽车制造业 | 6 | 2 | 0 | 17039.0 | 43.1 | 8477.5 | -27.6 | 2494.7 | -27 | 94086.6 | 7.2 |
| 铁路、船舶、航空航天和其他运输设备制造业 | 4 | 0 | 0 | 43786.9 | 23.1 | 39076.3 | 7.3 | 11058.0 | -8.1 | 80297.2 | 7.4 |
| 电气机械和器材制造业 | 49 | 13 | -7.1 | 313042.5 | -14.4 | 231714.5 | -28.2 | 46267.4 | -30.2 | 1273438.8 | 16.8 |
| 计算机、通信和其他电子设备制造业 | 6 | 1 | -75.0 | 39336.3 | 11.7 | 62363.1 | 18.3 | 16489.6 | 102.2 | 65322.7 | 45.7 |
| 仪器仪表制造业 | 5 | 2 | 100.0 | 13272.1 | 0.4 | 7815.7 | -16.7 | 2507.6 | -3.9 | 21182.4 | -21.7 |
| 其他制造业 | 2 | 0 | -100.0 | 7126.1 | -18.4 | 5190.1 | 48.7 | 4411.1 | 494.6 | 43884.3 | 46.5 |
| 废弃资源综合利用业 | 2 | 0 | 0 | 3127.3 | 24.6 | 4766.5 | 143 | 776.8 | 815.0 | 22293.1 | 17.8 |
| 金属制品、机械和设备修理业 | 3 | 0 | 0 | 7313.1 | -34.3 | 9619.5 | -33.1 | 2973.0 | -69.5 | 34434.6 | 11.9 |
| 电力、热力生产和供应业 | 141 | 39 | 0 | 537416.9 | 6.7 | 93775.5 | 50.6 | 0.1 | -100 | 2649330.4 | 9.8 |
| 燃气生产和供应业 | 4 | 1 | 0 | 2295.4 | 228.3 | 1459.5 | 475.1 | 962.6 | 621.6 | 22493.2 | 77.6 |
| 水的生产和供应业 | 10 | 6 | 20.0 | 10824.8 | 133.2 | 852.2 | 18.3 | 13.3 | -90.3 | 74290.9 | 5.5 |

附表8：

## 2012年行业规模以上工业中小微企业经济效益指标(二)

| 行业名称 | 利润 | | 亏损企业亏损 | | 税金 | | 本年应付职工薪酬 | | 从业人员平均 | |
| --- | --- | --- | --- | --- | --- | --- | --- | --- | --- | --- |
| | 总额/万元 | 增减/% | 总额/万元 | 增减/% | 总额/万元 | 增减/% | 总额/万元 | 增减/% | 人数 | 增减/% |
| 总　计 | 752275.7 | 8.1 | 404750.2 | 14.0 | 624721.0 | 10.9 | 1048742.8 | 18.9 | 276814 | -2.8 |
| 煤炭开采和洗选业 | 43275.9 | -37.5 | 11841.8 | 29.2 | 42861.6 | -0.8 | 88011.6 | 28.5 | 19209 | -12.8 |
| 石油和天然气开采业 | 2251.1 | 20.0 | 0 | 0 | 7669.7 | -67.7 | 19.6 | 1.6 | 222 | 6.2 |
| 黑色金属矿采选业 | 18468.8 | -27.2 | 8554.6 | 165.1 | 21316.6 | 39.6 | 17333.9 | 34.0 | 4299 | 13.5 |
| 有色金属矿采选业 | 85455.9 | 10.6 | 6510.9 | 86.6 | 37060.0 | -12.6 | 46350.1 | 14.0 | 13078 | -10.1 |
| 非金属矿采选业 | 31045.7 | 352.5 | 1976.7 | 262.6 | 17158.3 | 184.8 | 14165.3 | 41.8 | 3448 | -6.2 |
| 开采辅助活动 | 4200.3 | 2798.8 | 219.1 | -55.1 | 468.5 | 122.2 | 1669.7 | 80.8 | 476 | 75.6 |
| 其他采矿业 | 0 | 0 | 0 | 0 | 0 | 0 | 0 | 0 | 0 | 0 |
| 农副食品加工业 | 85780.7 | 54.0 | 13133.0 | 4.3 | 17606.1 | 36.4 | 63810.2 | 38.3 | 22457 | -12.6 |
| 食品制造业 | 11753.2 | 99.5 | 10274.4 | 58.3 | 9817.1 | 35.3 | 16945.5 | 20.6 | 8862 | -15.3 |
| 酒,饮料和精制茶制造业 | 41807.0 | 50.7 | 8738.3 | 25.2 | 60649.5 | 25.3 | 50296.8 | 13.2 | 14535 | -6.9 |
| 烟草制品业 | -180.7 | -116.1 | 180.7 | 0 | 1075.7 | 18.3 | 3029.1 | 4.9 | 406 | 31.4 |
| 纺织业 | 4048.2 | 32.6 | 3142.0 | 119.2 | 2638.1 | 55.1 | 16731.1 | 13.8 | 6106 | -20.5 |
| 纺织服装,服饰业 | 1495.3 | 32.4 | 69.8 | -2.1 | 638.6 | 29.0 | 3336.2 | 29.2 | 1681 | -12.2 |
| 皮革,毛皮,羽毛及其制品和制鞋业 | 15190.1 | 22.9 | 86.5 | 0 | 3192.2 | 4.4 | 4731.4 | 49.3 | 1746 | 9.2 |
| 木材加工和木,竹,藤,棕,草制品业 | -48.0 | -161.5 | 48.0 | 0 | 120.4 | -1.1 | 229.7 | 7.9 | 90 | -10.0 |
| 家具制造业 | 19.6 | -30.0 | 0 | 0 | 395.9 | 153.8 | 436.9 | 2.1 | 280 | 27.3 |
| 造纸和纸制品业 | 5705.2 | -1428.6 | 438.4 | -81.8 | 2633.7 | 50.3 | 10536.5 | 39.8 | 4289 | -1.1 |
| 印刷和记录媒介复制业 | 1244.3 | 555.6 | 966.1 | 4352.1 | 2707.7 | 31.5 | 13308.2 | 38.6 | 3413 | 29.4 |
| 文教,工美,体育和娱乐用品制造业 | 255.8 | -191.2 | 570 | -6.3 | 344.7 | 117.2 | 1455.9 | 53 | 691 | 36.8 |
| 石油加工,炼焦和核燃料加工业 | 18859.9 | 23.2 | 1.2 | -99.9 | 6784.0 | -4.1 | 9851.1 | 4.2 | 1292 | -4.0 |
| 化学原料和化学制品制造业 | -17744.0 | -264.0 | 74482.5 | 75.1 | 42847.3 | -5.0 | 101985.5 | 16.5 | 24903 | -1.4 |
| 医药制造业 | 64190.7 | 20.7 | 2631.8 | -33.8 | 24111.0 | 22.0 | 33316.8 | 16.1 | 9173 | -1.5 |

续附表8

| 行业名称 | 利润 | | 亏损企业亏损 | | 税金 | | 本年应付职工薪酬 | | 从业人员平均数 | |
|---|---|---|---|---|---|---|---|---|---|---|
| | 总额/万元 | 增减/% | 总额/万元 | 增减/% | 总额/万元 | 增减/% | 总额/万元 | 增减/% | 人数 | 增减/% |
| 化学纤维制造业 | 28.9 | -238.3 | 606.1 | 1004.0 | 315.3 | 31.3 | 446.1 | 48.4 | 320 | -17.9 |
| 橡胶和塑料制品业 | 13211.5 | 66.1 | 1139.8 | -43.0 | 7039.1 | 34.7 | 24557.3 | 54.1 | 8197 | 4.3 |
| 非金属矿物制品业 | 60262.7 | -10.6 | 33039.5 | 57.3 | 67109.9 | 22.9 | 90661.4 | 19.2 | 29575 | 5.2 |
| 黑色金属冶炼和压延加工业 | -17782.9 | -261.1 | 29118.1 | 184.5 | 15648.6 | -42.5 | 41845.4 | 3.3 | 12660 | -8.4 |
| 有色金属冶炼和压延加工业 | 46174.9 | -21.2 | 18958.3 | 73.2 | 11057.3 | 36.2 | 29014.1 | 20.2 | 8272 | 9.0 |
| 金属制品业 | 6191.2 | 17.9 | 3920.2 | -15.3 | 6126.7 | -11.3 | 14730.7 | 5.3 | 4722 | -0.5 |
| 通用设备制造业 | 12527.4 | 404.4 | 5538.4 | 39.8 | 8482.4 | 47.7 | 30995.8 | 14.5 | 9168 | -1.1 |
| 专用设备制造业 | 11604.8 | 54.3 | 5648.7 | -0.6 | 10298.4 | 54.1 | 40533.1 | 15.5 | 9868 | 4.8 |
| 汽车制造业 | 522.6 | 4.1 | 666.0 | 622.3 | 1467.5 | 248.0 | 4389.2 | -5.9 | 1138 | -11.9 |
| 铁路、船舶、航空航天和其他运输设备制造业 | 8916.8 | 5.3 | 0 | 0 | 660.0 | -46.1 | 18097.3 | 16.9 | 3300 | 2.4 |
| 电气机械和器材制造业 | 84817.3 | -5.1 | 7478.9 | 4.4 | 31170.7 | 77.9 | 39704.2 | 18.7 | 10723 | -4.7 |
| 计算机、通信和其他电子设备制造业 | 2169.1 | -1986.2 | 34.8 | -97.3 | 861.7 | 12.7 | 11456.4 | 11.8 | 3782 | 3.1 |
| 仪器仪表制造业 | 41.0 | -98.4 | 147.0 | 854.5 | 947.3 | 13.9 | 3421.6 | -0.1 | 997 | -4.2 |
| 其他制造业 | 5152.9 | -5273.6 | 0 | -100.0 | 1215.4 | 76.5 | 2463.4 | 94.3 | 543 | 10.8 |
| 废弃资源综合利用业 | 708.0 | -88.3 | 0 | 0 | 1181.9 | -48.4 | 2458.0 | 66.5 | 655 | 42.4 |
| 金属制品、机械和设备修理业 | 795.9 | 16.0 | 0 | 0 | 1352.4 | 36.1 | 8099.5 | 19.9 | 2689 | 19.1 |
| 电力、热力生产和供应业 | 95295.9 | 68.9 | 148994.5 | -20.9 | 152882.1 | 11.6 | 164258.6 | 12.9 | 25047 | 4.3 |
| 燃气生产和供应业 | -249.6 | -132.5 | 1342.9 | 0 | 76.7 | -65.2 | 1047.7 | 99.0 | 396 | 75.2 |
| 水的生产和供应业 | 4812.3 | 14.0 | 4251.2 | 24.7 | 4730.9 | 2.5 | 23011.9 | 10.9 | 4106 | -3.0 |

# 企业技术创新情况

截至2012年底,甘肃省有国家级企业技术中心14家,省级企业技术中心136家,行业技术中心17家,技术创新产业联盟5个;国家级技术创新示范企业4家,省级技术创新示范企业31户。省级以上企业技术中心新产品销售收入占销售收入比重达到25%。

## 一、国家级企业技术中心

14户国家认定企业技术中心科技活动人员15290人,其中研究与试验发展人员10322人,高级技术职称人员2226人,拥有博士学位人员88人。科技活动经费筹集总数84.20亿元,其中政府资金1.71亿元;科技活动经费支出总额82.68亿元,其中研究与试验发展经费支出40.98亿元。新产品销售收入522.80亿元。实施科技项目1813项,其中研究与试验发展项目1157项,省部级以上政府科技项目178项。专利申请806件,其中发明专利248件;拥有发明专利256件,其中拥有国际发明专利4件。享受研究开发费用加计扣除减免税1.22亿元。获得政府采购的产品与服务销售额4.65亿元。技术贸易收入2463万元(国家级企业技术中心基本情况见附表1)。

## 二、省级企业技术中心

136户省级认定企业技术中心科技活动人员27432人,其中研究与试验发展人员13467人,高级技术职称人员4935人,拥有博士学位人员291人。科技活动经费筹集总数29.69亿元,其中政府资金2.58亿元;科技活动经费支出总额24.15亿元,其中研究与试验发展经费支出17.52亿元。新产品销售收入157.83亿元。实施科技项目2136项,其中研究与试验发展项目1292项,省部级以上政府科技项目541项。专利申请1164件,其中发明专利380件;拥有发明专利573件,其中拥有国际发明专利1件。享受研究开发费用加计扣除减免税3754万元。获得政府采购的产品与服务销售额9.48亿元。技术贸易收入6661万元(省级企业技术中心基本情况见附表2)。

## 三、省级行业技术中心和产业联盟

新组建省级行业技术中心5个,分别是甘肃企业技术创新孵化工程中心、省建材行业技术中心、省精细化工行业技术中心、省高低压电器行业技术中心、省模具行业技术中心。新成立技术创新产业联盟2个,分别是甘肃云计算软件研发应用中心、甘肃省特色农产品产业联盟。

### 四、技术创新示范企业

2012年,工业和信息化部与财政部认定白银有色集团、天水华天电子集团、甘肃蓝科石化高新装备股份有限公司等企业为国家技术创新示范企业。省工信委、省财政厅认定白银有色集团、金川集团机械制造有限公司、西北永新涂料有限公司、甘肃华羚酪蛋白股份有限公司、甘肃圣大方舟马铃薯变性淀粉有限公司、甘肃锦世化工有限责任公司、天水锻压机床(集团)有限公司、天水海林中科科技股份有限公司、天水二一三电器有限公司、天水电器传动研究所有限责任公司、甘肃虹光电子有限责任公司、天水众兴菌业科技股份有限公司、甘肃紫轩酒业有限公司、甘肃金桥给水排水设计与工程(集团)有限公司14户企业为第二批甘肃省技术创新示范企业。

### 五、技术创新项目

全年组织实施省级技术创新项目计划413项。其中:中央在甘及省属企业80项,投资13.01亿元;市(州)项目333项,投资92.72亿元。白银有色集团闪速炉短流程一步炼铜工艺技术、天华研究设计院利用焦炉尾气分级的新型蒸汽管回转圆筒干燥法煤调湿技术、金昌万隆公司利用冶炼热熔废渣生产新型无机纤维技术、敦煌西域特种新材公司高分子新材料聚苯硫醚生产技术等项目争取国家重大科技成果转化项目支持资金10100万元,其中2012年3200万元。利用省级技术创新专项资金,支持了38项省级企业技术中心创新团队项目。

### 六、产学研合作

2012年12月,省工信委、中国科学院兰州分院、省教育厅联合召开全省产学研合作对接会,相关高等学校、科研院所及行业技术中心介绍科研优势和科技成果,相关企业发布技术难题及新产品研发需求,清华大学、西安交通大学、兰州化物所、兰州理工大学等省内外高校院所与金川公司、方大炭素新材料科技股份有限公司(以下简称方大炭素公司)等企业,在石墨烯研制及产业化应用、轻质耐磨矿山填充管道开发及应用、智能电器技术与产品研发、太阳能光热发电用炭素材料研究、超高温阀门研发等领域达成28项合作项目。兰州理工大学组织开展高校科技人员服务企业活动,8个院所与兰州市70多户企业进行项目对接,签订合作协议48项,投资1000多万元。白银市相关企业与兰州大学、兰州理工大学、兰州交通大学等在凹凸棒深加工、医药设备研制等领域达成合作意向。

### 七、新产品新技术

全年完成省级新产品新技术鉴定151项。其中:中科院近物所研发的HionBeam

重离子加速器等4项达到国际领先水平,方大炭素公司研发的电解铝用石墨化阴极等28项达到国际先进水平,兰州理工合金粉末有限公司研发的新型高性能稀土镍铬合金粉体材料等101项达到国内领先水平,兰州兰石换热器设备有限责任公司研发的H40系列板式换热器等18项达到国内先进水平(2012年省级新产品新技术见附表3)。

（撰稿人 技术创新处李斌）

附表1：

### 国家级企业技术中心基本情况

| 企业名称 | 科技活动人员/人 | 高级技术职称人员/人 | 科技活动经费支出总额/万元 | 新产品销售收入/万元 | 全部科技项目数/项 | 专利申请数/件 | 拥有发明专利数/件 |
|---|---|---|---|---|---|---|---|
| 金川公司 | 3744 | 468 | 159230 | 1074330 | 253 | 193 | 117 |
| 酒钢集团 | 4185 | 531 | 409587 | 2438018 | 190 | 119 | 6 |
| 白银有色集团 | 1338 | 258 | 150169 | 876931 | 188 | 170 | 25 |
| 兰州兰石集团有限公司 | 875 | 126 | 16452 | 33277 | 95 | 36 | 1 |
| 兰州生物制品研究所有限责任公司 | 328 | 137 | 13099 | 77382 | 39 | 2 | 9 |
| 兰州兰电电机公司 | 411 | 36 | 6650 | 25279 | 65 | 12 | 5 |
| 甘肃稀土集团有限责任公司 | 218 | 5 | 17250 | 141123 | 24 | 8 | 1 |
| 甘肃银光化学工业集团有限公司 | 1354 | 251 | 18595 | 163755 | 150 | 41 | 16 |
| 天水风动机械有限责任公司 | 304 | 27 | 4120 | 21148 | 155 | 6 | 0 |
| 天华化工机械及自动化研究设计院 | 661 | 167 | 4019 | 81044 | 148 | 31 | 22 |
| 天水长城开关厂有限公司 | 453 | 68 | 5782 | 42782 | 146 | 27 | 17 |
| 天水锻压机床有限公司 | 293 | 55 | 6050 | 54598 | 162 | 32 | 9 |
| 天水华天电子集团 | 839 | 73 | 12555 | 153801 | 157 | 117 | 16 |
| 天水星火机床有限责任公司 | 287 | 24 | 3211 | 44189 | 41 | 12 | 12 |

附表2：

### 省级企业技术中心基本情况

| 企业名称 | 科技活动人员/人 | 高级技术职称人员/人 | 科技活动经费支出总额/万元 | 新产品销售收入/万元 | 全部科技项目数/项 | 专利申请数/件 | 拥有发明专利数/件 |
|---|---|---|---|---|---|---|---|
| 一、兰州市 | | | | | | | |
| 八冶建设集团有限公司 | 300 | 104 | 1520 | 250 | 32 | 3 | 9 |
| 长风信息集团 | 834 | 100 | 1862 | 1862 | 12 | 28 | 28 |
| 大唐甘肃发电有限公司 | 232 | 192 | 587 | 0 | 48 | 11 | 1 |
| 泛植生物科技有限公司 | 53 | 8 | 698 | 3270 | 9 | 2 | 2 |
| 方大炭素公司 | 177 | 29 | 7198 | 75847 | 8 | 6 | 4 |
| 甘肃工大舞台技术工程有限公司 | 145 | 21 | 300 | 2363 | 1 | 2 | 6 |
| 甘肃烟草工业有限责任公司 | 98 | 2 | 5540 | 23 | 7 | 14 | 1 |
| 甘肃金桥给水排水设计与工程（集团)有限公司 | 83 | 24 | 435 | 6120 | 12 | 12 | 15 |
| 甘肃蓝科石化高新装备股份有限公司 | 548 | 154 | 5400 | 67950 | 30 | 91 | 7 |
| 甘肃陇神戎发药业股份有限公司 | 56 | 4 | 453 | 17882 | 7 | 2 | 4 |
| 甘肃路桥建设集团有限公司 | 401 | 255 | 3636 | 1168 | 15 | 12 | 0 |
| 甘肃祁连山水泥集团股份有限公司 | 664 | 42 | 8349 | 0 | 135 | 0 | 0 |
| 甘肃省建设投资(控股)集团总公司 | 269 | 897 | 984 | 1951 | 74 | 38 | 1 |
| 甘肃万维信息技术有限责任公司 | 388 | 21 | 1935 | 13854 | 69 | 3 | 30 |
| 甘肃新兰药业有限公司 | 75 | 6 | 735 | 9160 | 8 | 2 | 2 |
| 甘肃新网通科技信息有限公司 | 23 | 3 | 367 | 1714 | 2 | 4 | 11 |
| 甘肃紫光智能交通与控制技术有限公司 | 195 | 30 | 1288 | 7028 | 24 | 48 | 46 |
| 际华三五一二皮革服装有限公司 | 202 | 8 | 2110 | 22326 | 14 | 9 | 3 |
| 兰州大成科技股份有限公司 | 201 | 28 | 1309 | 4934 | 12 | 58 | 18 |
| 兰州大得利生物化学制药(厂)有限公司 | 20 | 5 | 173 | 590 | 13 | 0 | 2 |
| 兰州飞行控制有限责任公司 | 311 | 45 | 6573 | 16700 | 37 | 12 | 20 |
| 兰州佛慈制药股份有限公司 | 90 | 15 | 1873 | 5595 | 10 | 2 | 6 |
| 兰州高压阀门有限公司 | 260 | 12 | 430 | 16983 | 8 | 3 | 1 |
| 兰州航空万里机电有限责任公司 | 437 | 63 | 2645 | 17058 | 170 | 0 | 1 |
| 兰州宏祥电力技术开发有限责任公司 | 68 | 21 | 770 | 4800 | 6 | 17 | 13 |
| 兰州黄河啤酒有限公司 | 55 | 8 | 456 | 1676 | 7 | 0 | 0 |
| 兰州机床厂 | 455 | 4 | 498 | 3388 | 2 | 0 | 0 |
| 兰州节能环保工程有限责任公司 | 78 | 5 | 287 | 4124 | 6 | 4 | 4 |
| 兰州陇星集团 | 130 | 16 | 300 | 3800 | 16 | 5 | 0 |
| 兰州南特数码科技股份有限公司 | 196 | 11 | 2386 | 830 | 3 | 6 | 3 |
| 兰州普兰太电光源有限责任公司 | 142 | 14 | 132 | 5183 | 17 | 4 | 7 |
| 兰州瑞德集团 | 82 | 8 | 618 | 16462 | 25 | 25 | 15 |
| 兰州三毛实业股份有限公司 | 123 | 10 | 993 | 8242 | 6 | 0 | 1 |
| 兰州威立雅水务(集团)有限责任公司 | 471 | 57 | 305 | 186 | 4 | 10 | 2 |
| 兰州真空设备有限责任公司 | 85 | 16 | 840 | 4368 | 9 | 0 | 0 |
| 兰州众邦电线电缆集团有限公司 | 128 | 7 | 3813 | 8000 | 8 | 6 | 0 |
| 兰州助剂厂 | 35 | 7 | 370 | 2225 | 6 | 0 | 0 |
| 兰州庄园牧场股份有限公司 | 110 | 4 | 150 | 15000 | 5 | 0 | 0 |

续附表 2

| 企业名称 | 科技活动人员/人 | 高级技术职称人员/人 | 科技活动经费支出总额/万元 | 新产品销售收入/万元 | 全部科技项目数/项 | 专利申请数/件 | 拥有发明专利数/件 |
|---|---|---|---|---|---|---|---|
| 腾达西铁资源控股集团有限公司 | 83 | 23 | 4767 | 0 | 3 | 0 | 0 |
| 西北永新涂料有限公司 | 173 | 17 | 1667 | 20946 | 21 | 8 | 5 |
| 窑街煤电集团有限公司 | 433 | 230 | 5546 | 63000 | 39 | 1 | 1 |
| 中国铝业股份有限公司兰州分公司 | 458 | 70 | 7144 | 0 | 10 | 2 | 7 |
| 中国铝业股份有限公司连城分公司 | 245 | 20 | 17108 | 0 | 8 | 1 | 4 |
| 中核动力设备有限公司 | 36 | 6 | 150 | 6248 | 4 | 0 | 0 |
| 中农威特生物科技股份有限公司 | 116 | 40 | 2320 | 16100 | 85 | 11 | 17 |
| 中铁二十一局集团有限公司 | 1159 | 291 | 27699 | 0 | 45 | 49 | 5 |
| 中铁西北科学研究院有限公司 | 102 | 67 | 1038 | 21480 | 78 | 14 | 16 |
| 中昊北方涂料工业研究设计院有限公司 | 90 | 47 | 950 | 1501 | 35 | 7 | 2 |
| 二、天水市 | | | | | | | |
| 甘肃成纪生物药业有限公司 | 56 | 6 | 918 | 13957 | 21 | 53 | 0 |
| 天水二一三电器有限公司 | 461 | 40 | 3365 | 31352 | 28 | 7 | 0 |
| 天水红山试验机有限公司 | 54 | 14 | 120 | 5329 | 28 | 9 | 9 |
| 甘肃福雨塑业有限责任公司 | 80 | 18 | 430 | 506 | 8 | 7 | 2 |
| 甘肃海林中科科技股份有限公司 | 456 | 9 | 2277 | 13688 | 78 | 20 | 0 |
| 天水昌盛食品有限公司 | 68 | 32 | 332 | 3587 | 11 | 6 | 0 |
| 天水长城果汁集团有限公司 | 80 | 7 | 409 | 445 | 2 | 1 | 2 |
| 天水长城成套开关股份有限公司 | 54 | 7 | 320 | 2184 | 31 | 0 | 0 |
| 天水长城控制电器有限责任公司 | 94 | 5 | 390 | 5258 | 7 | 15 | 0 |
| 天水电气传动研究所 | 192 | 52 | 1166 | 10258 | 11 | 5 | 4 |
| 天水华圆制药设备科技有限责任公司 | 251 | 15 | 570 | 5896 | 6 | 21 | 10 |
| 天水庆华电子科技有限公司 | 108 | 12 | 165 | 816 | 3 | 1 | 2 |
| 天水天光半导体有限责任公司 | 97 | 15 | 650 | 5273 | 16 | 17 | 10 |
| 天水铁路电缆有限责任公司 | 251 | 11 | 756 | 6267 | 6 | 0 | 1 |
| 天水众兴菌业有限责任公司 | 67 | 4 | 610 | 6067 | 5 | 24 | 10 |
| 天水中铁天工制造有限责任公司 | 115 | 3 | 400 | 380 | 8 | 6 | 0 |
| 三、白银市 | | | | | | | |
| 白银阳明银光化工有限公司 | 50 | 7 | 483 | 7509 | 12 | 6 | 7 |
| 甘肃郝氏碳纤维有限公司 | 63 | 11 | 1500 | 950 | 6 | 3 | 7 |
| 甘肃容和矿用设备集团有限公司 | 95 | 29 | 1339 | 13589 | 29 | 14 | 0 |
| 甘肃省白银风机厂有限责任公司 | 61 | 15 | 292 | 2578 | 10 | 2 | 0 |
| 甘肃天孚实业集团有限公司 | 50 | 5 | 213 | 2650 | 5 | 0 | 0 |
| 甘肃西北大磨坊食品工业有限公司 | 58 | 11 | 536 | 6125 | 0 | 1 | 2 |
| 甘肃中集华骏车辆有限公司 | 61 | 5 | 521 | 1579 | 5 | 16 | 57 |
| 靖远煤业集团有限责任公司 | 1443 | 168 | 11593 | 0 | 23 | 0 | 0 |
| 中科宇能科技发展有限公司 | 63 | 0 | 1000 | 743 | 65 | 15 | 1 |

续附表2

| 企业名称 | 科技活动人员/人 | 高级技术职称人员/人 | 科技活动经费支出总额/万元 | 新产品销售收入/万元 | 全部科技项目数/项 | 专利申请数/件 | 拥有发明专利数/件 |
|---|---|---|---|---|---|---|---|
| 四、嘉峪关市 | | | | | | | |
| 甘肃酒钢集团西部重工股份有限公司 | 75 | 2 | 858 | 8264 | 23 | 0 | 3 |
| 甘肃紫轩酒业有限公司 | 67 | 6 | 597 | 2690 | 12 | 5 | 0 |
| 嘉峪关大友企业公司 | 189 | 12 | 2548 | 9800 | 10 | 2 | 0 |
| 嘉峪关宏丰实业有限责任公司 | 186 | 3 | 641 | 2644 | 17 | 6 | 2 |
| 酒钢集团宏达建材有限责任公司 | 56 | 5 | 1231 | 1327 | 8 | 6 | 0 |
| 五、酒泉市 | | | | | | | |
| 敦煌西域特种新材股份有限公司 | 86 | 62 | 1200 | 1600 | 12 | 1 | 4 |
| 甘肃大禹节水股份有限公司 | 550 | 16 | 7567 | 9372 | 18 | 153 | 6 |
| 甘肃省敦煌种业股份有限公司 | 130 | 12 | 697 | 65089 | 21 | 0 | 5 |
| 甘肃西部草王牧业有限公司 | 54 | 14 | 59 | 69 | 15 | 0 | 0 |
| 酒泉奥凯种子机械股份有限公司 | 85 | 13 | 2023 | 23250 | 32 | 50 | 12 |
| 酒泉市铸陇机械制造有限责任公司 | 59 | 3 | 232 | 3120 | 10 | 10 | 0 |
| 玉门聚馨麦芽有限公司 | 60 | 4 | 385 | 6000 | 6 | 13 | 1 |
| 六、金昌市 | | | | | | | |
| 甘肃金化集团公司 | 92 | 12 | 2100 | 17506 | 2 | 3 | 0 |
| 甘肃三洋金源农牧股份有限公司 | 12 | 3 | 480 | 560 | 3 | 0 | 0 |
| 甘肃新川化工有限公司 | 162 | 3 | 625 | 1900 | 8 | 0 | 0 |
| 金昌金川万方实业有限责任公司 | 285 | 5 | 565 | 6200 | 6 | 1 | 0 |
| 金昌市宇恒镍网有限公司 | 16 | 5 | 28 | 7340 | 4 | 2 | 4 |
| 金昌铁业(集团)有限责任公司 | 232 | 4 | 104 | 1135 | 2 | 0 | 0 |
| 七、张掖市 | | | | | | | |
| 甘肃滨河食品工业(集团)有限责任公司 | 48 | 15 | 244 | 5039 | 0 | 3 | 0 |
| 甘肃河西制药有限责任公司 | 56 | 2 | 206 | 2792 | 3 | 0 | 4 |
| 甘肃锦世化工有限责任公司 | 102 | 26 | 169 | 8280 | 11 | 11 | 12 |
| 甘肃昆仑生化有限责任公司 | 85 | 10 | 808 | 5267 | 7 | 7 | 1 |
| 甘肃祁连山生物科技开发有限责任公司 | 60 | 7 | 510 | 2360 | 4 | 4 | 1 |
| 甘肃山丹宏定元化工有限责任公司 | 85 | 3 | 268 | 688 | 6 | 0 | 0 |
| 甘肃雪晶生化有限责任公司 | 127 | 9 | 136 | 2516 | 5 | 3 | 7 |

续附表 2

| 企业名称 | 科技活动人员/人 | 高级技术职称人员/人 | 科技活动经费支出总额/万元 | 新产品销售收入/万元 | 全部科技项目数/项 | 专利申请数/件 | 拥有发明专利数/件 |
|---|---|---|---|---|---|---|---|
| 八、武威市 | | | | | | | |
| 甘肃长城麦芽有限公司 | 59 | 7 | 207 | 183 | 4 | 0 | 1 |
| 甘肃赫原生物制品有限公司 | 58 | 16 | 210 | 890 | 5 | 3 | 12 |
| 甘肃黄羊河农工商(集团)有限责任公司 | 147 | 2 | 577 | 6060 | 14 | 8 | 1 |
| 甘肃皇台酿造(集团)有限责任公司 | 128 | 6 | 110 | 6804 | 4 | 22 | 0 |
| 甘肃敬业农业科技有限公司 | 84 | 2 | 508 | 3500 | 14 | 11 | 6 |
| 甘肃莫高实业发展股份有限公司葡萄酒厂 | 18 | 6 | 60 | 2867 | 3 | 0 | 0 |
| 甘肃荣华生化集团 | 96 | 20 | 380 | 0 | 5 | 0 | 0 |
| 甘肃泰康制药有限责任公司 | 51 | 1 | 160 | 3550 | 6 | 1 | 0 |
| 甘肃威龙有机葡萄酒有限公司 | 116 | 8 | 860 | 10598 | 26 | 0 | 2 |
| 天祝玉通碳化硅有限责任公司 | 75 | 5 | 580 | 620 | 6 | 0 | 7 |
| 九、临夏回族自治州 | | | | | | | |
| 甘肃康美现代农牧产业集团有限公司 | 65 | 6 | 697 | 3650 | 6 | 3 | 2 |
| 甘肃宏良皮业股份有限公司 | 97 | 6 | 3843 | 68157 | 8 | 0 | 5 |
| 甘肃刘化集团有限责任公司 | 96 | 18 | 3200 | 277 | 8 | 0 | 0 |
| 临夏州华安生物制品有限责任公司 | 63 | 8 | 516 | 2964 | 7 | 0 | 1 |
| 十、甘南藏族自治州 | | | | | | | |
| 甘南百草生物科技开发有限公司 | 63 | 12 | 120 | 1235 | 8 | 2 | 1 |
| 甘南科瑞乳品开发有限公司 | 5 | 2 | 20 | 5 | 5 | 3 | 1 |
| 甘肃华羚乳品集团公司 | 180 | 9 | 2880 | 18200 | 12 | 10 | 6 |
| 玛曲雪原肉业有限公司 | 63 | 12 | 126 | 220 | 5 | 0 | 2 |
| 夏河安多投资有限责任公司 | 75 | 15 | 360 | 557 | 18 | 1 | 1 |
| 十一、定西市 | | | | | | | |
| 定西金荣活塞环有限责任公司 | 78 | 2 | 242 | 3372 | 3 | 0 | 0 |
| 甘肃大鑫铜业有限责任公司 | 63 | 15 | 230 | 1540 | 14 | 5 | 3 |
| 甘肃扶正药业科技股份有限公司 | 59 | 14 | 641 | 6956 | 6 | 0 | 2 |
| 甘肃顾地塑胶有限公司 | 65 | 4 | 560 | 7200 | 10 | 0 | 2 |
| 甘肃海盛马铃薯科技有限责任公司 | 63 | 3 | 420 | 2000 | 2 | 0 | 0 |
| 甘肃宏鑫农业科技有限公司 | 68 | 3 | 331 | 1983 | 2 | 2 | 0 |
| 甘肃华腾石油机械制造有限公司 | 40 | 3 | 366 | 3730 | 7 | 0 | 0 |
| 甘肃岷海制药有限责任公司 | 31 | 2 | 812 | 6840 | 3 | 3 | 2 |
| 甘肃圣大方舟马铃薯变性淀粉有限公司 | 78 | 21 | 600 | 80000 | 10 | 9 | 6 |
| 甘肃洮河拖拉机制造有限公司 | 62 | 21 | 82 | 1365 | 7 | 16 | 18 |

续附表2

| 企业名称 | 科技活动人员/人 | 高级技术职称人员/人 | 科技活动经费支出总额/万元 | 新产品销售收入/万元 | 全部科技项目数/项 | 专利申请数/件 | 拥有发明专利数/件 |
|---|---|---|---|---|---|---|---|
| 十二、平凉市 | | | | | | | |
| 甘肃虹光电子有限责任公司 | 261 | 14 | 149 | 1032 | 22 | 0 | 1 |
| 甘肃红峰机械有限责任公司 | 152 | 14 | 707 | 7685 | 6 | 0 | 3 |
| 华亭煤业集团公司 | 601 | 521 | 3365 | 1111 | 53 | 3 | 0 |
| 十三、陇南市 | | | | | | | |
| 甘肃独一味生物制药股份有限公司 | 58 | 18 | 850 | 33696 | 6 | 2 | 5 |
| 陇南田园油橄榄科技开发有限公司 | 78 | 15 | 176 | 186 | 4 | 2 | 1 |
| 十四、庆阳市 | | | | | | | |
| 甘肃通达果汁有限公司 | 9 | 1 | 300 | 3000 | 2 | 0 | 0 |
| 十五、甘肃矿区 | | | | | | | |
| 中核四〇四有限公司 | 1287 | 212 | 23048 | 449434 | 50 | 18 | 7 |

附表3：

## 2012年省级新产品新技术

### 一、国际领先水平4项

| 序号 | 新产品新技术名称 | 研发单位 |
|------|------------------|----------|
| 1 | HionBeam 重离子加速器 | 中国科学院近代物理研究所 |
| 2 | 油蜡牛皮鞋面革生产技术 | 甘肃宏良皮业股份有限公司 |
| 3 | i-AY2A-18(Z)/T5000-63 移开式交流金属封闭开关 | 天水长城开关厂有限责任公司 |
| 4 | EVH-18/T5000-63F 型户内高压交流发电机断路器 | 天水长城开关厂有限责任公司 |

### 二、国际先进水平 28 项

| 序号 | 新产品新技术名称 | 研发单位 |
|------|------------------|----------|
| 1 | 电解铝用石墨化阴极 | 方大炭素公司 |
| 2 | H500 系列大型板式换热器 | 兰州兰石换热器设备有限公司 |
| 3 | TSBA8F40 型 DSN-2 封装肖特基势垒二极管 | 天水天光半导体有限责任公司 |
| 4 | GSC2-800F 交流接触器 | 天水二一三电器有限公司 |
| 5 | GSD2 系列可通信电动机保护器 | 天水二一三电器有限公司 |
| 6 | GSC2-1000/1250、2000 交流接触器 | 天水二一三电器有限公司 |
| 7 | 陆丰 13-2 海洋钻机成套设备 | 兰州兰石集团有限公司 |
| 8 | 通信基站动力、防雷与能耗监测系统 | 兰州海红技术股份有限公司 |
| 9 | JZFA50-115S05D15 型 AC/DC 电源变换器模块 | 天水七四九电子有限公司 |
| 10 | 多圈 V/UQFN 封装技术 | 天水华天科技股份有限公司 |
| 11 | SOT89 多排矩阵式封装集成电路 | 天水华天科技股份有限公司 |
| 12 | 多芯片堆叠(3D)封装技术 | 天水华天科技股份有限公司 |
| 13 | 生态纳米易洁涂膜 | 西北永新涂料有限公司 |
| 14 | 高密度窄间距小焊盘铜线键合封装技术 | 天水华天科技股份有限公司 |
| 15 | 多圈 FCQF 封装技术 | 天水华天科技股份有限公司 |
| 16 | MPA-400 系列有源电力滤波器 | 天水电气传动研究所有限公司 |
| 17 | 多工位柔性数控金属板材自动剪切生产线 | 天水锻压机床(集团)有限公司 |
| 18 | 高精度数控多缸同步框式板料弯曲压力机 | 天水锻压机床(集团)有限公司 |
| 19 | 铀同位素分离离心机专用 400 千瓦中频电源系统 | 甘肃兰核电控有限公司 |
| 20 | 基于阀岛技术的隔离开关群控系统 | 甘肃电器科学研究院 |
| 21 | YYGC180 型液压凿岩机 | 天水风动机械有限责任公司 |
| 22 | 双排矩阵式 IPAK 封装技术 | 天水华天微电子股份有限公司 |
| 23 | EVH1A-12/T3150-31.5 户内高压交流真空断路器 | 天水长城开关厂有限责任公司 |
| 24 | i-AY1A-12/T3150-40 移开式交流金属封闭开关 | 天水长城开关厂有限责任公司 |
| 25 | i-AY1A-12/T1250-31.5 移开式交流金属封闭开关 | 天水长城开关厂有限责任公司 |
| 26 | EVH1A-12/T3150-31.5 户内高压交流真空断路器 | 天水长城开关厂有限责任公司 |
| 27 | i-AY1A-12/T3150-40 移开式交流金属封闭开关 | 天水长城开关厂有限责任公司 |
| 28 | i-AY1A-12/T1250-31.5 移开式交流金属封闭开关 | 天水长城开关厂有限责任公司 |

续附表3

| 三、国内领先水平101项 | | |
|---|---|---|
| 序号 | 新产品新技术名称 | 研发单位 |
| 1 | 新型高性能稀土镍铬合金粉体材料 | 兰州理工合金粉末有限公司 |
| 2 | 辣椒酱铁路运输专用包装、钢制铁路棚车专用门档 | 兰州交通大学 |
| 3 | 中药六类新药海桂胶囊 | 甘肃扶正药业科技股份有限公司 |
| 4 | 大功率 NIM 机箱电源 | 中国科学院近代物理研究所 |
| 5 | 5HYG-700 型全钢构玉米果穗烘干机械设备 | 张掖市誉宇农业机械科技公司 |
| 6 | 造纸交联氧化阳离子复合变性淀粉 | 甘肃圣大方舟马铃薯变性淀粉有限公司 |
| 7 | 复合变性淀粉墙纸胶 | 甘肃圣大方舟马铃薯变性淀粉有限公司 |
| 8 | 复合变性淀粉生物质涂料 | 甘肃圣大方舟马铃薯变性淀粉有限公司 |
| 9 | DW550-11G 离心鼓风机 | 甘肃省白银风机厂有限公司 |
| 10 | 800 毫米普通石墨电极 | 方大炭素公司 |
| 11 | X150(BX1.32)系列板式换热器 | 兰州兰石换热器设备有限公司 |
| 12 | 杏鲍菇工厂化生产技术 | 天水众兴菌业科技股份公司 |
| 13 | 有机金针菇工厂化生产技术 | 天水众兴菌业科技股份公司 |
| 14 | 金针菇菌种工厂化生产技术 | 天水众兴菌业科技股份公司 |
| 15 | UC1864 型 PFM 控制器 | 天水天光半导体有限责任公司 |
| 16 | TSB10F40 型 DSN-2 封装肖特基势垒二极管 | 天水天光半导体有限责任公司 |
| 17 | TSB02F30 型 DSN-2 封装肖特基势垒二极管 | 天水天光半导体有限责任公司 |
| 18 | UC1825 型高速 PWM 控制器 | 天水天光半导体有限责任公司 |
| 19 | TSB20F40 型 DSN-2 封装肖特基势垒二极管 | 天水天光半导体有限责任公司 |
| 20 | TSB05F20 型 DSN-2 封装肖特基势垒二极管 | 天水天光半导体有限责任公司 |
| 21 | 卡式全自动注射笔(卡式半自动注射笔) | 甘肃成纪生物药业有限公司 |
| 22 | GSB2-63 微型断路器 | 天水二一三电器有限公司 |
| 23 | GSRQ1-075、315 电动机软启动器 | 天水二一三电器有限公司 |
| 24 | 25%甲霜灵悬浮剂 | 甘肃华实农业科技有限公司 |
| 25 | 蔬菜粉微切、真空低温干燥生产技术 | 金昌市远大农副果品有限公司 |
| 26 | 玉米淀粉加工复合酶 | 白银赛诺生物科技有限公司 |
| 27 | β-葡聚糖酶可循环生产技术 | 白银赛诺生物科技有限公司 |
| 28 | 矿用隔爆型组合真空电磁启动器 | 甘肃容和矿用设备集团公司 |
| 29 | U 型无纵梁自卸车 | 甘肃中集华骏车辆有限公司 |
| 30 | 苦荞萌动茶 | 甘肃西北大磨坊食品工业有限公司 |
| 31 | YL-27.5/Ⅱ智能型侧移式刚性接触网装置 | 兰州银利电气设备有限公司 |
| 32 | YL-27.5/Ⅱ智能型移动接触网装置 | 兰州银利电气设备有限公司 |
| 33 | 高原型单相户内箱型移开式交流金属封闭开关设备 | 兰州银利电气设备有限公司 |
| 34 | RSP 交直交稳压稳频纯净电源 | 兰州银利电气设备有限公司 |
| 35 | 电力监控 RTU 模块与配电监控系统 | 兰州海红技术股份有限公司 |
| 36 | 紫花苜蓿速溶颗粒茶 | 甘肃长征药业科技有限公司 |
| 37 | 红枣枸杞复合饮料生产技术 | 白银枣旺食品有限公司 |
| 38 | 打蜡牛皮鞋面革生产技术 | 甘肃宏良皮业股份有限公司 |
| 39 | 水染牛皮鞋面革生产技术 | 甘肃宏良皮业股份有限公司 |
| 40 | 利用黄粉虫规模化处理尾菜技术 | 兰州茂祥蔬菜保鲜有限公司 |

续附表 3

| 序号 | 新产品新技术名称 | 研发单位 |
|---|---|---|
| 41 | 矿热炉节能增产控制系统 | 甘肃仪能节能科技有限公司 |
| 42 | 磁悬浮列车专用信号数据电缆 | 天水铁路电缆有限责任公司 |
| 43 | 高屏蔽性能综合护套铁路信号电缆 | 天水铁路电缆有限责任公司 |
| 44 | ET2PI795（RG22）有源信标电缆 | 天水铁路电缆有限责任公司 |
| 45 | F2575HVS-5.0 开关型降压稳压器 | 天水七四九电子有限公司公司 |
| 46 | JZF2C200-300S15 型 DC/DC 电源变换器模块 | 天水七四九电子有限公司公司 |
| 47 | JZF2808P150W 型多路大功率 DC/DC 电源变换器模块 | 天水七四九电子有限公司公司 |
| 48 | JZFCH25-28S05 型恒流源充电器模块 | 天水七四九电子有限公司公司 |
| 49 | SOT223 多排矩阵式封装集成电路 | 天水华天科技股份有限公司 |
| 50 | DFN0203×0.75 微小型集成电路防潮铝箔袋 | 天水华天集成电路包装材料公司 |
| 51 | MSOP 系列封装集成电路专用包装管开发 | 天水华天集成电路包装材料公司 |
| 52 | LQFP1414 集成电路托盘 | 天水华天集成电路包装材料公司 |
| 53 | 一种改进的 SSOP 系列集成电路专用承载带研发 | 天水华天集成电路包装材料公司 |
| 54 | 功率器件铜线与裸线框架键合技术 | 天水华天微电子股份有限公司 |
| 55 | 新型大载体 DPAK 产品封装技术 | 天水华天微电子股份有限公司 |
| 56 | 气敏特性动态测试系统 | 甘肃省科学院传感技术研究所 |
| 57 | 数字控制多功能逆变弧焊机 | 甘肃西柴动力机电制造有限公司 |
| 58 | 工程机械传动系统用高负荷轻量化轴承系列 | 甘肃海林中科科技股份有限公司 |
| 59 | 额定电压 8.7/10 千伏及以下煤矿橡套移动盘软电缆 | 兰州众邦电线电缆集团有限公司 |
| 60 | 额定电压 1.9/3.3 千伏及以下采煤机橡套软电缆 | 兰州众邦电线电缆集团有限公司 |
| 61 | 额定电压 450/750 伏无卤低烟 A 类阻燃控制电缆 | 兰州众邦电线电缆集团有限公司 |
| 62 | ZY-2412-8 电工模拟现场实训系统 | 武威职业学院 |
| 63 | ZY-BX-12 综合布线工程实训系统 | 武威职业学院 |
| 64 | 智能检测车 | 甘肃国信润达分析测试中心 |
| 65 | 聚乙烯基酰胺类新型天然气水合物抑制剂制备技术 | 甘肃省化工研究院 |
| 66 | 2,6-二叔丁基-4-亚硝基苯酚的合成技术 | 甘肃省化工研究院 |
| 67 | 3,3-二乙氧基丙腈和合成技术 | 甘肃省化工研究院 |
| 68 | 大功率 LED 照明灯 | 天水庆华电子科技有限公司 |
| 69 | 多功能全自动跟踪太阳灶 | 景泰傲源科技有限公司 |
| 70 | 碳酸化法从碳酸盐型锂精矿制备电池级碳酸锂 | 白银扎布耶锂业有限公司 |
| 71 | YX-009 固沙抑尘剂 | 西北永新涂料有限公司 |
| 72 | JN-100 生态纳米防晒涂膜 | 西北永新涂料有限公司 |
| 73 | ABS110 超薄封装肖特基整流桥 | 天水天嘉电子有限公司 |
| 74 | SB5100LR 肖特基整流二极管 | 天水天嘉电子有限公司 |
| 75 | B054 表面封装肖特基整流二极管 | 天水天嘉电子有限公司 |
| 76 | 铁路装载加固用防滑阻燃衬垫 | 兰州交通大学 |
| 77 | 平膜 0.5~4.5 伏输出压力传感器充油芯体 | 天水华天传感器有限公司 |
| 78 | 低成本压力变送器 | 天水华天传感器有限公司 |
| 79 | SOT23-3L 型集成电路承载带 | 天水华天集成电路包装材料公司 |
| 80 | 集成电路封装全自动排片机 | 天水华天机械有限公司 |

续附表3

| 序号 | 新产品新技术名称 | 研发单位 |
|---|---|---|
| 81 | TO 系列功率器件专用承载带 | 天水华天集成电路包装材料公司 |
| 82 | VSOP 型集成电路专用编带盘研发 | 天水华天集成电路包装材料公司 |
| 83 | NLGA6P(1.5×1.0)微小型承载带 | 天水华天集成电路包装材料公司 |
| 84 | LQFP 切筋凸凹模 | 天水华天机械有限公司 |
| 85 | JZF3C100-24S05 型 DC/DC 电源变换器模块 | 天水七四九电子有限公司 |
| 86 | 高稳定高精度压力变送器 | 天水华天传感器有限公司 |
| 87 | 新型大功 TO-220MF 产品封装技术 | 天水华天微电子股份有限公司 |
| 88 | 一种新型大功 TO-264 产品封装技术 | 天水华天微电子股份有限公司 |
| 89 | IGBT 器件封装与测试技术 | 天水华天微电子股份有限公司 |
| 90 | 双机驱动软同步下运胶带机控制系统 | 天水电气传动研究所有限公司 |
| 91 | 电控钻机柴油发电机组智能动态负荷分配系统 | 天水电气传动研究所有限公司 |
| 92 | 变压器检测平台 | 甘肃电器科学研究院 |
| 93 | 恒流恒温升试验控制系统 | 甘肃电器科学研究院 |
| 94 | 高分断、长寿命大电流组合断路器 | 甘肃电器科学研究院 |
| 95 | 大电流、宽范围恒流控制器试验系统 | 甘肃电器科学研究院 |
| 96 | TCM128 型多用工程钻车 | 天水风动机械有限责任公司 |
| 97 | TB842 型高转速气扳机 | 天水风动机械有限责任公司 |
| 98 | TBG8 型气镐 | 天水风动机械有限责任公司 |
| 99 | 鞣酸小檗碱抑菌凝胶 | 甘肃陇神戎发药业股份有限公司 |
| 100 | 牛玻璃酸酶分离纯化技术 | 甘肃天森药业有限公司 |
| 101 | 猪脱氧胆酸提取技术 | 甘肃天森药业有限公司 |

四、国内先进水平18项

| 序号 | 新产品新技术名称 | 研发单位 |
|---|---|---|
| 1 | H40 系列板式换热器 | 兰州兰石换热器设备有限公司 |
| 2 | 祁连冰泉优质饮用水的研究与开发 | 甘肃祁连山生物科技开发公司 |
| 3 | 玉米秸秆(芯)基料在金针菇工厂化生产应用技术 | 天水众兴菌业科技股份有限公司 |
| 4 | 真姬菇工厂化生产技术 | 天水众兴菌业科技股份有限公司 |
| 5 | GSM1-63/2、250/2 系列塑料外壳式断路器 | 天水二一三电器有限公司 |
| 6 | 特殊效应牛皮鞋面革生产技术 | 甘肃宏良皮业股份有限公司 |
| 7 | 自然摔牛皮鞋面革生产技术 | 甘肃宏良皮业股份有限公司 |
| 8 | QBZ1-30/1140(660)矿用隔爆型真空电磁启动器 | 甘肃容和矿用设备集团有限公司 |
| 9 | 环保运沙专用车 | 甘肃中集华骏车辆有限公司 |
| 10 | 熟荞麦米 | 甘肃西北大磨坊食品工业有限公司 |
| 11 | 节能减震自卸车 | 甘肃中集华骏车辆有限公司 |
| 12 | 风力发电机组电缆 | 天水铁路电缆有限责任公司 |
| 13 | 铁路客专综合接地系统接地附件 | 天水铁路电缆有限责任公司 |
| 14 | 额定电压 35 千伏及以下钢丝铠装电力电缆 | 兰州众邦电线电缆集团有限公司 |
| 15 | 乙丙绝缘氯磺化聚乙烯护套轨道交通车辆用电缆 | 兰州众邦电线电缆集团有限公司 |
| 16 | 小型加热及废气处理一体化常压热水锅炉 | 甘肃科能热力设备研发有限公司 |
| 17 | 大电流试验系统 | 甘肃电器科学研究院 |
| 18 | TXH02-12 消弧及过电压保护设备(LSC1-PM) | 天水长城开关厂有限责任公司 |

# 融资和信用担保情况

## 一、基本情况

### (一)融资担保业快速发展

截至2012年底,甘肃省融资性担保机构达到310家,较上年净增92家,其中注册资本在1亿元以上的有36家。注册资本金145亿元,增长60.6%。新增融资性担保业务额200亿元,增长44%。2012年末融资性担保在保责任余额211亿元,增长65.8%。融资性担保机构代偿额为2026万元,代偿率0.1%,担保损失20万元,全省担保机构代偿率及损失率均处于较低水平。

### (二)财政支持力度不断加大

2012年,争取国家扶持资金4600万元,占到全国资金总量的3.3%,位列全国15位,西部12省(区)第2位。省、县两级财政共投入12亿元,扶持58个贫困县担保体系建设,基本实现担保机构县(区)全覆盖。

### (三)支持中小企业及"三农"成效显著

2012年,担保机构共支持中小企业担保金额130亿元,比去年增加18亿元,占全省新增担保额的65%,担保中小微企业5200户。支持"三农"经济担保金额56.8亿元,比去年增加31.3亿元,占全省新增担保额的28.4%。

### (四)"银政投"融资规模进一步扩大

2011年以来,共有130余户企业通过"银政投"模式获得融资,累计贷款达到了15亿元以上。2012年,落实贷款10亿元以上,贷款企业达到92户,其中贷款在1000万元以下的小微企业占到70%。合作银行也由中国建设银行甘肃分行1家,扩展到中国建设银行甘肃分行、开发银行甘肃省分行和甘肃省农村信用联社3家。

### (五)银政银企合作深入推进

2012年,举办了40场银企对接活动。借助"陇原之星"中小企业银河精英训练营活动,采取"企业培训+银企对接"相结合的形式,124户中小企业通过训练营与相关银行签订融资协议36.36亿元。

### 二、开展的主要工作

#### (一)完善制度建设

制定了《甘肃省融资性担保机构审批管理办法》《甘肃省人民政府关于促进融资担保业发展的意见》《甘肃省融资担保机构年度审计暂行办法》《甘肃省融资担保机构年检暂行办法》《甘肃省融资性担保机构现场检查规程》等一系列规范性文件，为融资性担保行业规范发展奠定了制度基础，构建了我省融资性担保机构监管制度框架。

#### (二)加快融资服务平台建设

依托甘肃高科投资管理有限公司设立了甘肃省中小企业"银政投"融资服务平台，筹建开通了甘肃中小企业投融资网。截至目前，甘肃中小企业投融资网已经与开发银行甘肃分行、中国银行甘肃分行、兰州浦发银行、甘肃省农村信用联社建立了合作关系，与德丰杰中国基金、北京中通财富投资管理公司、杭州平台投资管理公司、上海浦东科技投资管理公司等20多家省内外投资机构签订了合作意向，通过股权、短期融资等形式向省内10多户中小企业融资1.2亿元，为广大中小企业和金融机构提供服务。

#### (三)设立省级再担保机构

依托甘肃省中小企业信用担保有限责任公司组建了省级再担保机构，到"十二五"末，再担保实现服务担保机构的数量达到全省担保机构总数量的1/3以上，被再担保的担保机构平均放大倍数提升至3倍，担保能力明显增强，担保业公信力明显提升，行业风险明显降低。

#### (四)建设中小企业信用体系

在综合考虑各市(州)中小企业发展状况等因素的基础上，确定了平凉市、金昌市作为甘肃省中小企业信用体系建设试验区，开展中小企业信用体系建设试点工作；积极推进兰州高新开发区中小企业信用培育试点工作，会同中国人民银行兰州中心支行开展了100多家中小企业进行融资与信用专题讲座，提高了企业信用意识，促进了企业融资自身条件的提升。

#### (五)强化监督管理

根据省政府办公厅印发的《甘肃省融资性担保机构规范整顿方案》，对全省177家担保机构按要求进行了规范整顿，其中155家担保机构通过了从业资格的审查确认，并颁发了融资性担保机构经营许可证。全面排查全省担保机构存在的风险，摸清了风险底数，堵塞了风险漏洞，排除了风险隐患，防范和化解了系统性、区域性风险。加强对担保机构财务、经营状况等方面的真实性、合规性的审计，2012年全省清退7家不合格担保机构。

（六）加强人员培训

2012年，组织了两次高规格的全省担保机构风险管理培训班，担保机构共有400人参加了培训。培训班邀请了国内知名权威专家学者莅临授课，通过对国家相关配套制度文件的解读、担保业务知识、风险防控知识等内容的培训，进一步提高了全省担保机构整体管理水平。

（七）促进银担合作

制定了《关于推动银担合作业务健康发展的意见》，该意见在银担双方合理确定放大倍数、合理分担风险责任、合理确定担保贷款利率及创新合作与加强信息互通等方面提出了具有较强的可操作性指导意见，对今后银担互赢合作发展将起到积极的作用。

**三、存在的问题及2013年重点任务**

（一）整体发展水平不高

担保机构总体上在资产规模与质量、人员专业素质、业务模式创新以及风险管控体系建设等方面存在不足，行业资信实力、担保服务能力、盈利能力弱，业务拓展与机构数量增长不同步，放大倍数较低，自我发展与积累难度大。

（二）地域分布严重失衡

从地域分布看，兰州市105户，占担保机构总数的33.87%，庆阳市36户，酒泉市23户、张掖市20户、平凉市20户、定西市18户、白银市15户、天水市13户、甘南藏族自治州、陇南市、临夏回族自治州各11户，嘉峪关市9户，武威市9户，金昌市5户。

（三）银担合作难度进一步加大

由于国内部分担保机构出现的风险事件，银行机构先后出台了一些新规定，大大提高了担保机构的准入门槛，风险共担机制难以实行，民营担保机构举步维艰。2012年，全省担保机构与四大国有银行开展业务的只有74户，占全省担保机构总数的24%，大部分担保机构主要与甘肃省农村信用联社、城市信用社及小额贷款公司合作或参与民间借贷担保。

2013年，全省融资性担保额要达到200亿元，增长20%；"银政投"融资达到15亿元，增长50%。围绕这一目标，一是加强信用担保行业发展引导，着力打造政策引导与市场调节相结合、国有资本与民营资本互为补充、政策性担保与商业性担保相互促进的融资性担保体系。二是积极引导民间资本投资担保行业，培育行业主力军。三是发展政策性担保机构，发挥国有资本的调节和引导作用。四是推进省级再担保机构发展，建立和完善风险分担机制。五是健全行业协会运行机制，加强担保行业协作和自律。六是推动银担合作，实现利益双赢。七是强化监管措施，切实防范风险。

（撰稿人　融资服务处马磊，信用体系建设处蔡蓉霞）

# 信息化和工业化融合情况

## 一、基本情况

### (一)重点行业信息技术融合和创新能力明显增强

石油化工行业积极采用集散控制系统(DCS)、现场总线系统(FCS)、先进控制系统(APC)等控制技术和设备,实现生产信息在车间的集成。冶金有色行业通过企业资源计划系统(ERP)全面整合内外部资源,规范业务流程,降低企业生产经营成本,提高企业整体管理水平和核心竞争力。装备行业逐步由计算机辅助设计和辅助制造技术向人机交互性更强和网络化制造方向发展。能源行业通过省、市、县三级政府安全生产监督信息系统、安全监测监控系统、抗灾救灾决策指挥系统,加强煤炭采选装备数字化,进一步提高煤炭生产、经营、管理信息化水平,提高系统集成运行能力;逐步建立安全、可靠、稳定的电力购、输、供、配、售及服务一体化集成运行信息系统,实现电力生产高度信息化和自动化,提升了电网调度与监控水平。建材行业通过红外温控、变频调速、功率优化控制、温度曲线自控、自动码放等先进控制和执行方法,进一步提高了生产过程控制水平。生物医药行业通过融合运用化学、生物信息和计算机辅助设计等技术,建立基于信息技术的试药系统,加快新药研发进程,加快医药企业资源计划系统建设,提高企业管理和质量控制水平,降低生产成本。全省重点企业80%左右实现了办公自动化,50%以上建立了管理信息系统,90%左右建立了内部网,在线订货、采购、资金交易、信息化物流配送等电子商务应用模式蓬勃发展。

### (二)"两化"深度融合的支撑能力明显提升

电子制造业规模进一步扩大,软件服务业发展加快,初步形成了三个信息产业集聚区(天水微电子产业集聚区、兰州安宁特种电子产业集聚区、兰州高新区软件产业集聚区),三条产业链(数字音响视频产业链、电子专用材料产业链、半导体照明产业链),一个电子专用设备制造基地(兰州瑞德集团等),一个信息化服务平台,对"两化"融合的支撑能力明显提升。

### (三)物联网发展环境进一步优化

省政府办公厅转发的《关于加快物联网发展的意见》,引导重点地区、行业、企业投资60亿元加大物联网应用力度。积极发挥兰州、天水等高新技术产业集聚区和金川公司、酒钢集团、白银有色集团等大型企业的示范带动作用,加快交通物流、循环经济等领域开展物联网应用示范。支持甘肃移动投资5.94亿元的物联网应用支撑项目、基于物联网与移动互联网的食品安全溯源系统项目、联网智能物流公共服务平台、中药材质量安全溯源系统等项目建设。组织申报工信部物联网重大项目,遴选7个重点领域物联网系统研制项目和2个关键技术研发项目上报,其中有3个项目获国家550万元专项支持。

(四)国家级"两化"融合试验区工作稳步推进

积极支持兰州市做好"两化"融合试验区工作,重点围绕石油化工、有色冶金和装备制造三大行业,实施关键技术攻关以及集成技术的开发与应用,致力于精细化工、流程控制、在线连续监测和监控、传感器技术及智能信息处理等技术的研究应用,完善支撑体系建设,培育发展战略性新兴产业,运用信息化手段解决共性问题,提升试验区企业整体竞争力。

(五)重点示范项目带动作用明显

全省组织筛选了一批"两化"融合重大项目,向工信部推荐兰州兰石重型装备股份有限公司炼油化工重型装备大规模个性化制造管理集成系统、甘肃惠森药业发展有限公司中药材在线交易服务平台建设、天水二一三电器有限公司工控电器制造"两化"融合升级改造、甘肃久联民爆器材有限公司5000吨/年JWL-Ⅲ型乳化炸药连续自动化生产线及其动态监控信息系统、甘肃省机械科学研究院中小企业创新资源网络化公共服务平台建设5个国家支持项目。其中甘肃惠森药业发展限公司的项目获国家60万元专项支持。组织申报省级信息化发展专项190项,其中企业信息化项目79项,17项获得省级财政预算295万元资金支持。与中国电信股份有限公司甘肃分公司共同开展"千家数字企业"建设工作,累计开展了12场"数字企业"体验培训活动,培训2000余家企业,完成1941家"数字企业"建设任务。

(六)重点领域绿色可持续发展产业体系逐步形成

引导企业通过信息技术应用,加大过程控制自动化、管理现代化、信息集成共享化建设力度,提高传统产品的信息技术含量及附加值,降低各种资源消耗,提高资源循环和再利用水平,引导产品向环保、节能方向发展。引导电信运营企业在推进机房、基站节能和绿色化发展的同时,积极为中小企业节能减排提供信息化服务解决方案。支持中国铝业股份有限公司连城分公司(以下简称中铝连城分公司)、中国铝业股份有限公司兰州分公司(以下简称中铝兰州分公司)等企业投资6.9亿元建设能源管理信息系统示范项目,加强对能源资源的实时监测、精确控制和集约利用。甘肃祁连山水泥集团股份有限公司(以下简称祁连山水泥集团)积极推动"两化"深入融合,加大过程控制自动化、管理现代化、信息集成共享化建设力度,全面推进节能减排。酒钢集团通过矿焙烧磁选精矿提质降杂改造工程,在铁精矿金属量相同的情况下多处理块矿22万吨,精矿品位提高4.05个百分点,每年可减少二氧化硫排放4372吨、二氧化碳排放28.55万吨,每年节能6.594万吨标准煤。甘肃金昌化学工业集团有限公司建设的废渣治理项目,年利用工业固体废弃物12.5吨,达到一炉多用、一炉多能,实现了合成氨生产企业"两煤变一煤"和"两炉变一炉"的目标,大大提高了资源综合开发力度和回收利用率,提高了资源利用效率。甘肃腾达西铁资源控股集团有限公司(以下简称腾达西铁公司)采用西门子PLC自动化控制系统进行自动配料、上料及实时监控,有效提高了资源和能源利用率。

(七)区域"两化"融合评估逐步深入

配合工信部开展区域和企业"两化"融合评估工作,按照三大类共23个指标体系评估标准,组织全省84家典型企业开展评估,逐步完善工作机制,摸清全省工业企业"两化"融合发展现状,查找存在的问题和差距。大力推广实施工业企业"两化"融合评估体系和行业评估规范,不断推动和深化"两化"融合环境下企业研发、生产与经营管理的优化、变革和创新,全面提升工业企业创新发展、智能发展和绿色发展,实现全省"两化"深度融合的整体提升。

## 二、存在的问题

(一)企业信息化集成应用水平不高

甘肃省工业企业信息化主要以单项应用为主,数字化研发设计应用较为普遍,但在生产制造环节与经营管理环节信息化系统有效集成水平不高,业务协同、信息共享能力有待加强。

(二)"两化"融合支撑能力有待加强

甘肃省大中型企业国产化、数字化装备应用水平参差不齐,主要数控生产设备依靠国外引进,后期维护费用较高。国产数字化装备和关键系统在功能、精度、稳定性和可靠性等方面与国外产品存在较大差距,难以满足工业企业生产制造工艺和过程控制的要求。全省软件业企业规模普遍较小,资源开发的深度和广度不够,网络资源综合利用和共享程度不高,"两化"融合缺乏强有力的技术支撑和服务。

(三)信息化制度尚不健全,信息化人才队伍建设滞后

甘肃省工业企业普遍缺少单独的信息化规划,信息化建设多作为技术改造措施或者以项目形式开展,容易造成企业各业务系统数据规范不一致、难以整合的困难局面。多数企业没有建立CIO制度,不设专职的CIO,没有成规模、成体系的信息化研发和实施队伍,信息化人才还比较缺乏,特别是既懂工业又懂信息化的复合型高端人才极为短缺,在一定程度上影响了企业信息化建设进程。

(四)企业信息化建设资金投入不足

从政府层面看,"两化"融合任务艰巨,但推进"两化"融合发展的手段不多,信息化建设专项资金十分有限。从企业层面看,多数企业处于"两化"融合的初级阶

段,绝大多数企业管理层未充分认识到"两化"融合对于提升企业核心竞争力的重要作用,因此不愿投入过多资金开展信息化建设。

### 三、2013年重点任务

**(一)提高企业信息化水平**

推进企业研发数字化、装备智能化、生产自动化、管理网络化、商务电子化,引导企业业务应用向综合集成和产业链协同创新转变。支持酒钢集团、金川公司、祁连山水泥集团等一批传统产业信息化推进转型升级项目建设。协调加快"数字企业"建设工作,引导中小企业利用电信运营企业的网络资源和信息化综合运营能力,提高自主创新能力和经营管理水平。争取累计完成3600家"数字企业"建设,做好全省"两化"融合评估工作。

**(二)深化新一代信息技术在重点领域的应用**

推动节能减排和安全生产信息技术的普及和深入应用,推进重点领域绿色可持续发展。支持钢铁、石化、有色、建材等行业主要耗能设备和工艺流程的智能化改造。扶持能源消耗、污染排放、安全生产方面的检测监控网络体系建设。促进物联网技术在自动化生产、交通物流、循环经济、食品药品质量追溯、安全防护等重点领域的示范应用和推广。扶持云计算发展,提升信息技术服务水平。

**(三)推动服务业信息化**

推动在线咨询、在线娱乐、电子商务、网络银行、智能交通、远程医疗、远程教育等信息化服务模式发展。促进各类信息资源共享,支持服务模式创新,提高服务水平。培育软件开发、信息系统集成、工业设计外包等生产性服务业发展,提高全省服务业发展水平。

(撰稿人 信息化推进处陈阵)

# 承接产业转移

## 一、基本情况

2012年,甘肃省续建、新建承接产业转移项目1040项,总投资3355.86亿元,引进资金实际到位额1434.32亿元,资金到位率42.74%。当年建成投产项目346项,占项目总数的35.3%。省工信委牵头20家央企73个项目到位资金211.99亿元,占总投资的12.15%。其中:建成项目9项,在建31项,正在开展前期工作的33项,累计建成和开工项目数达到54.8%[2012年全省各市(州)承接产业转移引进资金实际到位额见附表1]

全省承接产业转移的特点:一是大项目较多,总投资5亿元以上项目171项,占全省承接产业转移项目的17.36%。其中10亿元以上重大项目68项,到位资金885.92亿元,占全省到位资金的61.86%。二是"两翼"承接产业转移势头强劲,河西地区、陇东地区承接项目到位资金1090.38亿元,占全省承接项目到位资金的76.14%。三是建成投产项目较多,1/3的项目当年建成投产。

## 二、工作进展情况

### (一)建立承接产业转移政策体系

省政府出台了《关于加快开发开放积极承接产业转移的实施意见》,确立了以环渤海经济圈、长三角经济圈、珠三角经济区、闽东南地区等产业"转出地"为重点的工作方向。发布了《甘肃省承接产业转移指导目录》,规划兰白核心经济区、关中—天水经济区、河西新能源和装备制造区、陇东能源化工区、金武经济区、民族特色产业集聚区六大承接产业区域布局,确定石油化工、有色金属、冶金、机械、电子信息、新材料、食品、医药、建材、轻工、纺织服装、生产性服务业、汽车、航空航天、节能环保等优先承接发展的产业,将全省5个国家级和30个省级开发区作为承接产业转移的重要载体。制定了《2012年承接产业转移工作方案》,分解落实各市(州)、县(区)承接产业转移目标任务。

### (二)建立承接产业转移工作体系

省委办公厅、省政府办公厅出台了《甘肃省承接产业转移协调推进领导小组工作规划》,调整加强了承接产业转移协调推进领导小组组成人员和工作职责。与31

个省、市工(经)信委建立了承接产业转移工作"联络图"。各市(州)、县(区)都成立了承接产业转移工作领导小组及办公室,制定出台了《承接产业转移实施方案》,建立了全省承接产业转移项目月度统计体系和通报制度。建立了全省承接产业转移项目库和签约项目库,储备了679个承接产业转移重点项目,总投资5178亿元,编印了《承接产业转移招商项目册》。

(三)举办重大产业转移招商活动

举办"安徽产品甘肃行"活动,两省签订合作项目92项,签约金额1185.18亿元;建立了甘皖两省市—市(州)产业对接平台,组织安徽省经信委和各市经贸代表团共800多人赴我省市(州)考察,6个市(州)工信委与对口接洽的安徽省有关市(州)、企业达成48项合作协议,项目总投资140.18亿元。举办甘肃—湖南产业合作对接会,签订意向合作项目67项,合同金额103.3亿元,形成了两省市(州)、县(区)、工业园区层面常态化、点对点的产业合作平台,与湖南省的产业合作进入全方位、多层次推进阶段。与天水市联合举办山东济南、青岛产业对接活动,签约项目19项,合同金额53.19亿元。兰洽会期间,签约工业项目436项,合同金额3163.05亿元。跟踪落实北京企业家恳谈会上与邀请企业对接的项目,落实签约项目59项,总投资1680.01亿元,与邀请的67家重点民营企业建立长期联系机制。组织与江苏金浦集团、浙江吉利集团等国内大企业、大集团的项目对接。

(四)落实签约项目,协调推进责任

建立承接产业转移签约项目跟踪协调推进机制,投资额50亿元以上的22个项目(总投资3280.05亿元),由省工信委、省政府国资委按职能分工负责落实,有关市(州)政府配合。投资10亿~50亿元的99个项目(总投资1931.9亿元),由市(州)主要领导主抓,逐个项目制定工作方案,推进工作计划,每月上报项目形象进度。投资10亿元以下的462个项目(总投资1012.86亿元),由市(州)分管领导包抓,确定一个县级干部主抓,每月上报项目形象进度。每一个项目成立一个跟踪协调推进小组,确定一名责任领导、依托一个主管部门、组建一个服务团队、制定一套工作方案,明确资金到位、建设进度、投产时间等推进计划。

(五)深化与国家行业协会的合作

2013年2月25日,省政府与中国轻工业联合会、中国石油和化学工业联合会、中国有色金属工业协会、中国建筑材料联合会、中国物流与采购联合会签署战略合作框架协议。制定了《行业协会承接产业转移工作方案》,指导行业协会加强与各省对口行业协会的交流合作,依托协会推进承接产业转移。

(六)加快承接载体建设

庆阳西峰工业园区(石油化工)、平凉工业园区(煤化工)等13个工业园区被认定为省级新型工业化产业示范基地,支持67个工业园区增容扩区、晋等升级、产业规划编制。兰州综合保税区建设协调推进组完成了兰州市综合保税区建设规划方案，开展在兰州新区设立海关特殊监管区的论证，打造面向中亚地区的开放平台（省级以上新型工业化产业示范基地单位见附表2）。

（七）建立承接产业转移督查考核制度

省政府修订了《甘肃省深入实施工业强省战略，扎实推进工业转型跨越发展考核奖励办法(试行)》，对各市(州)承接产业转移工作以引进资金实际到位额、资金到位率、履约率等指标量化考核。领导小组办公室每月对签约项目进展情况进行统计，每季度召开签约项目调度会，每半年对市(州)签约项目进行现场督查，每年对签约项目进行一次通报。

全省承接产业转移工作主要存在以下问题：一是央企合作项目资金到位率较低，省工信委牵头20家央企73个项目总体资金到位率12.15%。二是投资环境不宽松，承接产业转移存在重签约、轻落实、跟进不及时、服务不到位、承诺兑现难、项目实施进度慢等突出问题，一些项目从对接谈判到开工建设，长达四五年时间。三是运筹谋划项目的能力不足，项目前期工作缺乏经费保障。

### 三、2013年工作计划

2013年，全省承接产业转移实际到位资金达到1860亿元以上，实际到位资金增长30%。

（一）做好项目精准对接

继续以环渤海经济圈、长三角经济圈、珠三角经济区、闽东南地区等产业"转出地"为重点，进一步提升合作层次和水平。重点与大企业集团和江苏、福建、山东、广东、安徽等省精准衔接项目，在石油化工、煤化工、装备制造、新能源、生物制药、电子信息、食品、节能环保等产业领域继续深化合作。

（二）完善跟踪协调推进机制

落实省、市(州)、县(区)承接项目领导责任，实行从项目签约、前期工作到开工建设的全程跟踪协调，确保重大项目尽快落地。特别是对2012年签约的583个亿元以上承接产业转移项目，落实省、市(州)、县(区)承接项目领导责任，跟踪通报项目进度信息，加强项目协调调度。继续扩大北京企业家恳谈会合作对接成果，重点抓好央企在甘投资项目的跟踪服务和调度统计，"一企一策"协调解决突出问题，加快承接项目落地和建设进度。

（三）加快承接产业转移载体建设

创建2个国家级和5个省级新型工业化产业示范基地和承接产业转移示范区，实施一批示范基地重点产业服务平台和公共服务平台项目，研究促进示范基地及平台发展的政策措施。支持30个工业园区(工业集中区)增容扩区、晋等升级，提高承接承载能力。通过投资合作、委托管理等形式，促进兰州新区及兰州文化创意产业园与天津工业园，酒泉新能源基地及庆阳工业园与厦门工业园及深圳工业园等合作共建产业园区。支持酒嘉经济区、兰白经济区及兰州新区建设承接产业转移示范区,加快推进兰州综合保税区建设。

(四)加强与工信部和国家行业协会的对接

争取工信部与甘肃省开展承接产业转移对接活动,力争新签约承接一批重大产业项目。落实省政府与国家5个行业协会签署的战略合作框架协议,争取5个国家行业协会及其分会覆盖全省86个县(市、区),并按照"一县一业""一镇一品"模式,对口帮扶县域经济发展,发展富民多元产业,打造一批特色产业集群,增强县域经济实力。

(五)完善承接项目统计考核制度

利用现有信息统计平台,建立安全畅通、便捷高效的企业联网直报系统,进一步提高统计数据采集、传输和汇总能力。强化对市(州)承接产业转移目标督查考核,重点考核引进资金实际到位额、资金到位率和履约率三个指标。

(撰稿人　规划发展处刘荣发)

附表1:

2012年全省各市(州)承接产业转移引进资金实际到位额

| 市(州) | 项目数/项 | 总投资/亿元 | 累计引进资金到位额/亿元 | 累计引进资金到位率/% | 建成投产项目数/项 |
|---|---|---|---|---|---|
| 酒泉市 | 196 | 818.70 | 478.30 | 58.42 | 91 |
| 平凉市 | 60 | 328.62 | 144.02 | 43.83 | 22 |
| 武威市 | 121 | 395.22 | 133.98 | 33.90 | 21 |
| 庆阳市 | 68 | 225.21 | 121.02 | 53.74 | 27 |
| 兰州市 | 143 | 413.28 | 119.50 | 28.82 | 47 |
| 金昌市 | 58 | 210.36 | 86.42 | 41.08 | 8 |
| 张掖市 | 82 | 115.90 | 81.20 | 70.06 | 65 |
| 白银市 | 68 | 423.93 | 66.44 | 15.67 | 14 |
| 天水市 | 83 | 104.41 | 64.57 | 61.84 | 9 |
| 定西市 | 68 | 103.01 | 50.06 | 48.60 | 15 |
| 嘉峪关市 | 19 | 66.73 | 45.38 | 68.01 | 6 |
| 陇南市 | 19 | 36.25 | 24.81 | 68.44 | 10 |
| 甘南藏族自治州 | 42 | 69.09 | 13.97 | 20.22 | 10 |
| 临夏回族自治州 | 13 | 45.15 | 4.65 | 10.30 | 1 |
| 合计 | 1040 | 3355.86 | 1434.32 | 42.74 | 346 |

附件2：

### 省级以上新型工业化产业示范基地单位

1.兰州新区、嘉峪关工业园区产业示范基地(国家级)。

2.白银高新技术产业园区产业示范基地(国家级)。

3.金昌经济技术开发区产业示范基地(国家级)。

4.兰州安宁经济技术开发区产业示范基地(国家级)。

5.兰州经济技术开发区(国家级)。

6.酒泉工业园区。

7.兰州高新区软件园。

8.天水经济技术开发区。

9.庆阳西峰工业园区。

10.平凉工业园区。

11.民乐工业园区。

12.陇南西成经济开发区。

13.肃南县祁青工业园区。

14.定西马铃薯产业园。

15.武威黄羊工业园区。

16.徽县工业集中区。

17.张掖工业园区。

18.武威工业园区。

19.镇原县金龙工业集中区。

20.庆阳市驿马出口创汇示范园区。

21.玉门经济开发区。

# 第二篇
# 行业发展

# 石化行业

## 一、产业发展情况

甘肃省石化工业现已形成石油勘探与开发、石油加工、三大有机合成材料、化肥、农药、农膜、精细化工、塑料加工、有机和无机化工基本原料、生物化工、化工新材料以及化工机械和化学清洗等近30个石化行业、1000多种石油化工产品的体系。随着中国石油兰州石化公司100万立方米原油储备库项目、180万吨汽油加氢装置工程、300万吨柴油加氢精制及配套项目、80万吨烯烃重组工程,中国石油庆阳石化公司300万吨炼油异地搬迁改造、20万吨航空煤油精制装置,甘肃刘化集团有限责任公司白银工业园15万吨浓硝酸、20万吨液体硝铵、25万吨硝基复合肥项目,西北永新集团有限公司35万吨水性环保型树脂、涂料、黏结剂产业化项目等一批重点石化项目的实施,全省重点石化产品在全国的地位将进一步提升。

2012年,全行业实现销售收入1916.34亿元,增长7.4%,其中主营业务收入1895.47亿元,增长6.3%。完成工业增加值559.9亿元,增长3.27%,占全省规模以上工业增加值的29.2%。截至2012年底,全省石化行业拥有规模以上企业182户,固定资产总额1499亿元,全部从业人员11万人。

重点监控的24种(类)主要石化产品中,有15种产品同比实现增长,其中原油、天然气、煤油、电石、化学肥料、化学农药增幅在20%以上。有9种产品同比为负增长,其中原油加工量、汽油、柴油、乙烯、初级形态塑料、聚氯乙烯树脂和TDI产品下降幅度在5%以上(2012年石化行业主要产品产量见附表1)。

## 二、部分重点企业

1.中国石油兰州石化公司(见图版1)。

2.中国石油庆阳石化公司(见图版2)。

3.甘肃金昌化学工业集团有限公司(见图版3)。

4.甘肃刘化集团有限责任公司(见图版4)。

5.西北永新集团有限公司(见图版5)。

石化行业重点企业主要经济指标见附表2。

### 三、困难和问题

1.供应全省原油资源不足的矛盾日渐突出,导致中国石油兰州石化公司原油加工量下降,后续石化产品产量相应减少,产量、产值、效益下滑对全行业影响较大。

2.石化产品价格普遍下降,资金成本不断攀升,高端石化产品缺乏,经济运行下行压力加大。

3.生产成本较快上升,能源原材料(原油、原煤、电力、天然气等)价格高位波动,物流成本将继续增加,煤、电、运等要素供应偏紧,都将对行业运行产生不利影响。

4.重点产品产能、产量增加不多。全省石化行业"十一五"新建项目产能在2011年前已基本释放完,而"十二五"新建项目和新增产能还没有形成,拉动行业持续增长的动力不足。未来几年,全省石化行业投资将进入一个相对低速增长阶段,这些问题都将对行业跨越发展产生不利影响。

（撰稿人 原材料产业处刘晓峰）

附表1:

## 2012年石化行业主要产品产量表

| 产品名称 | 单位 | 产量 | 同比/% |
|---|---|---|---|
| 天然原油 | 万吨 | 626.87 | 24.71 |
| 天然气 | 万立方米 | 12842.00 | 57.64 |
| 原油加工量 | 万吨 | 1520.52 | −5.76 |
| 汽油 | 万吨 | 375.04 | −5.90 |
| 煤油 | 万吨 | 39.40 | 24.48 |
| 柴油 | 万吨 | 685.00 | −7.43 |
| 硫酸(折100%) | 万吨 | 313.25 | 9.63 |
| 盐酸(含量31%) | 万吨 | 19.94 | −0.50 |
| 浓硝酸(折100%) | 万吨 | 11.99 | 4.44 |
| 烧碱(折100%) | 万吨 | 24.88 | 0.52 |
| 纯碱(碳酸钠) | 万吨 | 20.12 | 6.06 |
| 电石(碳化钙) | 万吨 | 126.78 | 23.61 |
| 乙烯 | 万吨 | 64.67 | −6.78 |
| 纯苯 | 万吨 | 14.81 | 10.85 |
| 精甲醇 | 万吨 | 18.91 | 19.83 |
| 合成氨 | 万吨 | 43.13 | 15.69 |
| 化学肥料总计(折纯) | 万吨 | 79.20 | 21.26 |
| 化学农药(折100%) | 吨 | 1667.00 | 63.43 |
| 涂料 | 吨 | 22111.00 | 14.68 |
| 初级形态塑料 | 万吨 | 116.67 | −9.38 |
| 其中:聚丙烯树脂 | 万吨 | 46.70 | 0.11 |
| 聚氯乙烯树脂 | 万吨 | 3.98 | −61.65 |
| 合成橡胶 | 万吨 | 17.79 | −2.99 |
| TDI(甲苯二异氰酸酯) | 万吨 | 12.20 | −7.40 |

附表2：

**重点企业主要经济指标**

| 企业名称 | 年份 | 资产总额/万元 | 总产值/万元 | 工业增加值/万元 | 销售收入/万元 | 实现利润/万元 | 上缴税金/万元 | 期末从业人数/人 |
|---|---|---|---|---|---|---|---|---|
| 中国石油兰州石化公司 | 2011 | 2672202 | 7452066 | 879150 | 7452192 | −525209 | 1063640 | 16015 |
| | 2012 | 3272591 | 6996927 | 867406 | 7000317 | −471008 | 1122306 | 15928 |
| 中国石油庆阳石化公司 | 2011 | 648175 | 2236611 | 392248 | 2192649 | −77111 | 405087 | 1455 |
| | 2012 | 547679 | 2202899 | 478032 | 2009750 | 14422 | 405354 | 1437 |
| 玉门油田分公司 | 2011 | 1122723 | 1492135 | 380506 | 1472074 | −70982 | 249195 | 12068 |
| | 2012 | 1336225 | 1522822 | 417670 | 1455451 | −72420 | 263881 | 11284 |
| 银光集团公司 | 2011 | 635235 | 592866 | 87162 | 545873 | −3907 | 14197 | 9096 |
| | 2012 | 668982 | 604613 | 96037 | 530144 | 9287 | 20398 | 9008 |
| 甘肃金昌化学工业集团有限公司 | 2011 | 146363 | 158091 | — | 165360 | 200 | 1562 | 2110 |
| | 2012 | 166154 | 186408 | — | 187418 | 237 | 1259 | 2224 |
| 甘肃刘化集团有限责任公司 | 2011 | 165939 | 109012 | 26069 | 117392 | 8533 | 2218 | 2238 |
| | 2012 | 194933 | 129955 | 29330 | 138403 | 8544 | 2413 | 2396 |
| 西北永新集团有限公司 | 2011 | 115316 | 43060 | 11554 | 72542 | 1456 | 3099 | 1416 |
| | 2012 | 159578 | 52626 | 14841 | 85337 | 2269 | 4013 | 1474 |

# 有色行业

## 一、产业发展情况

有色工业经过多年发展,已形成从勘探开发到采、选、冶及科研、加工完整的现代化有色工业体系,拥有金川公司、白银有色集团、中国铝业股份有限公司西北铝加工分公司(以下简称中铝西北铝加工分公司)等大型骨干企业,集中了中国科学院兰州化物所、金川镍钴研究院、西北有色金属矿冶研究院、兰州大学、兰州理工大学等一批技术优势明显的科研院所和高校。金川公司非金属化高镍锍加压氧化选择性浸出工艺研究及产业化项目、中铝西北铝加工分公司超高强高韧性铝合金管材研制及产业化项目等科研成果频频获得国家及省级科技进步大奖。中国铝业股份有限公司(以下简称中铝集团)在甘企业试验成功了400千安、500千安、600千安大型预焙槽电解铝系列生产技术,并通过了国家级鉴定,总体技术达到国际先进水平。目前,全行业有规模以上企业87家,从业人员9.32万人,资产总额1611.04亿元,成为中国重要的有色工业基地。

2012年,十种有色金属产量302.11万吨,比上年增长41.83%。其中:铜71.65万吨,比上年增长24.59%;铝182.08万吨,比上年增长55.20%;镍14万吨,比上年增长7.31%;铅2.15万吨,比上年增长12.58%;锌32.08万吨,比上年增长39.36%。有色金属加工材49.87万吨,增长105.34%。其中:铜材18.42万吨,增长37.75%;铝材31.34万吨,增长190.49%;铅材0.07万吨,锌材0.03万吨。全行业实现工业增加值316.14亿元,增长31.8%;利润总额30.40亿元,下降57.9%(2012年有色行业主要工业产品产量见附表1)。

## 二、部分重点企业

1.金川集团股份有限公司(见图版6)。

2.甘肃东兴铝业有限公司(见图版7)。

3.白银有色集团股份有限公司(见图版8)。

4.中国铝业股份有限公司兰州分公司(见图版9)。

5.中国铝业股份有限公司连城分公司(见图版10)。

6.甘肃华鹭铝业有限公司(见图版11)。

7.中国铝业股份有限公司西北铝加工分公司(见图版12)。

2012年有色行业重点企业经济指标见附表2。

### 三、存在的问题

(一)产品价格下跌、企业经营效益下滑

由于受全球经济下行影响,有色产品价格持续下跌,全行业利润同比减少41.80亿元,下降57.9%。

(二)产销率下降较大,产成品资金占用增加

全行业产销率同比下降较大,金川公司等企业下降10%以上。金川公司、白银有色集团、中铝连城分公司等企业产成品资金占用同比分别增长128.57%、37.01%、94.04%。

(三)原燃料价格上涨,企业成本上升

受通货膨胀及产业调整政策的影响,生产用原燃料、材料及动力能源等要素价格上升,造成企业生产成本居高不下。

(撰稿人　原材料产业处蔡味东)

附表1:

### 2012年有色行业主要工业产品产能产量

| 产品名称 | 产能/万吨 | 产量 | | 备注 |
|---|---|---|---|---|
| | | 2012年产量/万吨 | 比上年增长/% | |
| 十种有色金属 | 345 | 302.11 | 41.83 | 全国第3位 |
| 铝 | 208 | 182.08 | 55.20 | 全国第5位 |
| 铜 | 80 | 71.65 | 24.59 | 全国第3位 |
| 镍 | 20 | 14.00 | 7.31 | 亚洲第1位（全球第4位） |
| 铅 | 3 | 2.15 | 12.58 | 全国第17位 |
| 锌 | 34 | 32.08 | 39.36 | 全国第6位 |

附表2:

### 2012年有色行业重点企业经济指标

| 重点企业 | 工业总产值 | | 工业销售产值 | | 工业增加值 | |
|---|---|---|---|---|---|---|
| | 绝对值/亿元 | 增长/% | 绝对值/亿元 | 增长/% | 绝对值/亿元 | 增长/% |
| 甘肃东兴铝业有限公司 | 86.79 | 131.54 | 80.04 | 113.77 | 8.62 | 97.29 |
| 金川公司 | 620.04 | 18.09 | 520.03 | −8.36 | 104.69 | −4.83 |
| 白银有色集团 | 205.67 | 25.05 | 193.06 | 22.05 | 45.25 | 27.17 |
| 中铝兰州分公司 | 92.56 | 6.18 | 92.41 | 12.45 | 5.73 | −58.56 |
| 中铝连城分公司 | 69.64 | 61.15 | 66.08 | 74.48 | 0.53 | −80.16 |
| 甘肃华鹭铝业有限公司 | 29.37 | 16.41 | 29.40 | 15.57 | 1.58 | −61.43 |
| 中铝西北铝加工分公司 | 7.46 | −34.01 | 7.10 | −35.17 | 0.72 | −44.35 |
| 甘肃省临洮铝业有限公司 | 5.56 | −6.74 | 5.52 | −9.42 | 0.50 | −30.74 |
| 甘肃洛坝有色金属集团有限公司 | 4.11 | 36.37 | 2.28 | −28.55 | 0.67 | 70.17 |
| 兰州铭帝铝业有限公司 | 3.84 | 22.65 | 4.03 | 26.64 | 0.36 | 25.28 |
| 甘肃宏达铝塑业有限公司 | 3.84 | −9.13 | 5.74 | 37.00 | 0.73 | 32.68 |

# 冶金行业

## 一、产业发展情况

冶金行业现已形成以矿山采选和冶炼加工为主，包括地质勘探、工程施工、机械制修、科研设计、教育培训等综合配套的现代化冶金工业体系，拥有酒钢集团、腾达西铁公司、方大炭素公司等大型骨干企业，集中了中国科学院兰州化物所、兰州大学、兰州理工大学等科研院所和高校，酒钢集团焙烧磁选精矿提质降杂技术研究及工业应用等科研成果获省级科技进步一等奖。冶金产业是全省传统优势产业，主要冶金产品产量生铁位列全国第22位、粗钢位列全国第22位、钢材位列全国第23位、铁合金位列全国第11位。目前，全行业有规模以上企业103家，从业人员5.39万人，资产总额1202.28亿元。

2012年，全省生铁产量831.86万吨，下降3.92%；粗钢1010.25万吨，下降1.11%；钢材1089.95万吨，增长3.84%；铁合金128.12万吨，下降0.88%；炭素制品109.21万吨，增长20.97%。实现工业增加值191.25亿元，增长14.44%；利润总额6.17亿元，下降76.4%（2012年冶金行业主要产品产能及产量见附表1）。

## 二、部分重点企业

1.酒泉钢铁集团有限责任公司（见图版13）。

2.甘肃腾达西铁资源控股集团有限公司（见图版14）。

3.方大炭素新材料科技股份有限公司（见图版15）。

2012年冶金行业重点企业经济指标见附表2。

## 三、存在的问题

（一）区域优势不断受到侵蚀，经营压力增大

销售方面，东部钢材"西进"已有所表现，新疆地区钢铁产能不断释放，交叉竞争已经发生，力度不断加大。采购方面，原燃料争夺激烈，价格相比内地跟涨容易跟跌难，底部不断抬高。两头积压使企业的盈利空间被明显压缩，经营压力进一步增大。

(二)运输成本高、运力不足的矛盾突出

全省冶金产品生产远离东部消费市场与口岸，对东部原料进口及产品运输成本有突出影响，70%的钢材产品销往外省，大量铁路车辆的区域性限制政策导致冶金产品发送空车严重不足。铁路运力不足迫使原燃料采购大量启动公路运输，极大地增加了采购成本。虽然国家在加快西部铁路运力和路网建设，但短期内铁路运力不足矛盾难有显著改观。

(三)税费政策调整使企业经营成本大幅上升

国家新修订的资源税暂行条例2012年全面实施，酒钢镜铁山矿资源税较以前年度每吨增加3元，年增加企业税负2000万元。此外，铁道部自2012年5月20日起，调整铁路货运价格，对原燃料到达和产品外发费用影响较大。按全年测算，铁路运费上涨将增加费用1.8亿元以上。

(四)市场行情普遍低迷

2012年，随着货币紧缩政策及房地产调控力度加大等因素影响，冶金产品下游消费能力减弱，钢材价格出现持续深度下跌并持续在低位徘徊，创下2010年以来最低水平。虽然原燃料价格出现不同幅度下降，但仍处于高位运行，钢铁行业出现全行业亏损。受钢铁行业影响，铁合金市场行情不容乐观，价格持续在低位运行。

(撰稿人　原材料产业处蔡味东)

附表1：

### 2012年冶金行业主要产品产能及产量

| 产品名称 | 产能/万吨 | 产量/万吨 | 比上年增长/% | 备注 |
|---|---|---|---|---|
| 生铁 | — | 831.86(包含酒钢山西翼城分部) | -3.92 | 全国第22位 |
| 粗钢 | 1010 | 1010.25(包含酒钢山西翼城分部) | -1.11 | 全国第22位 |
| 钢材 | 1100 | 1089.95(包含酒钢山西翼城分部) | 3.84 | 全国第23位 |
| 铁合金 | 180 | 128.12 | -0.88 | 全国第11位 |
| 炭素制品 | 40 | 109.21 | 20.97 | — |

附表2：

### 2012年冶金行业重点企业经济指标

| 重点企业 | 工业总产值 | | 工业销售产值 | | 工业增加值 | |
|---|---|---|---|---|---|---|
| | 绝对值/亿元 | 增长/% | 绝对值/亿元 | 增长/% | 绝对值/亿元 | 增长/% |
| 酒钢集团 | 775.03 | 19.27 | 740.82 | 14.65 | 103.03 | 2.90 |
| 腾达西铁公司 | 24.25 | -2.02 | 24.23 | -0.05 | 4.70 | -3.39 |
| 方大炭素公司 | 27.05 | 30.66 | 22.61 | 17.31 | 4.72 | -4.72 |
| 金昌铁业公司 | 12.51 | -7.84 | 10.92 | -20.37 | 2.15 | 35.40 |
| 华藏铁合金公司 | 0.39 | 34.04 | 0.38 | 30.90 | 0.03 | 7.94 |
| 连海炭素公司 | 1.45 | -21.41 | 1.11 | -24.49 | 0.13 | -12.44 |
| 宝徽集团 | 5.17 | -23.14 | 5.84 | 38.00 | 0.62 | -28.34 |

# 电力行业

## 一、产业发展情况

截至2012年12月底,全省装机容量2915.765万千瓦,增长6.65%。其中:水电装机729.605万千瓦,增长11.44%;火电装机1550.8万千瓦,增长1.77%;风电装机597.16万千瓦,增长10.52%;光伏发电装机38.2万千瓦,增长152.98%。

2012年,受国内外经济形势影响,省内外用电市场严重不足,发用电及外送电指标均有较大幅度回落。全省累计完成发电量1107.04亿千瓦时,增长3.66%。其中:水电344.41亿千瓦时,增长22.27%;火电665.54亿千瓦时,下降6.84%;风电93.98亿千瓦时,增长32.03%;太阳能光伏发电3.11亿千瓦时,增长401.61%。全省发电设备平均利用小时数累计为4056小时,同比减少276小时,下降6.37%,如果剔除自备和供热机组,常规火电小时数更低。其中:水电5659小时,增长15.77%;火电4337小时,下降11.78%;风电1661小时,增长0.54%;太阳能光伏发电1492小时,下降0.67%。累计外送电量125.26亿千瓦时,下降17.92%。累计外购11.26亿千瓦时,增长125.2%。

全省社会用电量累计为994.56亿千瓦时,增长7.7%。2012年全网最大用电负荷1239.4万千瓦,增长14.56%;最大日用电量2.7亿千瓦时,增长15.22%;平均用电负荷率93.96%,同比升高1.36个百分点。分产业看,第一产业用电量56.47亿千瓦时,占社会用电(下同)的5.68%,增长1.02%;第二产业用电量787.47亿千瓦时,占79.18%,增长8.76%;第三产业用电量84.62亿千瓦时,占8.51%,增长4.44%;城乡居民生活用电量66亿千瓦时,占6.64%,增长5.68%。分行业看,农林牧渔业用电56.47亿千瓦时,占5.68%,增长1.02%;工业用电774.87亿千瓦时,占77.91%,增长8.75%;建筑业用电12.6亿千瓦时,占1.27%,增长9.17%;交通运输仓储邮政业用电33.29亿千瓦时,占3.35%,增长4.41%;信息传输、计算机服务和软件业用电3.91千瓦时,占0.39%,增长13.84%;商业、住宿餐饮业用电16.29亿千瓦时,占1.64%,增长9.89%;金融、房地产、商务及居民服务业用电16.09亿千瓦时,占1.62%,下降6.13%;公共事业及管理组织用电15.04亿千瓦时,占1.51%,增长9.45%。

2012年,工业用电774.87亿千瓦时,占全省用电量的77.91%,增长8.75%。其中:重工业用电754.68亿千瓦时,增长9.12%;轻工业用电20.19亿千瓦时,下降3.54%。重工业中,有色金属冶炼及压延业加工用电327.6亿千瓦时,增长35.44%,其中铝冶炼用电263.84亿千瓦时,增长46.86%;黑色金属冶炼及压延业加工用电124.24亿千瓦时,下降11.13%,其中铁合金冶炼用电77.19亿千瓦时,下降15.83%;化学原料及化学制品制造业用电64.47亿千瓦时,下降15.47%,其中电石用电27.86亿千瓦时,下降22.48%;非金属矿物制品业用电58.18亿千瓦时,增长0.85%,其中水泥制造业用电28.71亿千瓦时,下降4.95%;石油加工、炼焦及核燃料加工业用电13.03亿千瓦时,下降7.69%(2012年部分统调发电厂电力生产情况表见附表)。

2012年,宝瓶水电站、景泰乾丰49.5兆瓦风电工程、景泰沙塘子49.5兆瓦风电工程、大唐景泰发电厂脱硫增容、西固热电公司脱硫增容和靖远第二发电有限公司6号汽轮机能量系统优化利用项目建成运行。

2012年,电力工业实现工业增加值167.52亿元,增长8.52%,占全省规模以上工业的8.67%,实现利润11.06亿元。

## 二、部分重点企业

1.华能平凉发电有限责任公司(见图版16)。

2.中水崇信发电有限责任公司(见图版17)。

3.大唐景泰发电厂(见图版18)。

4.国电兰州范坪热电有限公司(见图版19)。

5.甘肃省电力投资集团公司(见图版20)。

6.靖远第二发电有限公司(见图版21)。

7.中节能(甘肃)风力发电有限公司(见图版22)。

## 三、存在的问题

(一)电力电量严重富余

2012年,全省电力电量均出现富余。一、四季度电力电量富余170万~500万千瓦,二、三季度电力电量富余600万~850万千瓦,全年电量富余350亿千瓦时。

(二)风电消纳问题突出

目前,投运的风电装机达597.16万千瓦,增长10.52%,而甘肃省电力投资集团公司按有关规定和规程控制的风电上网负荷为260万左右,全网消纳问题突出。

(三)西北电监局两个细则执行后负面影响较大

新修订的辅助服务补偿由省内平衡调整为区域平衡,同时增加了水电调峰、一次调频、黑启动补偿内容。实际执行的结果是除新疆外的其他省(区)所有发电企业均集中向青海5家水电企业进行补偿,而且上网电量越大补偿金额越大,极不合理、极不公平。

(四)火电发电负荷率长期偏低

受国内外电力市场需求不足,加之今年来水明显好于多年平均水平,水电发电创历史新高,导致省内公用火电企业发电负荷率长期偏低。进入4月份下旬以来,省内大部分公用火电企业均为单机运行,尤其是9月全省火电开机接近电网最小开机方式要求。由于火电发电负荷率长期偏低,火电企业亏损严重,资产负债率平均超过95%。

(撰稿人 电力处王小燕)

附表：

### 2012年部分统调发电厂电力生产情况表

| | 装机容量 | 发电量 | | | 平均利用小时 | | |
|---|---|---|---|---|---|---|---|
| | 容量<br>/千瓦 | 发电量<br>/万千瓦时 | 上年同期<br>/万千瓦时 | 同比<br>/% | 小时数<br>/小时 | 上年同期<br>/小时 | 同比<br>/% |
| 火电企业 | | | | | | | |
| 大唐景泰发电厂 | 1320000 | 502993 | 518839 | −3.05 | 3811 | 4084 | −6.68 |
| 中水崇信发电有限责任公司 | 1320000 | 448935 | 532203 | — | 3534 | 4435 | −20.32 |
| 平凉发电有限责任公司 | 1305000 | 465067 | 664192 | — | 3564 | 5138 | −30.63 |
| 平凉电厂二期 | 1200000 | 457241 | 556207 | — | 3810 | 4635 | −17.80 |
| 靖远第二发电有限公司 | 640000 | 286028 | 328178 | — | 4469 | 5409 | −17.38 |
| 靖远第三发电有限公司 | 660000 | 270412 | 357487 | — | 4097 | 5860 | −30.09 |
| 西固热电三厂 | 600000 | 355179 | 335824 | 5.76 | 5920 | 5597 | 5.77 |
| 兰西热电有限责任公司 | 355000 | 166868 | 156519 | 6.61 | 4701 | 4409 | 6.62 |
| 兰铝电厂 | 900000 | 502328 | 481567 | 4.31 | 5581 | 5351 | 4.30 |
| 靖远第一发电有限公司 | 880000 | 368239 | 502040 | — | 4185 | 5705 | −26.64 |
| 甘谷电厂 | 660000 | 228916 | 264806 | — | 3468 | 4413 | −21.41 |
| 永昌电厂扩建 | 660000 | 330990 | 388727 | — | 5015 | 6120 | −18.06 |
| 张掖电厂 | 650000 | 272348 | 362957 | — | 4190 | 5584 | −24.96 |
| 大唐连城电厂 | 660000 | 301007 | 282292 | 6.63 | 4648 | 4705 | −1.21 |
| 国电兰州范坪热电有限公司 | 660000 | 250750 | 159534 | 57.18 | 4111 | 2659 | 54.61 |
| 华亭煤电公司 | 290000 | 123641 | 133136 | −7.13 | 4263 | 4591 | −7.14 |
| 兰州第二热电厂 | 220000 | 114320 | 108483 | 5.38 | 5196 | 4931 | 5.37 |
| 八０三厂 | 50000 | 32126 | 36289 | — | 6425 | 7258 | −11.48 |
| 八０三4号机组 | 50000 | 32312 | 35926 | — | 6462 | 7185 | −10.06 |
| 华亭电厂华明公司 | 50000 | 33915 | 21577 | 57.18 | 6783 | 4315 | 57.20 |
| 酒泉热电厂 | 660000 | 281446 | 71114 | 295.77 | 4614 | 4364 | 5.73 |
| 金川电厂 | 300000 | 123554 | 148978 | — | 4118 | 4966 | −17.08 |
| 水电企业 | | | | | | | |
| 刘家峡水电厂 | 1360000 | 685403 | 553978 | 23.72 | 5065 | 4104 | 23.42 |
| 盐锅峡水电厂 | 352000 | 201255 | 161603 | 24.54 | 5717 | 4591 | 24.53 |
| 大峡水电站 | 300000 | 187118 | 171535 | 9.08 | 6237 | 5718 | 9.08 |
| 碧口水电厂 | 300000 | 150106 | 110414 | 35.95 | 5004 | 3680 | 35.98 |
| 九甸峡水电站 | 300000 | 110162 | 86759 | 26.97 | 3672 | 2892 | 26.97 |
| 八盘峡水电厂 | 180000 | 86113 | 79465 | 8.37 | 4784 | 4415 | 8.36 |
| 风电企业 | | | | | | | |
| 龙源风电公司 | 300000 | 52468 | 67152 | — | 1749 | 2238 | −21.85 |
| 洁源风电公司 | 110000 | 16877 | 14805 | 14.00 | 1534 | 1346 | 13.97 |

# 煤炭行业

## 一、产业发展情况

甘肃省煤炭预测储量为1428亿吨,已探明125亿吨,保有资源储量120亿吨,煤炭资源集中分布于庆阳、华亭、靖远和窑街等矿区。2012年,全省矿井数160处,正常生产矿井117处,煤炭企业生产正常,主要经济指标完成较好,但国有重点煤炭企业受经济下行影响,销量不畅,库存持续处于高位,电煤欠款严重,企业生产经营受到巨大冲击,经济效益较上年大幅下降。

2012年,煤炭行业实现增加值166.51亿元,增长15.50%,占全省比重为8.6%。原煤产量完成4878.08万吨,增长3.77%。其中:国有重点矿完成3484.33万吨,占全省原煤产量的71.4%,下降0.82%;地县乡镇矿完成1393.75万吨,占全省原煤产量的28.6%,增长17.36%。全省耗煤量5900万吨,其中电力消耗量3404万吨(省内煤矿供1700万吨,省外煤矿供1704万吨)。从外省调入煤量2820万吨,其中:新疆1870万吨,宁夏750万吨(洗精煤500万吨、动力煤250万吨),内蒙古150万吨,青海50万吨(焦煤)。调往省外的煤量1800万吨。煤炭销售完成4648.41万吨,下降0.9%,产销率为95.29%。其中:国有重点矿销售3269.13万吨,下降6.65%,产销率为93.82%;地县乡镇矿销售1379.28万吨,增长16.05%。全省煤炭洗选、焦化能力达到1500万吨,煤粉供应能力达到60万吨。

省属三大煤业集团供本省电厂煤炭1253.06万吨,电煤销量占总销售量比重的37.88%,减少157.99万吨。三大煤业集团供江苏、四川、江西、陕西、青海等地煤炭1299.17万吨,增加202.11万吨。截至2012年12月末,全省煤矿实际库存为264.05万吨,增加204.32万吨。2012年全省电煤平均价385.29元/吨(含税煤价),其中:窑街煤电集团有限公司电煤平均价380元/吨、靖远煤业集团有限责任公司电煤平均价380元/吨、华亭煤业集团公司电煤平均价395元/吨(2012年三大煤业集团主要生产指标见附表)。

## 二、部分重点企业

1.华亭煤业集团公司(见图版23)。

2.靖远煤业集团有限责任公司(见图版24)。

3.窑街煤电集团有限公司(见图版25)。

(撰稿人　交通与物流处张志春,安子祎)

附表：

### 2012年三大煤业集团主要生产指标

| 企业<br>项目 | 靖远煤业集团<br>有限责任公司 | 华亭煤业集团公司 | 窑街煤电集团有限公司 |
|---|---|---|---|
| 产量/万吨 | 1055.16 | 1753.17 | 676.00 |
| 增长/% | 0.97 | — | 14.50 |
| 库存/万吨 | 115.56 | 119.63 | 132.12 |
| 增长/% | 163.78 | | 28.44 |
| 产销率/% | 93.01 | 95.21 | 84.66 |
| 12月每吨均价/元 | 331.46 | — | 301.27 |
| 增长/% | −23.60 | — | −17.03 |
| 工业总产值/亿元 | 63.03 | 80.39 | 42.97 |
| 增长/% | 18.87 | 0.65 | 28.18 |
| 营业收入/亿元 | 55.56 | 83.29 | 31.59 |
| 增长/% | −1.57 | −3.80 | 20.58 |
| 利润/万元 | 25600.00 | 10.84 | 6320.00 |
| 增长/% | 52.63 | −8.20 | 20.02 |
| 缴税/亿元 | 8.27 | 16.42 | 4.40 |
| 增长/% | −12.40 | 0.16 | −5.89 |

# 建材行业

## 一、产业发展情况

近年来,甘肃省建材行业加快改造提升传统产业,积极引进优势企业实施兼并重组,大力淘汰落后产能,培育发展新型建材,全省建材行业在行业结构、企业结构和产品结构方面取得了明显成效。截至2012年底,全省已形成3500万吨的水泥熟料生产能力。其中:新型干法生产线40条,生产能力2800万吨,占到全部水泥产能的80%;机立窑等落后生产线38条,生产能力700万吨。平板玻璃有两条日熔化量500吨的浮法玻璃生产线,年生产能力达到600万重量箱(2012年建材行业主要产品产能及产量见附表1)。

2012年,建材行业生产保持平稳运行,建材工业产品产量、工业总产值和主营业务收入继续保持较快增长。规模以上建材工业企业累计生产水泥3515万吨,增长27.79%;玻璃497万重量箱,下降13.96%;新型墙材53亿块标砖,约占比重60%;商品混凝土608万立方米,增长84.43%;陶瓷砖2371万平方米,增长15.14%;散装水泥供应量1210万吨,增长28.6%,散装率达33.5%。规模以上建材工业累计完成工业总产值258亿元,增长41.45%;工业增加值93.7亿元,增长39.1%;销售产值233亿元,增长37.68%;主营业务收入186亿元,增长24.34%;利润总额10.08亿元,下降10.59%;利税总额19.8亿元,与去年基本持平;应收账款净额35亿元,增长48.9%;产品销售率90.11%,同比降低两个百分点(2012年建材行业水泥制品产品产量见附表2)。

分行业看,水泥制造业实现工业总产值135亿元,增长25.31%;销售产值122亿元,增长22.38%;主营业务收入96.5亿元,增长9.37%;利润总额4.9亿元,下降51.15%;利税总额10.4亿元,下降34.14%;应收账款净额13.98亿元,增长21.69%;产品销售率90.24%, 同比降低2个百分点。水泥制品制造业主营业务收入25.78亿元, 增长49.18%;利润总额1.47亿元,增长969.23%;利税总额2.7亿元,增长167.35%;应收账款净额13.6亿元,增长80.23%。玻璃制造业实现总产值4.7亿元,下降6.16%,销售产值4.34亿元,下降4.41%;主营业务收入3.8亿元,下降16.67%;亏损2712万元;产品销售率92.16%,同比提高近2个百分点。

其主要特点表现为以下几个方面:

1.传统建材总量规模较快增加,但经济运行质量下降。水泥工业产值产量虽保持较快增长,但利润大幅下滑,工业产品销售率不仅低于上年水平,也低于全国平均水平5个百分点,主营业务收入下降10%以上,出现巨额亏损。建筑陶瓷工业总产值和销售产值大幅增长,但产销率同比下降约3个百分点,低于全国平均水平10个百分点。全行业列入统计的163家建材企业中,有64家亏损,比上年增加13个,亏损企业亏损额增长120%。

2.建材工业结构调整取得重要进展。新型干法熟料占水泥熟料的比重提高到77%,以祁连山水泥集团等水泥熟料企业为主体,布局建设多条新型干法水泥生产线,同时淘汰落后机立窑生产线,进一步推动全省水泥产业结构优化调整步伐。中空玻璃、钢化玻璃、夹层玻璃等玻璃深加工产品产量实现高速增长,增速达到了400%以上。新型建材产值产量和主营业务收入实现了较快增长。其中:轻质建筑材料主营业务收入和利润总额分别增长约111%和46%;隔热和隔音材料主营业务收入和利润总额分别增长约61%和349%;水泥制品主营业务收入和利润总额分别增长约43%和120%。新型建材产品销售率均超过95%,普遍高于传统建材产品。

3.行业集中度进一步提高。甘肃省建材企业积极推进重组整合,充分发挥优势企业在资本运营、技术创新、经营管理、品牌和市场开拓等方面的优势,促进产业的集中化、大型化、基地化,带动行业的发展,祁连山水泥集团重组夏河安多水泥公司及安水余热发电公司、张掖巨龙建材公司,甘肃寿鹿山水泥公司拟与安徽海螺集团、祁连山水泥集团实施战略重组。

**二、部分重点企业**

1.甘肃祁连山水泥集团股份有限公司(见图版26)。

2.平凉海螺水泥有限责任公司(以下简称平凉海螺水泥公司,见图版27)。

3.兰州蓝天浮法玻璃股份有限公司(以下简称蓝天浮法玻璃公司,见图版28)。

4.兰州宏建建材集团有限公司(见图版29)。

2012年建材行业重点企业主要经济指标见附表3。

**三、存在的问题**

(一)水泥、玻璃行业供需矛盾加剧

从2011年下半年开始水泥市场严重供过于求,水泥销售市场疲软,水泥价格急剧下滑,企业库存大幅增加。截至2012年一季度,大部分水泥企业处于停产、半停产状态。蓝天浮法玻璃公司库存大量积压,售价逐级走低,效益明显下滑,企业生产经营陷入困境。与此同时,建材行业产品结构单一,附加值低,应对市场风险的能力差,劣势较为明显。

(二)企业成本大幅增加,挤压行业利润

随着煤、电等原燃料和人工成本的不断上涨,导致企业成本大幅增加,加之新上项目贷款增加,资金运营成本随之增加,利润下降明显,投入产出不成比例。全行业生产增速和利税增长出现反差,工业总产值和销售产值增长都在30%以上,但利润下降30%左右。其中水泥利润下降40%以上。

(三)货款拖欠严重,应收账款增长率过高

2012年应收账款30亿元,同比增长25%,其中水泥应收账款12亿元,同比基本持平。销售应收账款过多,特别是商砼站欠款严重。

(撰稿人　原材料产业处张宇)

附表1：

### 2012年建材行业主要产品产能及产量

| 指标 | 2012 年 | | 2011 年 | | 同比增长 | |
|---|---|---|---|---|---|---|
| | 产能 | 产量 | 产能 | 产量 | 产能/% | 产量/% |
| 水泥熟料 | 3500 万吨 | 2536 万吨 | 3284 万吨 | 2257 万吨 | 6.58 | 12.36 |
| 水泥 | 4304 万吨 | 3515 万吨 | 4109 万吨 | 2750 万吨 | 4.75 | 27.79 |
| 平板玻璃 | 6000000 重量箱 | 4967923 重量箱 | 6000000 重量箱 | 5771449 重量箱 | 0.00 | −13.92 |
| 浮法玻璃 | 6000000 重量箱 | 4967923 重量箱 | 6000000 重量箱 | 5771449 重量箱 | 0.00 | −13.92 |

附表2：

### 2012年建材行业水泥制品产品产量

| 产品名称 | 2012 年产量 | 2011 年产量 | 同比增长 |
|---|---|---|---|
| 水泥排水管/千米 | 245.18.00 | 121.11 | 102.44% |
| 水泥电杆/根 | 63672.00 | 73879.31 | −13.82% |
| 商品混凝土/立方米 | 6075090.51.00 | 3293928.58 | 84.43% |
| 砖/万块 | 121625.00 | 5557.40 | 2088.52% |
| 瓦/万片 | 14750.00 | 4656.00 | 216.80% |
| 大理石板材/平方米 | 1597555.00 | 0.00 | 0.00% |
| 花岗石板材/平方米 | 3557054.00 | 1386000.00 | 156.64% |
| 石膏板/万平方米 | 2637.45.00 | 2126.5.00 | 24.03% |
| 中空玻璃/平方米 | 419583.00 | 70132.00 | 498.28% |
| 钢化、夹层、中空玻璃/平方米 | 848909.00 | 220178.00 | 285.56% |
| 钢化玻璃/平方米 | 429326.00 | 150046.00 | 186.13% |
| 陶瓷砖/平方米 | 23712485.00 | 20594798.00 | 15.14% |
| 瓷质砖/平方米 | 19682829.00 | 2520020.00 | 681.06% |
| 陶质砖/平方米 | 4029656.00 | 18074778.00 | −77.71% |
| 耐火材料制品/吨 | 51408.00 | 40553.25.00 | 26.77% |
| 石墨及碳素制品/吨 | 1105489.86 | 902732.17 | 22.46% |

附表3:

2012年建材行业重点企业主要经济指标

| 一、主要指标 | 资产总额/万元 | 现价总产值/万元 | 工业增加值/万元 | 销售收入/万元 | 实现利润/万元 | 上缴税金/万元 | 期末从业人员数/人 | 年人均收入/万元 |
|---|---|---|---|---|---|---|---|---|
| 2010年 | 1948692 | 1537779 | — | 1391199 | 162712 | 78872 | 41966 | — |
| 其中:祁连山水泥集团 | 654431 | 310715 | 88697 | 298620 | 61820 | 33170 | 6317 | 3.76 |
| 平凉海螺水泥公司 | 149200 | 44673 | 13849 | 40490 | 17000 | 3919 | 611 | 3.45 |
| 蓝天浮法玻璃公司 | 84572 | 46059 | 10950 | 44279 | 2530 | 3700 | 1525 | 1.96 |
| 2011年 | 2159987 | 1860581 | — | 1498251 | 121525 | 78867 | 34525 | — |
| 其中:祁连山水泥集团 | 886807 | 392177 | 118672 | 362530 | 44910 | 45130 | 6137 | 3.88 |
| 平凉海螺水泥公司 | 155300 | 59985 | 24552 | 46900 | 6951 | 4060 | 680 | 3.97 |
| 蓝天浮法玻璃公司 | 92015 | 42907 | 10032 | 40004 | 166 | 2542 | 1525 | 2.08 |
| 2012年(预计) | 3100000 | 2600000 | — | 1700000 | 95000 | 88700 | 34539 | — |
| 其中:祁连山水泥集团 | 991317 | 485810 | 128136 | 424830 | 22580 | 39300 | 7028 | 3.67 |
| 平凉海螺水泥公司 | 142000 | 84485 | 28049 | 50970 | 10400 | 4845 | 644 | 4.48 |
| 蓝天浮法玻璃公司 | 86697 | 40772 | 7800 | 34005 | 547 | 1893 | 1478 | 2.33 |
| 2013年(计划) | 3600000 | 3100000 | — | 2000000 | 110000 | 90000 | 35000 | — |
| 其中:祁连山水泥集团 | 1100000 | 500000 | 132000 | 480000 | 25000 | 36700 | 7000 | 4.00 |
| 平凉海螺水泥公司 | — | 59400 | 19720 | 59000 | 8500 | — | 698 | 4.60 |
| 蓝天浮法玻璃公司 | — | 38261 | 700 | 41404 | 0.9 | — | — | — |

# 机械行业

## 一、产业发展情况

2012年,甘肃省装备制造业实现增加值136.61亿元,增长15.72%,占全省比重为7.1%。实现利润16.51亿元, 增长0.67%。实现主营业务收入358.4亿元, 增长12.4%。由于主要原材料价格处于较高水平和劳动力成本持续上涨,加上竞争加剧,导致行业整体利润下滑,全年实现利润19.3亿元,增长5.01%(2012年装备制造行业主要产品产量见附表)。

## 二、部分重点企业

1.中国铁建重工集团有限公司兰州新区项目(见图版30)。

2.兰州吉利汽车工业有限公司(见图版31)。

3.兰州兰石集团有限公司(见图版32)。

4.兰州电机股份有限公司(见图版33)。

5.兰州长城电工股份有限公司(见图版34)。

6.天水星火机床有限责任公司(见图版35)。

7.兰州陇星集团(见图版36)。

8.兰州大成科技股份有限公司(见图版37)。

## 三、存在的问题

1.产业链短,产业集中度低,创新能力弱。大多数机械企业技术水平低,创新能力不足,新开发产品进展缓慢,中高级科技人才比较匮乏,自有知识产权的专利技术相对缺乏。

2.机械企业工艺装备水平总体不高,特别是由于技术改造投入不足,落后设备不能及时得到改造更新,不少企业设备陈旧、老化、带病运转,造成产品单耗高、浪费大、资源利用率低。

3.缺乏重大项目的支撑,产业发展后劲不足。融资渠道单一,产业投入不足。

4.产业园区基础设施建设滞后,影响项目落地建设。

(撰稿人 装备产业处郑博文)

附表：

**2012年装备制造行业主要产品产量**

| 产品名称 | 计量单位 | 产量 | 累计增长/% |
|---|---|---|---|
| 金属切削工具 | 万件 | 0.0 | 0.0 |
| 金属集装箱 | 万立方米 | 0.0 | 0.0 |
| 钢丝 | 万吨 | 0.0 | 0.0 |
| 钢丝绳 | 万吨 | 0.0 | 0.0 |
| 钢绞线 | 万吨 | 855.0 | −38.7 |
| 不锈钢日用制品 | 万吨 | 0.0 | 0.0 |
| 电站锅炉 | 蒸发量吨 | 0.0 | 0.0 |
| 工业锅炉 | 蒸发量吨 | 1283.0 | −6.5 |
| 金属切削机床 | 万台 | 5995.0 | 3.2 |
| 　其中:数控金属切削机床 | 万台 | 393.0 | 119.6 |
| 　　金属成形机床 | 万台 | 547.0 | 11.4 |
| 起重机 | 万吨 | 4862.0 | −10.6 |
| 泵 | 万台 | 703.0 | 30.2 |
| 　其中:真空泵 | 万台 | 0.0 | 0.0 |
| 气体压缩机 | 万台 | 0.0 | 0.0 |
| 　其中:制冷设备用压缩机 | 万台 | 0.0 | 0.0 |
| 阀门 | 万吨 | 5603.1 | 38.3 |
| 液压元件 | 万件 | 0.0 | 0.0 |
| 气动元件 | 万件 | 0.0 | 0.0 |
| 滚动轴承 | 亿套 | 5280.0 | −7.2 |
| 齿轮 | 万吨 | 0.0 | 0.0 |
| 钢铁铰接链(工业链条) | 万吨 | 0.0 | 0.0 |
| 工业电炉 | 台 | 0.0 | 0.0 |
| 风机 | 万台 | 1824.0 | 0.7 |
| 金属紧固件 | 万吨 | 4853.1 | −1.9 |
| 弹簧 | 万吨 | 0.0 | 0.0 |
| 铸铁件 | 万吨 | 10954.0 | 30.2 |
| 铸钢件 | 万吨 | 8204.0 | 0.0 |
| 锻件 | 万吨 | 8961.0 | −16.1 |
| 粉末冶金零件 | 万吨 | 0.0 | 0.0 |
| 矿山专用设备 | 万吨 | 2482.0 | 103.8 |
| 石油钻井设备 | 台(套) | 4591.0 | 87.6 |

续附表1

| 产品名称 | 计量单位 | 产量 | 累计增长/% |
|---|---|---|---|
| 混凝土机械 | 台 | 160.0 | −59.0 |
| 金属冶炼设备 | 吨 | 0.0 | 0.0 |
| 金属轧制设备 | 吨 | 0.0 | 0.0 |
| 炼油、化工生产专用设备 | 万吨 | 49464.0 | 13.6 |
| 小型拖拉机 | 万台 | 4589.0 | 54.0 |
| 收获后处理机械 | 台 | 784.0 | 21.6 |
| 棉花加工机械 | 台 | 0.0 | 0.0 |
| 环境污染防治专用设备 | 台(套) | 90.0 | −25.6 |
| 其中:大气污染防治设备 | 台 | 22.0 | −15.4 |
| 水质污染防治设备 | 台(套) | 62.0 | −34.7 |
| 汽车 | 万辆 | 20634.0 | −0.4 |
| 其中:基本型乘用车(轿车) | 万辆 | 20634.0 | −0.4 |
| 其中:排量≤1升 | 万辆 | 0.0 | 0.0 |
| 1升<排量≤1.6升 | 万辆 | 20634.0 | −0.4 |
| 发电机组(发电设备) | 万千瓦 | 41500.0 | 17.6 |
| 其中:水轮发电机组 | 万千瓦 | 41500.0 | 64.0 |
| 交流电动机 | 万千瓦 | 3663873.0 | 6.9 |
| 变压器 | 万千伏安 | 2249906.0 | −7.6 |
| 高压开关板 | 面 | 8975.0 | 7.7 |
| 低压开关板 | 万面 | 9914.0 | 118.0 |
| 高压开关设备(11万伏以上) | 万台 | 10579.0 | 62.1 |
| 通信及电子网络用电缆 | 万对千米 | 615.0 | −10.3 |
| 电力电缆 | 万千米 | 253477.0 | 49.1 |
| 家用洗衣机 | 万台 | 64731.0 | −28.4 |
| 集成电路 | 亿块 | 652805.9 | 18.6 |
| 工业自动调节仪表与控制系统 | 万台(套) | 9812.0 | 36.7 |
| 试验机 | 万台 | 651.0 | 0.5 |

# 食品行业

## 一、产业发展情况

2012年,甘肃省有规模以上食品工业企业306户,实现工业增加值218.40亿元,同比增长26.6%,占全省规模以上工业比重的10.53%。其中:农副食品加工业75.57亿元,增长34.5%;烟草制品业97.36亿元,增长28.9%;酒、饮料和精制茶制造业36.04亿元,增长14.7%;食品制造业9.43亿元,增长3.5%。全省规模以上食品工业企业累计实现主营业务收入481.70亿元,增长27.1%;利润28.27亿元,增长53.8%;上缴税收90.21亿元,增长27.1%(2012年食品行业主要产品产能及产量见附表1)。

## 二、部分重点企业

1.甘肃达利食品有限公司(见图版38)。

2.兰州顶津食品有限公司(见图版39)。

3.甘肃中粮可口可乐饮料有限公司(见图版40)。

4.甘肃黄羊河集团食品有限公司(见图版41)。

5.兰州庄园牧场股份有限公司(见图版42)。

6.兰州正大有限公司(见图版43)。

7.定西蓝天淀粉有限公司(见图版44)。

2012年食品行业重点企业主要经济指标见附表2。

## 三、存在的问题

### (一)龙头企业少,食品深加工产业链条短

全省306户食品企业中,大型企业仅有4户,中型企业仅有9户,食品企业之间兼并重组力度不够,规模化、集约化水平低。不少企业特别是部分中小企业生产粗放,初级产品多,资源加工转化效率低,综合利用水平不高。食品工业与上下游产业链衔接不够紧密,原料保障、食品加工、产品营销存在一定程度的脱节。

### (二)技术研究开发投入不足,自主创新能力仍较薄弱

全省食品工业的技术投入占主营业务收入的比重不到1%,远低于国际4%~6%的平均水平。食品企业研究开发和科技创新基础薄弱,产学研用结合不够紧密,跟

不上市场发展的步伐,企业还未真正成为技术创新和科技投入的主体。

(三)食品安全保障体系不够完善

食品安全监管机制还不健全,食品安全责任追溯制度尚不完善,一些企业主体责任不落实,自律意识不强,诚信缺失。食品安全检测技术相对落后,仪器设备配置不足,部分检验设备严重老化,基层检验机构和人员数量偏少,检测能力需要加强。

(四)资金投入不足,整体装备水平不高

全省食品企业大部分是市县属企业或是由这类企业改制后组建的企业,投入严重不足,筹融资渠道单一,技术改造滞后,部分企业设备陈旧、精度低,落后产能仍占较大比重,难以保证加工的质量和增产的需要。加之企业缺乏发展意识、市场竞争意识、形象塑造意识、品牌效应意识,影响到企业的持续发展。

(撰稿人 消费品产业处朱家斌)

附表1：

### 2012年食品行业主要产品产能及产量

| 产品名称 | 计量单位 | 产能 | 本年实际产量 | 同比增长/% |
|---|---|---|---|---|
| 小麦粉 | 吨 | | 1625732 | 26.7 |
| 原盐 | 吨 | 350000 | 196352 | 18.9 |
| 精制食用植物油 | 吨 | | 91733 | −2.4 |
| 鲜冷藏冻肉 | 吨 | | 73203 | 87.6 |
| 成品糖 | 吨 | | 39894 | 61.2 |
| 配混合饲料 | 吨 | | 761445 | 40.1 |
| 冷冻饮品 | 吨 | | 4109 | 46.5 |
| 方便面 | 吨 | | 21457 | 120.1 |
| 乳制品 | 吨 | | 239004 | 36.6 |
| 液体乳 | 吨 | | 226109 | 37.4 |
| 罐头 | 吨 | | 30300 | −68.4 |
| 酱油 | 吨 | | 2972 | −22.6 |
| 发酵酒精 | 千升 | | 19118 | 43.4 |
| 饮料酒 | 千升 | | 716770 | 3.0 |
| 白酒 | 千升 | | 36567 | 25.3 |
| 啤酒 | 千升 | | 668435 | 3.1 |
| 葡萄酒 | 千升 | | 11023 | −21.7 |
| 软饮料 | 吨 | | 1094514 | 17.8 |
| 果汁及果汁饮料 | 吨 | | 609309 | 20.6 |
| 瓶(罐)装饮用水 | 吨 | | 300668 | 17.1 |
| 卷烟 | 吨 | | 4400000 | 7.3 |

附表2：

### 2012年食品行业重点企业主要经济指标

| 单位名称 | 主要产品 | 工业总产值/万元 | 销售产值/万元 |
|---|---|---|---|
| 甘肃达利食品有限公司 | 全粉 | 208602.6 | 186449.3 |
| 兰州顶津食品有限公司 | 饮料 | 178089.7 | 178089.7 |
| 中央储备粮武威直属库 | 种子加工 | 101213.9 | 87945.0 |
| 武威市金穗面业食品有限责任公司 | 面粉加工 | 93616.5 | 92912.0 |
| 武威红太阳面粉有限责任公司 | 面粉加工 | 90812.0 | 91611.9 |
| 徽县金徽酒业有限公司 | 白酒制造 | 85496.0 | 73858.0 |
| 武威天祥肉类加工有限公司 | 畜禽屠宰 | 85035.5 | 66988.3 |
| 武威市新野麦芽有限公司 | 麦芽加工 | 79701.6 | 70934.4 |
| 兰州正大有限公司 | 饲料 | 78307.0 | 83626.3 |
| 景泰县三福粮油有限责任公司 | 粮油制品 | 69540.5 | 59358.2 |
| 甘肃赫原生物制品有限公司 | 木糖 | 66039.7 | 59435.5 |
| 武威铁骑力士饲料有限公司 | 浓缩饲料 | 63436.7 | 61976.4 |
| 甘肃滨河九粮酒业有限责任公司 | 白酒 | 60175.6 | 46617.3 |
| 武威市延年面业有限公司 | 面粉生产 | 53196.0 | 51536.2 |
| 甘肃中粮可口可乐饮料有限公司 | 可口可乐 | 46490.8 | 50014.4 |
| 甘肃莫高国际酒庄有限公司 | 葡萄酒 | 44910.0 | 44910.0 |
| 华润雪花啤酒(甘肃)有限公司 | 啤酒生产 | 44782.4 | 45122.7 |
| 兰州伊利乳业有限责任公司 | 乳制品 | 41588.9 | 41588.9 |
| 甘肃黄羊河集团食品有限公司 | 糯玉米 | 41242.5 | 37355.7 |
| 武威金西北种业有限公司 | 豆制品制造 | 37962.8 | 33621.1 |
| 兰州黄河嘉酿啤酒有限公司 | 啤酒 | 36764.4 | 36764.4 |
| 武威东方希望动物营养有限公司 | 饲料生产 | 36504.0 | 35880.0 |
| 武威市双城镇银城面粉厂 | 面粉 | 35218.8 | 33710.1 |
| 甘肃陇玉种业科技有限责任公司 | 种子加工 | 34365.4 | 24857.8 |
| 今麦郎食品(甘肃)有限公司 | 方便面制造 | 34274.4 | 37844.4 |
| 甘肃祁连山种业有限公司 | 种子加工 | 34004.3 | 32609.3 |
| 兰州庄园牧场股份有限公司 | 袋装奶 | 32763.4 | 31657.7 |

# 纺织行业

## 一、产业发展情况

2012年，甘肃省有规模以上纺织企业36户，实现工业增加值10.39亿元，增长25.63%，占全省规模以上工业比重的0.5%。其中：化学纤维制造业2.16亿元，增长42.8%；纺织业6.43亿元，增长21.7%；纺织服装、服饰业1.8亿元，增长21.8%。全省规模以上纺织企业累计实现主营业务收入46.4亿元，增长28.3%；利润2.52亿元，增长39.3%；上缴税收0.65亿元，增长20.9%(2012年纺织行业主要产品产能及产量见附表1)。

## 二、部分重点企业

1.兰州三毛实业股份有限公司(见图版45)。

2.泾川天纤棉业有限责任公司(见图版46)。

3.甘肃高新纺织有限公司(见图版47)。

4.天水高盛纺织有限公司(见图版48)。

2012年纺织行业重点企业主要产品产值情况见附表2。

## 三、存在的问题

### (一)产业规模小,中小企业比重高

2012年,全省36家规模以上纺织工业企业中,只有兰州三毛实业股份有限公司1户大型企业。多数中小企业生产规模小,集中度低,缺乏市场竞争力和抗风险能力。纺织工业聚集程度低,总体规模偏小,工业总产值仅占全省工业的0.5%。

### (二)创新能力弱,产品附加值较低

全省纺织工业企业技术创新能力普遍较弱,产品技术含量低,产品质量、档次、品种与国际国内先进水平仍存在明显的差距。高水平、新技术产品开发迟缓,不能适应国内外市场的需求,而部分中低档产品则出现过度竞争。

### (三)生产成本上升,流动资金补充困难

纺织企业的原料成本一般占到总成本的60%~70%,原料价格的急速上升,加大了企业成本,再加上劳动力成本的上涨更加剧了生产成本的上升。企业流动资金缺乏问题已凸显,而2012年纺织行业应收账款比去年同期增加了近65%,这使部分中小企业面临更加严峻的形势。

(撰稿人 消费品产业处朱家斌)

附表1:

### 2012年纺织行业主要产品产能及产量

| 产品名称 | 计量单位 | 产能 | 本年实际产量 | 增长/% |
|---|---|---|---|---|
| 纱 | 吨 | 26000 | 11254.1 | 2.2 |
| 布 | 吨 |  | 288.6 | −68.9 |
| 服装 | 万件 | 220 | 136.9 | 14.4 |
| 化学纤维用浆粕 | 吨 |  | 23965.0 | 139.8 |

附表2:

### 2012年纺织行业重点企业主要产品产值情况

| 单位名称 | 主要产品 | 总产值/万元 | 销售产值/万元 |
|---|---|---|---|
| 兰州三毛实业股份有限公司 | 毛纺织制品 | 36405.0 | 26840.0 |
| 兰州红旗服饰有限责任公司 | 机织服装 | 25914.0 | 24723.2 |
| 天水银星毛纺织有限公司 | 床上用品 | 22305.0 | 21586.9 |
| 民勤县华盛工贸有限公司 | 棉纺纱 | 17488.0 | 15555.0 |
| 平凉巨星集团制衣有限公司 | 机织服装 | 17043.2 | 14446.5 |
| 甘肃东方乐服装有限公司 | 机织服装 | 15226.3 | |
| 天水高盛纺织有限公司 | 棉纺纱 | 14391.2 | 12286.1 |
| 民勤县福晨粮棉经贸有限公司 | 棉纺纱 | 14240.1 | 12425.1 |
| 秦安县鑫德绅服装有限公司 | 机织服装 | 12603.0 | 12630.2 |
| 天水高鹏纺织有限公司 | 棉纺纱 | 11369.9 | 10554.4 |
| 玉门华宇棉业有限公司 | 化学纤维用浆粕 | 10078.8 | 9335.1 |
| 泾川天纤棉业有限责任公司 | 棉纺纱 | 9030.5 | 6876.2 |
| 天水龙腾纺织有限公司 | 棉纺纱 | 8361.0 | 6241.0 |
| 庄浪县金仕通盛达制衣有限公司 | 机织服装 | 8012.7 | 8012.7 |
| 民勤县德盛贸易有限责任公司 | 棉纺纱 | 7280.0 | 6635.0 |
| 甘肃省国营勤锋农场棉花加工厂 | 棉纺纱 | 6999.0 | 6999.0 |
| 兰州金利化工毛纺有限公司 | 毛条和毛纱线 | 6230.7 | 4391.0 |
| 兰州棉纺织有限责任公司 | 纯棉纱 | 5994.0 | 6013.2 |
| 白银永腾毛绒制品有限公司 | 家用纺织制成品 | 5843.8 | 5715.6 |
| 天水兴国毛纺织有限公司 | 床上用品 | 5638.1 | 5452.1 |
| 甘肃春风纺织(集团)有限责任公司 | 毛条和毛纱线 | 5167.9 | 4060.6 |

# 医药行业

**一、产业发展情况**

2012年，甘肃省中药材种植面积316.8万亩，产量75.9万吨，分别比上年增长13.95%和22.54%。44户规模以上陇药企业完成工业总产值79.2亿元，工业增加值26.69亿元，同比增长36.8%，增幅较2011年同期上升19.66个百分点。实现主营业务收入62.74亿元，同比增长19.7%；利税总额13.29亿元，同比增长9.56%；完成固定资产投资39.75亿元，同比增长104.07%。医药工业总产值约占全国医药工业总产值的0.5%。其中：兰州生物制品研究所有限责任公司进入全国医药工业百强企业，兰州佛慈制药股份有限公司等5家企业进入全国中成药工业主营业务收入前300名（2012年陇药行业重点企业主要产品产量见附表1）。

产业发展主要呈现以下几个特点：

（一）骨干企业保持稳定增长

兰州生物制品研究所有限责任公司、甘肃独一味生物制药股份有限公司、陇西一方制药有限公司、甘肃岷海制药有限责任公司、兰州佛慈制药股份有限公司、甘肃扶正药业科技股份有限公司、甘肃陇神戎发药业股份有限公司、甘肃成纪生物药业有限公司、甘肃新兰药药业有限公司、甘肃亚兰药业有限公司 10家企业完成工业总产值42.07亿元，增长28.3%，占全行业工业总产值的53%；实现主营业务收入36.63亿元，增长15.8%，占全行业主营业务收入的58.38%。

（二）固定资产投资高速增长

2012年，陇药产业完成工业固定资产投资39.75亿元，增长104.07%。兰州、定西、陇南、庆阳等6个（市）州增速达到50%以上，其中定西市增幅达到205.91%；9家企业的重点项目完成投资11.7亿元，大部分项目形象进度达到50%。

（三）重点地区实现较快发展

定西市中药材加工企业达到130户，较上年增加34户，年加工中药材10万吨，加工量占中药材总产量的45%。其中，56户重点中医药加工企业的工业总产值、工业增加值、主营业务收入、利润和税收，同比增幅分别为35.96%、39.03%、35.93%、

44.79%和54.28%。兰州市规模以上医药企业18户,完成工业增加值13.14亿元,增长29.2%。陇南市中药材种植面积95.64万亩,产值12.79亿元,药农人均药材收入达到1035元。

**(四)市场体系建设进一步完善**

以兰州为中心的医药商贸物流配送网络建设初步形成,国药控股甘肃公司分别在武威、平凉、庆阳整合重组3家医药流通企业,去年销售额增长64.5%;兰州九州通建立了覆盖全省大部分地区的营销网络,2012年销售额突破10亿元。以陇西为中心的中药材专业市场发展势头强劲,陇西文峰中药材交易城自2011年8月建成运营,已入驻企业和个体经营户610家,2012实现销售额86亿元,上缴税金6400万元。

**(五)企业盈利能力有所下降**

规模以上陇药企业累计实现主营业务收入62.74亿元,增长19.7%,增幅较2011年下降15.09个百分点;实现利税13.29亿元,增长9.56%,较2011年上升0.18个百分点。销售利润率15.94%,较去年同期下降1个百分点。

**(六)化学原料药大幅下降**

受原材料大幅上涨、人工成本上升及国际市场萎缩等因素,以玉米为原料的化学原料药及药用淀粉企业生产经营状况较去年下降幅度较大,甘肃祁连山药业有限公司、甘肃昆仑生化有限责任公司两家企业主营业务收入分别下降14.26%和24.66%,实现利润分别亏损871万元和1796万元。

**二、部分重点企业**

1.兰州生物制品研究所有限责任公司(见图版49)。

2.兰州佛慈制药股份有限公司(见图版50)。

3.甘肃陇神戎发药业股份有限公司(见图版51)。

4.甘肃独一味生物制药股份有限公司(见图版52)。

5.甘肃扶正药业科技股份有限公司(见图版53)。

2012年陇药产业重点企业主要生产指标见附表2。

**三、存在的问题**

**(一)企业规模小,缺少大型龙头企业**

全省通过GMP认证的药品生产企业139家,其中44户规模以上企业工业增加值仅占全省规模以上工业增加值的1.4%,平均销售收入只有1.43亿元;产值超过2亿元的企业9家,其中10亿元以上的仅有1家。陇药企业经济规模小,生产成本高,经营管理效率低,市场竞争处于劣势,呈现大资源、小产业的局面。

**(二)生产加工水平低,缺少深度加工的系列化优质产品**

中药材加工企业生产工艺技术装备水平较低,精深加工不足,产品附加值低,绝大多数中药材只经过简单整理捆扎熏蒸后以原药材出售。当归、党参、黄(红)芪等大宗道地药材开发滞后,没有形成系列化的深加工产品,大部分还是以传统中药饮片为主,高端饮片、中药提取物、配方颗粒、功能性保健食品、药妆等高附加值产品较少,产业链条短。

(三)新产品研发能力不强,缺少具有自主知识产权的独家品种和强势品牌

近两年全省获得临床研究批件的新药只有17个,不足国内大型制药企业一家开发的产品。据统计,省内企业研发经费占销售收入的比重平均不到1%,真正具有自主知识产权的独家品种不到10%。多数企业产品品种结构不合理,品种结构、剂型分布类似,互补性较差,缺乏具有竞争力的独家品种,无法形成强势品牌和市场影响力。尤其是以甘肃道地药材为原料的现代中药及健康产品研究开发更加滞后,一些研发成果只停留在论文和实验室阶段,没有形成产品和实现真正意义上的产业化生产。

(四)公共服务体系不健全,缺少做大做强陇药产业的公共服务平台

企业信息化、科技研发、监管认证、专业培训、融资服务、市场开拓等各类公共配套服务体系建设滞后,推动陇药产业发展的服务环境有待于进一步优化提升。

（撰稿人　陇药产业办公室杜立君）

附表1：

### 2012年陇药行业重点企业主要产品产量

| 企业名称 | 产品名称 | 计量单位 | 2012年 | 2011年 |
|---|---|---|---|---|
| 兰州佛慈制药股份有限公司 | 补中益气丸(3克/8丸) | 万丸 | 31630.000 | 35023.860 |
| | 归脾丸(3克/8丸) | 万丸 | 31472.000 | 32056.000 |
| | 六味地黄丸(3克/8丸) | 万丸 | 258363.000 | 190556.850 |
| | 杞菊地黄丸(3克/8丸) | 万丸 | 28520.000 | 29140.820 |
| | 逍遥丸(3克/8丸) | 万丸 | 66111.000 | 65296.980 |
| | 知柏地黄丸(3克/8丸) | 万丸 | 31996.000 | 32634.000 |
| 甘肃独一味生物制药股份有限公司 | 参芪五味子片 | 万片 | 19360.840 | 18142.440 |
| | 脉平片(0.28克/片) | 万片 | 5332.800 | 5436.760 |
| | 前列安通片(0.38克/片) | 万片 | 5456.440 | 4871.360 |
| | 独一味胶囊(0.3克/粒) | 万粒 | 49807.811 | 47336.491 |
| 甘肃陇神戎发药业股份有限公司 | 复方丹参片(0.32克/片) | 万片 | 27404.950 | 11818.950 |
| | 元胡止痛滴丸(0.5克/10丸) | 万粒 | 205629.897 | 117147.895 |
| 甘肃扶正药业科技股份有限公司 | 贞芪扶正颗粒(5克/袋) | 万袋 | 3115.000 | 1123.000 |
| | 贞芪扶正胶囊(12.5克/6粒) | 万粒 | 14103.000 | 11852.400 |
| 甘肃祁连山药业有限公司 | 土霉素 | 吨 | 3082.000 | 2561.000 |
| | 复方甘草含片（甘草浸膏粉112.5毫克、阿片粉4毫克、樟脑2毫克、八角茴香油2毫克、苯甲酸钠2毫克） | 万片 | 25098.000 | 41282.000 |
| 甘肃成纪生物药业有限公司 | 注射用单磷酸阿糖腺苷(冻干粉针剂)(0.1克) | 万瓶 | 1826.000 | 337.700 |
| | 单硝酸异山梨酯注射液(5毫升:20毫克) | 万支 | 689.000 | 0.000 |
| | 氟罗沙星注射液(5毫升:0.4克) | 万支 | 621.000 | 0.000 |

附表2：

## 2012年陇药产业重点企业主要生产指标

| 企业名称 | 工业总产值 | | 工业增加值 | | 主营业务收入 | | 利润总额 | | 利税总额 | |
|---|---|---|---|---|---|---|---|---|---|---|
| | 绝对值/万元 | 增速/% | 绝对值/万元 | 增速/% | 绝对值/万元 | 增速/% | 绝对值/万元 | 增速/% | 绝对值/万元 | 增速/% |
| 兰州生物制品研究所有限责任公司 | 136319.1 | 0.15 | 65123.5 | 0.44 | 122751.0 | 0.01 | 35765.0 | -0.10 | 445464 | -0.08 |
| 甘肃独一味生物制药股份有限公司 | 43079.3 | 0.27 | 23073.6 | 0.25 | 30937.2 | 0.01 | 8752.6 | 0.22 | 135661 | 0.21 |
| 甘肃岷海制药有限责任公司 | 34490.0 | 1.04 | 10936.0 | 0.13 | 25382.0 | 0.90 | 2933.0 | 0.25 | 37900 | 0.46 |
| 陇西一方制药有限公司 | 31484.6 | 0.98 | 30589.8 | 0.84 | 30042.9 | 1.01 | 4905.1 | 0.62 | 68284 | 0.83 |
| 兰州佛慈制药股份有限公司 | 28755.6 | -0.12 | 14000.0 | 0.08 | 26642.0 | -0.02 | 3275.0 | 0.09 | 58330 | 0.20 |
| 甘肃扶正药业科技股份有限公司 | 24489.0 | 0.38 | 10228.4 | 1.02 | 18005.8 | 0.15 | 1897.4 | 0.01 | 26871 | -0.19 |
| 甘肃陇神戎发药业股份有限公司 | 22666.4 | 0.70 | 5207.0 | 0.54 | 21041.0 | 0.58 | 3101.3 | 0.83 | 40453 | 0.60 |
| 甘肃成纪生物药业有限公司 | 20301.6 | 7.93 | 1249.9 | 2.19 | 12864.8 | 4.94 | 2616.7 | 1.74 | 34692 | 1.98 |
| 甘肃祁连山药业有限公司 | 19360.9 | -0.07 | 1752.0 | 0.32 | 19035.9 | -0.14 | -871.3 | -1.63 | -1495 | -1.07 |
| 甘肃昆仑生化有限责任公司 | 19126.7 | -0.27 | 1540.5 | -0.40 | 19470.8 | -0.25 | -1795.5 | -3.69 | -10876 | -2.11 |
| 甘肃新兰药业有限公司 | 19009.0 | 0.13 | 5417.0 | 0.13 | 17800.2 | 0.18 | 1582.9 | -0.03 | 21705 | 0.04 |
| 甘肃亚兰药业有限公司 | 14917.0 | 0.49 | 3032.6 | 0.20 | 15706.6 | 0.25 | 1890.2 | 0.28 | 20384 | 0.19 |
| 陇西中天药业有限责任公司 | 10261.4 | -0.14 | 9279.0 | -0.17 | 20495.1 | 0.46 | 2909.7 | 1.07 | 29532 | 1.07 |

# 生产性服务业

## 一、产业发展情况

2012年,甘肃省生产性服务业以重点领域为突破口,着力完善与产业发展配套的服务体系和平台建设,不断提升自主创新能力,促进生产性服务业与现代制造业双轮驱动、融合发展,全省生产性服务业保持了良好发展态势。全省限额以上生产性服务业(营业收入1000万元以上、从业人员50人以上)实现营业收入1288.68亿元,增长20.29%;实现税金147.34亿元,增长15.20%[2012年各市(州)限额以上生产性服务业发展指标见附表]。

### (一)政策支持持续加大,发展环境不断改善

2012年全省在西部省区率先出台了《关于加快生产性服务业发展的意见》,成立了全省加快发展生产性服务业工作领导小组,制定了今后一个时期的发展目标和任务,并从政策引导、行业准入、项目建设、用地保障等多方面给予大力支持。省直有关部门和单位及时制定配套政策和实施办法,支持生产性服务业跨越发展。

### (二)发展速度明显加快,总量规模逐年扩大

现代物流、信息传输与计算机服务及软件业、科研与技术服务等产业已成为生产性服务业快速增长的重要支撑。业态种类不断丰富,三方物流、仓单质押、信息应用软件租用、科技孵化器、专业技术平台、会展策划、投资咨询、商务外包、小额贷款和担保等新型业态脱颖而出。技术手段日趋增强,GPS、条码、射频等先进技术在物流运输中得到广泛应用,大容量、功能多样的信息服务网络初步形成,以互联网、移动通信技术为支撑,商务服务业电子化网络化进程加快。

### (三)发展布局日趋合理,产业结构逐步优化

兰州已成为全省现代物流业、科技服务业、金融服务业和商务服务业发展中心。河西和陇东形成对新能源基地生产性服务业、农业服务业的需求。天水装备制造服务业渐趋规模。陇东能源化工基地、金昌循环经济工业园区服务体系建设发展提速,在产业发展中发挥较大作用。整体来看,目前全省已形成以兰州为核心,河西、陇东为两大辐射圈的生产性服务业布局。

## 二、部分重点企业

1.航天长征化学工程股份有限公司兰州分公司(见图版54)。

2.甘肃省建材科研设计院(见图版55)。

3.酒泉市瓜州县柳沟物流园区(见图版56)。

4.兰州鑫标管理咨询有限公司(见图版57)。

## 三、存在的问题

**(一)生产性服务业总量偏小,结构不合理**

全省限额以上服务业约占服务业的比重为50%,而限额以上的生产性服务业占服务业的比重更低,总量明显不足。生产性服务业内部结构虽有所变化,但交通运输、仓储邮政和租赁批发商务服务业比重过高的情况没有根本改观。生产性服务业结构不合理,直接影响工业对生产性服务业的需求,生产性服务业发展前景堪忧。

**(二)生产性服务业与工业发展并不同步**

全省生产性服务业发展明显滞后于工业和整个经济发展,使得内部专业分工进程受阻,成本难以得到降低,有效供给相对不足,致使形成生产性服务业发展滞后—供给难以满足工业需求—工业转型升级无法获得生产性服务业的支撑—工业生产性服务需求低下—生产性服务业发展滞后,这样一个不良循环。

**(三)发展资金投入不足限制了生产性服务业提质增效**

生产性服务业普遍具有风险高和见效慢的特点,民间资本投入急需政府引导和金融机构扶持。从政府层面分析,全省财力紧张,生产性服务业专项引导资金缺失,对生产性服务业的支持极为有限,进而也影响到国家相关政策和资金的扶持力度。据调查,全省有超过一半的物流企业、科技服务机构和信息商务机构面临资金不足的困扰,一些生产性服务企业因缺乏资金投入,无力进行技术和设备升级,致使企业规模小、层次低、竞争力弱,服务质量难以提高。

(撰稿人　生产性服务业办公室上官毅)

附表：

2012年各市(州)限额以上生产性服务业发展指标

| 市(州) | 限额以上生产性服务业营业收入 | | 限额以上生产性服务业实现税金 | |
|---|---|---|---|---|
| | 绝对值/亿元 | 增速/% | 绝对值/亿元 | 增速/% |
| 酒泉市 | 88.97 | 23.41 | 2.96 | 76.19 |
| 兰州市 | 581.00 | 21.00 | 121.80 | 12.15 |
| 嘉峪关市 | 147.41 | 23.96 | 4.59 | 30.92 |
| 庆阳市 | 201.43 | 18.00 | 6.04 | 42.03 |
| 金昌市 | 21.21 | 26.00 | 0.78 | 35.17 |
| 武威市 | 31.23 | 24.66 | 1.36 | 30.87 |
| 张掖市 | 80.49 | 23.60 | 4.65 | 27.30 |
| 临夏回族自治州 | 38.30 | 15.60 | 1.49 | 14.38 |
| 天水市 | 18.56 | 15.00 | 1.22 | 15.00 |
| 定西市 | 10.69 | 14.00 | 0.57 | 14.00 |
| 陇南市 | 13.26 | 10.29 | 0.37 | 9.07 |
| 平凉市 | 46.82 | 7.91 | 1.25 | 11.42 |
| 白银市 | 2.82 | 8.97 | 0.11 | 7.88 |
| 甘南藏族自治州 | 6.49 | 12.68 | 0.14 | -7.88 |
| 总 计 | 1288.68 | 20.29 | 147.34 | 15.20 |

# 军民结合产业

**一、产业发展情况**

2012年,甘肃省军民结合产业经受了国内外经济下行压力的考验,保持了平稳较快增长态势,优势产业带动作用显著,特色产业发展空间不断拓宽,配套产业成长步伐明显加快。

(一)民用核产业支柱作用明显

中核404厂、中核504厂在核产业中的优势地位得到充分发挥,核装备制造、核地质、天然铀储备、铀转化、铀浓缩、后处理、核技术应用等重大项目进展顺利,核产业已成为军民结合度深、经济效益好、核心竞争力强、主导地位更加突出的支柱产业。六氟化铀产值达46亿元,乏燃料离堆贮存产值达5350万元,铀浓缩能力在原有基础上增加1000吨/年,产值增加了24.04亿元。

(二)特种化工产业链持续延伸

以中国兵器甘肃银光化学工业集团有限公司为龙头,以TDI产业为主线,以光气化技术为核心,不断拓宽上下游产业链。发挥硝化、胺化、光气化、分离提纯等核心技术,基本建立了具有市场主导地位的特种化工产业集群,具有年产15万吨TDI、18万吨DNT、1万吨硝基二甲苯等生产能力,其产销居全国第1位。聚碳酸酯中型试验装置及工艺技术通过连续72小时生产考核,已具备500吨生产能力,为万吨级PC产业化奠定了坚实基础。年产12万吨80/20DNT生产线技术改造全面完成,生产运行正常。

(三)军工电子产业形成竞争优势

甘肃长风信息科技集团有限公司、甘肃虹光电子有限责任公司等电子军工企业把科研、人才、技术、装备优势逐步转化为竞争优势,电真空器件、大规模数字化集成电路及民用雷达研发取得重大突破,电子测量仪器、微波波导元器件和其他关键元器件实现转型升级,民用电子产品市场竞争力进一步增强。智能化毫米波汽车防撞雷达研制取得重大突破,高效率低能耗电源变换器系列产品生产线改造完成,智能家用电器制造能力进一步增强,半导体照明生产线建设全面完成,军工电子企业参与市场竞争能力显著增强。

(四)航空航天产业发展空间拓宽

航天510所等航天航空企事业单位围绕飞行控制领域研发优势,开拓大飞机、支线客机、通用飞机等民用航空产品市场;利用飞机照明系统的技术优势,不断开拓机场照明、兵器、航天、车辆、船舶等领域的照明市场;瞄准国际市场,开发销售多款太阳能跟踪器产品;利用低温制冷技术、绝热技术、表面工程技术、空间站再生式环控生保技术等航天技术优势,大力开发小型高效斯特林制冷机、商用铷原子钟、非电力驱动矿用救生舱及电动机、医疗器械、石油机械、智能控制、汽车零部件等产品,并重视发展航天农业产品育种产业。

(五)自主创新能力显著增强

中核404厂铀转化、MOX元件制造、核设施退役治理等在国内处于领先地位,接近国际先进水平。中国兵器甘肃银光化学工业集团有限公司(以下简称银光集团公司)是我国含能材料及聚氨酯产业生产研发基地,拥有硝化、光化、氢化等特种化工核心技术和TDI自主知识产权。甘肃虹光电子有限责任公司研制生产的大功率磁控管部分产品填补了国内空白,也是国内第一家电真空行业拥有高频无极灯生产线的企业。航天510所研制生产的非电力驱动的矿用救生舱生命保障系统,通过了108小时真人生存实验,性能达到国际先进水平,并获得国家煤炭安监局的认证。中铝西北铝加工分公司生产的核电工业铝合金管材是目前国内唯一的生产商,民用航空铝合金材料被国产大飞机采用,汽车阀体材料替代了国外进口产品,其三项产品在国内处于领先水平。方大炭素公司为亚洲第一、世界第三的炭素制品专业生产企业,也是国内唯一拥有核级炭素制品资质的生产企业。兰州电源车辆研究所在内燃机电站技术、成套技术、车辆改装设计等拥有较强的科研和开发实力,所掌握的技术在同行业中居先进水平。

(六)民口配套企业成长步伐加快

兰州真空设备有限责任公司、兰州电源车辆研究所等6户国家国防科工局备案的民口配套企业,西北永新化工股份有限公司等9户省国防科工局备案的民口配套企业、科研院所,加大对高强轻质金属、稀土金属、永磁材料及炭素复合材料等民用产品的研发投入,研发成效显著;低温真空容器、车辆电源、特种电机的研发实现新突破;汽车助力器、矿井救生舱、垃圾焚烧锅炉、工程钻具和生物工程等产品研发及生产稳步推进;军警品制服、职业装、工装及防护服的市场占有率不断扩大。中铝西北铝加工分公司已成为我国高质量铝箔的重要生产基地,部分型号的铝材被确定为国产大飞机首飞用铝合金材料。方大炭素公司生产的高温气冷堆核电站炭堆构件、炭阳极、特种石墨、平板炭毡、整体炭毡等成为军民两用重要的炭制品。兰州电机股份有限公司主要产品工频无刷发电机、中频无刷发电机、中频变频发电机、双频变频发电机、移动电站、拖车电站等已广泛运用到部队和地方用电单位。

(七)民爆行业安全稳定运行

认真落实民爆行业安全生产管理规定,确保科研、生产的安全稳定运行。发挥甘肃久联民爆集团、酒钢集团兴安民爆器材有限责任公司等企业的资金、技术优势,研发生产多种民用爆破产品及专用器材。膨化硝酸铵、粉状乳化炸药生产和工业雷管生产完成年计划任务,高能起爆具、石油射孔弹、震源药柱等民爆产品不断延伸,爆轰合成材料、石油爆破器材等向民用爆破工程和矿产资源开发领域有序延伸。民爆行业全年完成工业炸药8.43万吨,工业雷管2000万发,震源药柱2100吨。

(八)产业园区建设进展顺利

根据《甘肃省"十二五"军民结合产业园区发展规划》,在区域、行业和企业三个层面上,积极推进军民结合产业园区建设,提高产业集群发展效应。2012年,甘肃矿区核产业、兰州航天、兰州航空、兰州方大炭材料、兰州金川新材料、白银特种化工、平凉电真空器件等7个军民产业园区规划已经批复,园区规划的重点项目正在逐步实施(2012年军民结合产业重点企业主要经济指标见附表)。

**二、部分重点企业**

1.中国兵器甘肃银光化学工业集团有限公司(见图版58)。

2.甘肃长风信息科技集团有限公司(见图版59)。

3.中核兰州铀浓缩有限公司(见图版60)。

4.航天510所(见图版61)。

5.中航兰州飞行控制有限责任公司(见图版62)。

6.甘肃虹光电子有限责任公司(见图版63)。

**三、存在的问题**

(一)产业结构有待改善

军民结合产业发展不平衡,核技术应用、特种化工发展较快,引领作用明显;军工技术在装备制造、农产品深加工、电子元器件等方面推动力作用较弱,对军工经济的支撑力明显不足。

(二)竞争优势有待加强

军工企事业单位加强技术创新,加大投资力度,一批重点产品技术研发和产业化培育取得新进展;但军工高技术民品占全部民品的比重较低,拥有全面竞争优势的产品较少,产业核心竞争力有待加强。

(三)转化和开发能力不足

民品对国防科技工业产值的贡献率不足30%,并且增长的难度逐年加大,普遍存在重科研、轻推广,重军品、轻民品的现象。以军补民比较普遍,军民转化能力不足,特别是民品开发和以民促军能力有待提高。

(四)争取国家投资渠道不够畅通

民口配套企业争取国家国防军工基本建设中央预算内投资渠道不畅,企业主要靠自我积累发展,融资渠道有待进一步拓宽。(撰稿人　军民结合产业处张锦瑞)

附表：

### 2012年军民结合产业重点企业主要经济指标

| 企业名称 | 主要产品 | 产能 | 产值/万元 | 利税/万元 |
|---|---|---|---|---|
| 中核404厂 | 六氟化铀 | 3000万吨/年 | 460000 | 504 |
| 中核404厂 | 乏燃料离堆贮存 | 500吨/年 | 5350 | |
| 中核504厂 | 核电站燃料 | 1500吨/年 | 541000 | |
| 银光集团公司 | TDI、PC等 | 250000吨/年 | 604610 | 13988 |
| 航天510所 | 真空技术装备产品 | 20台(套)/年 | 8000 | 336 |
| 航天510所 | 矿用救生装备产品 | 450台(套)/年 | 12000 | 350 |
| 中铝西北铝加工分公司 | 特殊管材 | 500吨/年 | 5000 | 1000 |
| 中铝西北铝加工分公司 | 汽车阀体材料 | 900吨/年 | 2250 | 450 |
| 中铝西北铝加工分公司 | 民用航空材料 | 60台(套) | 462 | 92 |
| 兰州真空设备有限责任公司 | 真空获得、真空应用等 | 500台 | 15022 | 928 |
| 方大炭素公司 | 高温气冷堆核电站炭堆构件 | | 488 | |
| 兰州电机股份有限公司 | 双频发电机、伺服电机、无刷船用电机等 | 2588台 | 4662 | |
| 兰州电源车辆研究所 | 内燃机电站、特种改装车辆等 | | 3046 | |
| 甘肃长风信息科技集团有限公司 | 直流变频全自动洗衣机 | 40万台 | 3310 | 78 |
| 甘肃虹光电子有限责任公司 | 电真空器件 | 3000只/年 | 3000 | 200 |
| 甘肃虹光电子有限责任公司 | 真空开关管 | 60000只/年 | 2000 | 100 |
| 甘肃虹光电子有限责任公司 | 高频无极灯 | 500000只/年 | 600 | 50 |
| 天水华天电子集团 | OP07、F139、威克电源等 | | 500 | |

# 电子信息产业

## 一、产业发展情况

2012年,甘肃省电子信息产业实现主营业务收入59.67亿元,增长16.16%;实现利润总额4.79亿元,增长10.12%。截至2012年底,全省统计电子信息企业105户,其中电子信息产品制造企业11户,软件和信息服务业企业94户。软件企业79户,计算机信息系统集成企业48户,计算机信息系统工程监理企业4户,其中具备软件和计算机信息系统集成资质企业27户。

### (一)电子信息制造业运行良好

一是产销增速逐月回升。2012年1~4季度,全省电子信息制造业主营业务收入增长速度分别为-2%、4.4%、9.1%、18.6%,特别是进入四季度以来,主营业务收入增速均在12%以上。全年全省电子信息制造业实现主营业务收入32.01亿元,增长36.45%,高于全省工业增速20个百分点以上;销售产值34.37亿元,增长18.89%;出口交货值6.82亿元,增长109.85%。二是经济效益明显好转。2012年,全省电子信息制造业实现利润2.47亿元,增长92.97%,全行业亏损企业亏损面减少80%,亏损企业亏损额减少98.6%,从业人员劳动报酬增长13.7%。三是龙头企业带动作用明显。2012年,龙头骨干企业天水华天电子集团等实现主营业务收入24.47亿元,占全省制造业的74.72%,增长均达到25%以上。天水华天电子集团带动下游企业快速发展,天水华洋电子科技股份有限公司主营业务收入从2011年的4675万元增长到2012年8651万元,增长85%。四是固定资产投资持续增长。2012年,全省电子信息产业500万元以上项目累计完成投资34.1亿元,增长136.2%,增速高于全国130.5个百分点。新增固定资产18亿元,增长236%,增速高于全国222.9个百分点。国家电子信息产业振兴和技术改造专项、国家电子信息产业发展基金、倍增计划以及省信息化产业发展专项资金支持4685万元,增长20.13%,带动产业投资逾10亿元。随着总投资合计110亿元的8个重点项目开工建设或签约落地,产业规模进一步壮大(2012年电子制造业主要产品产能及产量见附表1)。

### (二)软件和信息技术服务业发展放缓

一是产业发展增速放缓。2012年1~4季度分别增长4.7%、13.33%、8.97%、

2.71%。截至12月底,全行业实现主营业务收入27.66亿元,增长7.67%,其中软件业务收入20.45亿元,增长1.29%。二是经济效益有所增长。克服嵌入式系统软件收入、信息技术咨询服务收入、软件产品收入等三个主要业务类型收入下滑,企业销售费用上升29.89%、管理费用上升15.96%的影响,全年软件服务业实现利润2.32亿元,增长7.91%,从业人员劳动报酬增长1.94%。三是运维收入持续增长。全省软件服务业产业结构调整步伐继续加快,信息技术服务业比重不断加大,IC设计、数据处理和运营服务持续高速增长,实现收入分别为1181万元、1.89亿元,分别增长73.9%、69.1%。系统集成收入则继续保持2.9%的平稳发展势头。四是骨干企业支撑突出。位列前5位软件和信息技术服务业企业发展迅速,主营业务收入占整个软件行业收入40.8%。特别是甘肃紫光智能交通与控制技术有限公司首度突破3亿元,同比增长9.4%。

(三)行业在全国地位进一步提升

甘肃省电子信息产业在全国占有一席之地,在西北地区处于优势地位。天水华天电子集团集成电路封装在全国同行业中排第3位;天光半导体有限责任公司是目前国内唯一生产双极型数字集成电路的企业;甘肃虹光电子有限责任公司磁控管在全国处于领先水平,尤其是8毫米同轴磁控管在国内率先取得突破性成果,不仅填补了国内空白,而且达到了国际先进水平。兰州瑞德集团的电子产品在国内也处于领先地位。全省软件和信息技术服务业现拥有系统集成资质企业48户,位居全国第23位。其中一级资质企业2户,二级企业3户,系统集成资质企业数量超过青海、宁夏、新疆三省区总和,也是四省区中唯一具有一级资质的省区。拥有软件资质企业69户,软件产品310项,著作权422项,通过CMMI3级认证企业3户。企业技术创新能力显著增强,累计有13户企业建立了省级企业技术中心和重点实验室,2户企业创建了国家级企业(工程)技术中心,3户企业通过了CMMI3级认证评估。先后获得省级以上科技奖励近20项、国家专利授权120多项,通过鉴定的新产品、新技术和新成果100余项,有40余种产品填补了国内空白,50余项技术和产品达到国内领先或接近国际先进水平。

(四)兰州、天水和敦煌等基地建设加快

兰州市以兰州高新区、兰州经济技术开发区、兰州新区为依托,加快创建"国家软件和信息服务业示范基地",一批软件和信息技术服务业重大项目签约落地、开工建设,经认定的软件企业98%集中在兰州市,收入占到软件服务业总收入的99%以上。天水市以天水华天电子集团、天光半导体有限责任公司等企业为龙头,重点发展集成电路封装、特种集成电路芯片制造、电子器件、半导体分离器件、移动终端设备及相关配套产品,逐步形成微电子、通信设备集聚发展态势,天水电子信息制造业占全省制造业78%,带动上下游相关产业协同发展作用显著。依托敦煌丰富的历史文化资源优势,开工建设敦煌软件和动漫文化产业基地,一批大专院校、企业签约入驻,推进了敦煌软件服务业快速发展。

## 二、部分重点企业

1.天水华天电子集团(见图版64)。

2.天光半导体有限责任公司(见图版65)。

3.天水华洋电子科技股份有限公司(见图版66)。

4.兰州瑞德集团(见图版67)。

5.兰州天际环境保护有限公司(见图版68)。

2012年重点电子制造企业主要产品产量及产值见附表2。

## 三、存在的问题

(一)产业规模较小

2012年全省电子信息产业保持16%的增速,但由于发展基础薄弱,全行业企业数量仅居全国第26位,主营业务收入仅占全省国内生产总值(GDP)的1.06%。

(二)经营成本上升

2012年全省电子信息产业从业人员工资总额4.63亿元,同比增长13%以上,特别是软件服务业工资增速高于收益增速10个百分点。加上全行业销售费用、管理费用、应收账款大幅增加,同比增长27.6%、21.65%、18.52%,导致企业效益增速有所回落。

(三)骨干企业较少

全省电子信息产业收入过亿元企业仅10户,占统计企业总数的9.52%,5000万元企业19户,占统计企业总数的18%。其中,天水华天电子集团主营业务收入占到了全省电子信息制造业总收入的69.35%,软件服务业龙头企业与全国软件百强企业收入(7.8亿元)差距日益拉大。

(四)人才流失严重

全省电子信息产业人力资源普遍缺乏,2012年全行业从业人员达15537,仅增加0.5%。特别是软件服务业的软件开发人员同比减少5.4%,其中硕士以上减少14.06%,本科以上减少7.35%,软件企业不仅高端人才难招、难留,同时人员流失、流动现象等问题突出,严重制约了企业发展。

(撰稿人　电子信息与软件服务业处杨勇,薛峰)

附表1：

### 2012年电子制造业主要产品产能及产量

| 行业主要产品 | 产能 | 产量 |
|---|---|---|
| 集成电路 | 750036 万块 | 721046.6 万块 |
| 集成电路引线框架 | 90000 万块 | 75000 万块 |
| 电子专用设备 | 600 台(套) | 590 台(套) |
| 肖特基二极管 | 70000 万只 | 69262 万只 |
| 洗衣机 | 60 万台 | 6 万台 |
| 无极灯 | 6 万只 | 6 万只 |

附表2：

### 2012年重点电子制造企业主要产品产量及产值

| 企业名称 | 产品 | 产量 | 产值 | 行业地位 |
|---|---|---|---|---|
| 天水华天电子集团 | 集成电路 | 721012 万块 | 222029 万元 | 国内同行业内资企业第 3 位 |
| 甘肃长风信息科技集团有限公司 | 电子设备 | 6 万台 | 27000 万元 | — |
| 兰州瑞德集团 | 电子专用设备 | 590 台(套) | 17106 万元 | 省内同行业第 1 位 |
| 天光半导体有限责任公司 | 集成电路 | 346000 万块 | 11607 万元 | — |
| | 肖特基二极管 | 69262 万只 | | |
| 天水华洋电子科技股份有限公司 | 集成电路引线框架 | 75000 万块 | 9672 万元 | — |
| 甘肃虹光电子有限责任公司 | 无极灯 | 6 万只 | 6134 万元 | — |

# 通信行业

## 一、产业发展情况

2012年,全省电信业务总量完成174.7亿元,增长10.5%;通信主营业务收入累计完成144亿元,增长12.2%。其中,移动通信业务收入118.6亿元,增长14.1%;固定通信业务收入25.5亿元,增长4.3%;固定资产投资52.22亿元,下降8.1%;实现利税24.32亿元,增长4.72%。截至2012年底,本地局用交换机容量718.9万门,移动电话交换机容量2502.8万户。光缆总长度29.5万千米,互联网宽带接入端口384.1万个。全省移动电话用户1763.5万户,增长10.5%,移动电话普及率为68.8部/百人。固定电话用户总数为345.6万户,下降5.4%,固定电话普及率为14.7部/百人。互联网宽带用户数累计达到163.5万户,增长23.4%。移动互联网用户累计达到1257.7万户,增长17.4%。3G业务完成投资14.33亿元,3G基站数达到14081个,3G用户数累计达到313.65万户。通信业三大运营商资产总额253.9亿元,其中固定资产原值427亿元,净值208.2亿元。通信业从业职工2.1万人。

## 二、三大运营商

1.中国电信股份有限公司甘肃分公司(见图版69)。

2.中国移动通信集团甘肃有限公司(见图版70)。

3.中国联合网络通信集团有限公司甘肃省分公司(见图版71)。

## 三、无线电管理情况

截至2012年底,全省广播电台698,增加66个;高频电台241个,减少298个;甚高频、特频电台6640个,增加821个;集群移动通信系统23个,增加23个;蜂窝移动通信系统17930个,增加10076个;无线接入系统7246个,减少4192个;卫星地球站777个,减少14个;微波接力站390个,增加19个;业余电台865个,增加541个;其他电台161个,减少66个。

### (一)加强频率台站管理

统筹保障重要设台单位和国家及省上重点工程的用频需求,支持数字甘肃、无线城市、3G、RFID等规划和业务的开展。加强对违法设台和用频的查处力度,及时对兰州空军299兆赫、10.5吉赫军用频点受到不明信号干扰进行了查处，对省安全厅和兰州电视台违规用频下发了限期改正通知书。

（二）加强无线电技术监测

加强对天水新机场建设、中川机场扩建、西气东输三线甘肃段地球站建设、中国石油兰成中贵项目部甘肃区域地球站建设、庆阳机场、甘南夏河机场建设等工程进行了电磁环境监测，编写电磁环境监测报告44份。全省共启动无线电技术和基础设施建设项目16个，其中"十一五"遗留的7个项目中，已完成5个项目，2个项目正在实施中。2011年启动的9个项目中，已完成6个，3个正在实施。

（三）做好无线电安全保障

圆满完成了2012年兰州国际马拉松比赛现场直播和环青海湖自行车比赛无线电安全保障任务，确保了赛事组委会用频安全。共计出动技术人员266人次，车辆80台次，为赛事现场直播提供了有力保障。积极配合相关部门，先后完成了全国硕士研究生考试，全国普通高校招生考试，大学英语四、六级考试，甘肃省公务员考试等16种国家各类考试无线电保障任务，共计出动技术人员245人次，车辆76辆次，发现无线电作弊信号178起，查处23起，成功阻断155起，抓获作弊人员27名，查获作弊设备22套，移送司法机关立案处理1起。

（撰稿人　信息化推进处张琦，无线电管理处李或）

# 第三篇
# 地区工业

# 兰 州 市

## 一、工业经济运行情况

2012年,全市工业实现增加值562亿元,增长11.8%。其中,规模以上工业实现增加值538亿元,增长11.5%,占全省工业增加值的27.9%,占比提高1.82个百分点,比"十一五"末提高2.53个百分点。中央、省属企业实现工业增加值433亿元,增长8.8%;市属工业实现增加值105亿元,增长24.3%,高于全市工业增速12.8个百分点(2011年、2012年工业增加值分月增长速度趋势图及累计增长速度趋势图如图3-1、3-2所示)。

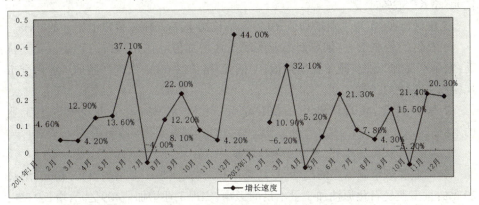

图3-1 2011年、2012年工业增加值分月增长速度趋势图

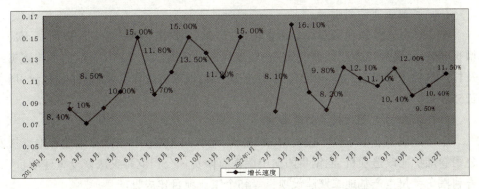

图3-2 2011年、2012年工业增加值累计增长速度趋势图

（一）大部分支柱行业保持较快增长

全市七大支柱行业除石化行业负增长以外，其他六大行业均实现了快速增长，其中：有色冶金行业增长29.8%，生物医药行业增长28.9%，农副产品加工业增长21.6%。

1.石化行业：实现工业增加值200亿元，下降2.08%，占全市规模以上工业的37%。中国石油兰州石化公司亏损经营是影响全市工业经济稳定增长的主要因素。

2.装备制造业：实现工业增加值46.5亿元，增长18.2%，占全市规模以上工业的8.6%。仪器仪表制造业、金属制品业增速较快，分别增长64.9%、33.7%。

3.冶金有色行业：实现工业增加值62.8亿元，增长29.8%，占全市规模以上工业比重的11.6%。其中有色金属冶炼及压延加工业实现工业增加值33亿元，增长38.9%；黑色金属冶炼及压延加工业实现工业增加值29.7亿元，增长19.7%。

4.能源行业：实现工业增加值76亿元，增长13.4%，占全市规模以上工业的14.1%。其中电力、热力的生产和供应业实现工业增加值49.7亿元，增长10.5%；燃气生产和供应业实现工业增加值3.5亿元，增长8.4%；煤炭开采和洗选业实现工业增加值18.5亿元，增长25.2%。

5.建材行业：实现工业增加值26亿元，增长20%，占全市规模以上工业的4.8%。

6.农副产品加工业：烟草制品业实现工业增加值85亿元，增长23.1%。受其拉动，农副产品加工业实现工业增加值102亿元，增长21.6%。农副产品加工业占全市规模以上工业的19%。

7.医药行业：实现工业增加值15亿元，增长28.9%，占全市规模以上工业的2.8%。

（二）轻工业高速增长，重工业增速较低

轻工业受烟草制品业的拉动，呈高速增长态势，实现工业增加值129亿元，增长20.2%；重工业受石化原油加工量不足的影响，实现工业增加值409亿元，增长9.2%，轻、重工业比例为24:76。

（三）工业企业亏损增加

全市独立核算工业效益综合指数达到274.3%，增长6.24%。企业亏损面31.4%，增长46%；亏损额77.2亿元，增长9.8%；实现利润–25.5亿元。其中，石油加工与炼焦及核燃料加工业实现利润–44.3亿元，增长10.9%；烟草制造业实现利润11.8亿元，增长55.3%。

（四）工业固定资产投资增速加快

全市完成工业固定资产投资346.83亿元，增长34.46%。甘肃烟草工业有限责任公司卷烟扩能改造项目、酒钢集团榆中钢铁有限责任公司支持灾区恢复重建项目、吉利汽车兰州生产基地二期建设项目等45个工业项目建成投产。

（五）工业出口增速回落，内需对工业拉动增强

2012年，出口交货值16.66亿元，下降0.5%。工业产品出口萎缩，内需对工业拉动增强，主要产品产量增长较快。全年生产合成氨28万吨，增长10.9%；原铝84.89万吨，增长37.5%；钢材213万吨，增长30.5%；铁合金38.5万吨，下降14.1%；水泥847万吨，增长46.9%；卷烟277亿支，增长6.5%；啤酒44.7万千升，增长3.3%；汽车24199辆，增长17.3%；原煤716万吨，增长38.6%。

（六）企业用电平稳，天然气短缺影响工业运行

工业用电量278亿千瓦时，增长12.5%；发电量203.7亿千瓦时，增长11.8%。其中：火力发电量176亿千瓦时，增长12%；水力发电量28亿千瓦时，增长10.5%。从11月下旬以来，天然气供应出现短缺，日缺口297万立方米左右，为保民生，对一部分工业企业采取限停气措施，给全市工业经济运行带来不小压力。

二、存在的困难和问题

1.经济下行压力加大，对全市工业影响严重。市场需求下降、企业开工不足、盈利空间收窄，造成石油化工、有色冶金等支柱产业支撑作用不强，特别是一些高耗能企业成本与售价严重倒挂，处于停产、半停产状态。

2.重大项目支撑不强。工业招商引资重大项目落地少，建成投产少，缺乏新的增长点。蓝星公司"1318工程"、兰铝淘汰80千安电解槽技术改造等项目正在实施中，还没有对我市工业增长形成支撑。

3.工业发展环境亟须改善。产业园区基础设施配套相对滞后，影响项目的落地建设，工业投入强度较低，融资渠道单一。

三、2013年的目标任务

2013年，全市工业增加值力争增长16%。其中：规模以上工业增加值力争增长16%，非公经济增加值增长15%，工业固定资产投资增长36%。节能降耗完成省上下达的目标任务。

（一）加快产业结构调整

以布局调整、产业延伸、改造提升、质量效益倍增为重点，促进传统优势产业集约化发展，加快培育发展生物医药、新材料、高端装备制造、电子信息、新能源与节能环保等战略新兴产业，大力发展现代物流等生产性服务业。明确各自产业错位发展的主攻方向，调整产业空间布局规划，使之与兰州新区产业发展规划衔接，形成相互融合、协调推进的产业发展格局。

（二）加快重点项目建设

认真做好项目跟踪协调服务，切实加快重点项目建设进度，着重抓好45项已建成项目达产、达效，抓好10万吨硅铁冶炼等38项亿元以上可建成项目早日投产见效，组织实施好重点技术改造项目挖潜增效。抓好央企合作11个重点签约项目的落

地协调工作,提高项目资金到位率;做好蓝星公司150万吨/年CPP及下游化工项目等9个重大项目的前期协调工作。

### (三)加快国有企业改革

充分利用现有资源和产业基础优势,广泛开展招商引资,积极推动与国内外大型企业集团、省属企业、市属企业之间相近板块的联合重组,进一步提高产业集中度,实现集群发展和错位竞争。加大与央企对接合作的工作力度,力争完成兰州真空设备有限公司与航天510所的资产重组,尽快重启蓝天浮法玻璃公司与中国建材集团的战略合作与资产重组工作。整合行业资源和现有资产,组建工业发展投资(集团)公司,搭建工业投融资平台。

### (四)加快中小企业培育

对不同发展阶段的中小企业进行梯度扶持。制定中小企业"上规入库"规划,按主营业务收入500万~1000万元、1000万~1500万元、1500万元以上分类建档,每年滚动筛选500家成长性好、竞争力强的中小企业,纳入"上规入库"计划,力促企业营业收入年均增速达到30%以上。在行政审批、评优推优、协调服务等方面提供"直通车"服务,在产业链延伸、自主创新、人才支撑等方面给予重点扶持。

### (五)加快实施产业招商

瞄准国内外500强等大企业、大集团,明确招商的方向。石油化工招商区域以长三角经济区为重点,以中国石油、中国化工等为突破口,延伸石化原材料深加工产业链。装备制造招商区域以辽宁、湖南等省为重点,以中集集团等为突破口,延伸高端装备制造业产业链。冶金有色招商区域以浙江、河南等省为重点,以中旺集团等为突破口,延伸铝深加工产业链。电子信息招商区域以北京、广东等省为重点,以华为技术有限公司等为突破口,延伸新一代电子信息产业链。完成招商引资25亿元。抓好央企合作31个重点签约项目的落地协调工作,项目资金到位率达到30%以上。

### (六)加快推进出城入园

通过政府引导、政策激励、项目带动、园区建设,组织实施《兰州市企业出城入园搬迁改造实施方案》,推进近郊四区100户企业向兰州新区拓展,带动兰州新区产业快速发展。搞好服务,落实政策,加快原址土地变性,搭建融资平台,解决企业搬迁改造融资难问题。重点抓好甘肃电力变压器厂等51户的启动实施。

### (七)加快循环经济发展

抓好循环经济载体建设。加快兰州新区产业园等4个省级循环经济示范园区建设,推进兰州石油化工冶金有色循环经济基地建设,充分利用餐厨垃圾处理、废旧汽车、废旧家电、建筑垃圾等,延伸发展餐厨垃圾、高效煤粉、再生资源三条循环经济产业链,集中建设三个循环经济产业园,着力构建产业、园区、企业三个层面的循环经济发展体系。抓好循环经济示范企业建设。滚动实施餐厨垃圾综合利用等50个节能和循环经济重点项目,创建省级循环经济示范企业4户,培育市级循环经济试点示范企业25户。

### (八)抓好工业经济运行分析

突出抓好重点县(区)、重点行业、重点企业、重点责任人,实行县(区)、部门、工信委班子成员和业务处室责任包干,抓好379户规模以上扩展市场稳定生产,做好中小企业"上规入库"摸底,完成50户企业"上规入库"。严格落实重大项目互保共建和企业互为市场措施,对重点企业在新上项目、技改扩能、搬迁改造、技术创新、结构调整等方面给予专项资金倾斜支持,做好各项协调服务,加大政策扶持力度。

(兰州市工信委)

# 嘉峪关市

## 一、工业经济运行情况

2012年,嘉峪关市规模以上企业实现工业增加值169亿元,增长19.5%;实现利润14.2亿元,下降50.2%。全市电信业务总量完成4.13亿元,同比增长20.13%,增速排名全省第1位。截至2012年末,嘉峪关市规模以上工业企业达到40户。其中:销售收入达到亿元以上的企业13户,10亿元以上的企业3户,100亿元以上的企业1户。

(一)主要生产要素保障有力

全市规模以上工业企业用电量150.14亿千瓦时,增长50.38%;全年铁路货物外运量711.89万吨,增长17.37%;全市35户煤炭经营企业销煤量177.33万吨,增长25.8%。

(二)节能降耗指标按计划完成

全年万元工业增加值用水量49.57立方米,下降7.5%;规模以上企业能源消耗总量同比增长5.54%。

(三)工业固定资产投资稳步增长

2012年,嘉峪关市完成工业固定资产投资59亿元,增长46%。广银铝业铝加工一期工程、宏达日产4000吨新型干法水泥生产线、索通25万吨预焙阳极、宏丰日处理300吨鲜奶项目一期等23个项目建成投产,紫轩酒业公司葡萄籽皮综合利用等30个项目开工建设。

(四)积极推进承接产业转移

2012年,市工信委赴外招商15批次,实地考察各类企业100多户,与沪、津、苏、浙、闽、皖等省市的政府主管部门、商会、协会、知名企业建立了联系,发放宣传册、招商引资项目册300多份,向50余家企业发出了邀请函,接待外地考察团20余批次。全年承接产业转移项目到位资金45.38亿元。在兰洽会上,共签约工业项目17个,签约金额达116.5亿元,占全市项目总额的66.2%。

(五)循环经济成效明显

20多户企业被列入全省循环经济和清洁生产示范、试点园区和企业。全年累计综合利用各类工业废渣250万吨,固体废弃物综合利用率预计达35%。11户企业通过省级资源综合利用认定,全年可获得减免税3064.12万元。严格落实墙改基金征收使用政策,全年征收墙改基金341万元,返退墙改基金188万元。

(六)推进质量振兴工作

宏丰公司技术中心被评为甘肃省企业技术中心,酒钢宏联自控公司技术中心被评为2012年度嘉峪关市企业技术中心,宏达公司抗硫酸盐、硅酸盐水泥等3项新产品、新技术被评为甘肃省新产品、新技术。酒钢宏兴钢铁公司的"酒钢"牌热轧花纹钢带等10户企业的15个产品被评为2011年度甘肃名牌产品、嘉峪关名牌产品,紫轩酒业公司的"紫轩"商标被评为中国驰名商标,弥补了嘉峪关市中国驰名商标的空白。雄关天石公司的"雄关"商标等4个企业商标被评为甘肃著名商标。

(七)中小企业和非公经济良性发展

加大对主营业务收入在500万~2000万元企业的培育力度,全年新增规模以上企业13户。全年个体工商户12990户,私营企业2676户,个体私营从业人员31564人,上缴税金3.71亿元。

**二、2013年的目标任务**

2013年,全市规模以上工业预计增长16%,其中地方工业预计增长20%。预计完成工业固定资产投资75亿元,增长36%。万元工业增加值用水量下降5%。年内个体工商户预计达到14094户,私营企业数达到2818户,个体私营企业从业人员达到33480人,个体私营企业上缴税金完成28836万元。

(一)加快承接产业转移进程,全力推进工业结构调整

深入实施引强入嘉战略,持续推进央企合作项目、各类签约在建项目实施进程。紧紧围绕冶金新材料、装备制造、电子信息、汽车配件、铝制品加工等产业,加大与东南沿海经济发达地区的产业对接合作力度,努力将嘉峪关市打造成为全省承接产业转移示范区。

(二)加强经济运行调节,不断提高经济运行质量

加强钢铁、冶炼、化工、建材等重点行业与重点企业生产经营情况监测,抓好规模以上企业的运行分析和监测。加大对市场需求状况、要素价格变化、国家宏观调控政策影响的研究,引导企业合理、有序、均衡、安全生产。定期召开生产调度会和运行分析会,掌握企业阶段性生产经营状况与存在的问题,全力破解电力、运输、资金等制约企业发展的难题,保证企业原材料、煤炭及产品运输畅通有序。坚持目标责任考核制度,与重点企业签订经济发展目标责任书,并做好专项督查。继续做好主营业务收入500万~2000万元企业上规模培育工作。

(三)狠抓工业项目建设,进一步扩大工业经济总量

进一步规范工业项目管理,做好规划选址、设计审查、能源评估、项目审批等项目前期工作。加强对新开工项目的服务工作,为即将开建项目做好服务。协调西

部重工装备制造、玉海煤炭有限责任公司年产60万吨兰炭生产线建设等项目顺利开建,跟踪已开工项目建设进度,争取嘉峪关大友企业公司大型节能现代高载能矿热炉及余热发电项目、紫轩葡萄籽皮综合利用、润德年产5万吨风电轮毂法兰制造等项目早日达产、达效。

(四)深入推进节能降耗,加快发展工业循环经济

加大重点用能企业节能管理、监察、考核力度,推动企业加强节能管理。积极筛选储备实施技术含量高、节能效果明显的项目,加强项目节能评估审查,严把源头。加大淘汰落后产能排查摸底力度,严格淘汰落后工艺、技术和产品,防止落后产能转移。深入开展重点用能企业能效对标达标活动,进一步做好清洁生产审核和能源审计指导及督查工作。积极开展资源综合利用工作,进一步培育并发挥循环经济试点园区、企业的示范作用,努力推动节能、循环经济工作再上新台阶。

(五)大力扶持非公经济发展,增强中小企业发展后劲

认真贯彻落实市委、市政府关于《加快非公经济发展的实施细则(试行)》,发挥1000万元专项资金的引导作用。加大对中小企业的融资扶持,鼓励商业银行、小额贷款公司、担保公司扩大信贷规模;鼓励中小企业发债融资;鼓励风险投资、私募股权投资入股中小企业。完善公共服务体系,加大小企业创业基地建设,建立中小企业公共服务平台。大力推行企业管理体系认证工作,引导企业积极开展中小企业卓越绩效管理模式创建和质量管理体系认证工作。

(六)进一步加快信息化建设,不断提升信息化发展水平

全面落实《嘉峪关市信息化发展规划(2012年—2016年)》,协调通信企业落实与市政府签订的"数字城市""智慧雄关"战略框架协议。加强信息化项目建设,全面深入推进信息化应用,逐步整合现有信息化资源,提高信息化在电子政务、文化、旅游、交通、教育、企业等领域的覆盖面和应用深度。

(七)加快园区基础设施建设,打造承接产业转移示范平台

加大对园区基础设施的财政投入,在道路交通改善、网络通信保障、电力保障供给、服务设施建设、土地有效利用等方面加快建设力度。尽快评审通过园区拓展区规划,在形成特色、发挥优势上做文章。加快申报园区为国家级经济技术开发区,增强工业园区的竞争力,形成园区集群产业链,着力把园区建设成为全市承接产业转移的示范平台。

(嘉峪关市工信委)

# 金 昌 市

### 一、工业经济运行情况

2012年,金昌市实现工业增加值162.93亿元,占全省工业经济总量的7.85%,增长17.61%。其中:规模以上工业企业实现增加值159.27亿元,增长20.3%;规模以上工业中地方企业实现增加值32.9亿元,增长18.5%。

(一)主要工业产品产量增长差异明显

2012年,铜产量59.99万吨,增长21.1%;镍产量12.78万吨,增长0.6%;生铁产量43.12万吨,增长1.7%;水泥产量202.13万吨,增长5.4%;盐酸和发电量负增长。

(二)主要工业产品价格下滑明显

2012年,金昌市主要工业产品镍、铜月平均出厂价格为10.74万元/吨和4.87万元/吨,分别下降26.37%和13.64%。主要工业品价格的大幅下跌,是导致金昌市工业缩水的主要原因。

(三)企业效益大幅下滑

2012年,金昌市规模以上工业企业产销率98.3%,下降2个百分点。受主要工业产品价格下跌,能源、原材料价格高位运行,劳动力成本增加的影响,规模以上工业企业实现营业收入1722.1亿元,增长21.09%;利税总额40.7亿元,下降32.08%;利润总额18.7亿元,下降58.56%。全市38户规模以上工业企业中,亏损企业有19户,增加4户,亏损面达到50%;亏损企业亏损额2.51亿元,增加0.71亿元。

(四)工业固定资产投资高速增长

2012年,全市完成工业固定资产投资127.01亿元,增长66.2%。省列重点项目38项,总投资278.78亿元,当年完成投资86.61亿元,累计完成投资134.26亿元。建成投产1亿元以上项目12项,总投资127.69亿元,新增产值145.82亿元。全年实施承接产业转移工业项目51个,总投资335亿元,到位资金84亿元。建成投产的主要项目有:金川公司1.5万吨海绵钛、6万吨镍电解、1万吨羰基镍项目、5000吨羰基铁项目,金昌鑫华焦化有限公司150万吨捣固焦和300万吨重介洗煤项目,甘肃丰盛环保科技有限公司20万吨合成氨项目,金泥化工有限公司年产40万吨电石项目,三峡新能源公司永昌县水泉子49.5兆瓦风电、金川区西滩49.5兆瓦风电、永昌县大寨滩50兆瓦光电,浙江正泰新能源公司清河滩100兆瓦光伏发电,甘肃景泰光伏电力公司金川区西坡50兆瓦光伏发电,振新光伏公司金川区西坡100兆瓦光伏发电,金川集团太阳能公司东大滩200兆瓦光伏发电项目。

(五)循环经济扎实推进

重点实施了110万吨铜渣选矿及冶炼项目,镍阳极泥综合利用、冶炼白烟灰综合利用、尾矿再选、日产5000吨水泥熟料电石废渣综合利用等园区循环化改造项目,40万吨离子膜烧碱(二期)、30万吨PVC、30万吨铜材深加工及镍铜冶炼系统余热发电等循环经济补链项目,工业循环经济发展水平不断提升。加大对重点用能、用水企业的预警监测力度,工业节能、节水总量控制在目标之内。

(六)企业服务不断强化

建立市级领导包抓联系重点企业制度,"一企一策"帮助企业解决实际问题。启动了"金融服务年"活动,召开银企对接会两次,签约总金额达301亿元,全市金融机构共向工业企业发放贷款130.4亿元。引进甘肃省公航旅集团与金昌市合资成立了融资性担保公司。积极引导企业上市,帮助金川公司等完成了上市前的准备工作。推进企业技术创新,申报获批省级企业技术中心两家,省级新技术、新产品企业两家。

## 二、存在的困难和问题

(一)企业经营困难明显增大

在世界经济复苏乏力和国内经济下行压力加大的背景下,有色、化工、冶金、建材等原材料产业均受到不同程度影响,主导工业产品产量波动明显,镍、生铁、盐酸、烧碱、发电量等工业产品产量同比均有下降,主要工业产品价格持续下跌。镍累计平均价格比去年同期下降27.4%,铜下降13.3%,企业成本居高不下,利润空间明显缩小,企业库存明显上升,企业经营压力明显加大。

(二)循环经济发展水平不高

循环经济产业链短,大项目、高技术含量的项目少,补链项目不多,上下游企业之间深度衔接和密切合作的机制尚未完全建立。企业之间只有产业结合,没有以资产纽带形成利益共同体,不同体制、不同级别的企业间沟通协调存在一定难度,影响了产业链上下游企业的正常生产。工业固体废弃物综合利用率仅为18%,资源综合利用仍处于低水平。

(三)节能降耗形势严峻

部分能源密集型企业停产或未满负荷生产,单位工业增加值能耗速度下降。随着一批能源密集型项目的集中竣工投产,工业用能总量将进一步增加,单位工业增加值能耗面临上升压力。

### 三、2013年目标任务

2013年,全市工业主要预期目标是:规模以上工业增加值增长19%;工业固定资产投资184.15亿元,增长45%;产业转移到位资金108亿元,增长25%;万元工业增加值能耗下降3.66%;万元工业增加值用水量下降2%;完成铁路发运量315万吨。

#### (一)加强工业经济运行调度

一是将年度工业经济目标分解到县(区)及有关企业,实行"月通报、季讲评、年考核"制度,督促有关单位和企业按期完成任务。二是加强对重点行业、重点企业、重点产品运行情况的跟踪分析,建立对主要原材料和产品价格及市场供求动态等相关信息收集、发布机制,完善经济运行日常监测、月度分析、季度例会、重点时段综合调度等制度,加强对工业经济走势的预测分析。三是加快建设重点企业监测信息平台,实现工信部门和企业的数据联网。四是做好规模以下企业"入规"培育工作,从市级中小微企业发展专项资金中列支部分资金,贴息支持主营收入在500万元以上、2000万元以下的工业企业进行技术改造。五是积极协助统计部门做好规模以上企业名录库的审批、增加值率核定等工作,切实提高数据质量。

#### (二)加强生产要素保障

一是建立铁路运输协调会议制度,大力实施金昌火车站站房改扩建项目,力争年内建成投用。二是督促重点企业改造专用线。金川公司要拓宽原料场,采用新技术、新装备提高卸车效率;提升白沙窝车站和白家嘴编组站的运载能力;金化集团公司要积极扩展货位,力争实现整列装卸车;协调解决金昌发电公司储煤中心铁路专用线的改造和管理问题。三是对全市工业物流企业状况进行调查摸底,积极支持日升隆物流中心、太西煤集团物流园区建设,力争太西煤集团物流园区年内开工建设。四是联合有关部门深入企业进行安全检查,消除安全事故隐患,确保企业安全生产。五是认真落实能源密集型企业电价补贴政策,保证企业满负荷生产。

#### (三)加大工业项目建设力度

继续落实市级领导包抓项目责任制,建立投资项目月报表、月分析制度,加强项目申报工作。加强固定资产投资管理,计划实施总投资3000万元以上项目100项。其中:续建项目60项,投资75亿元;新建项目40项,投资102亿元。新能源项目19项,投资83亿元。重点实施年产1万吨羰基镍、年产30万吨PVC、年产40万吨离子膜烧碱、西部有色金属示范基地、年产30万吨铜材、高盐废水处理站、年产100万只印花镍网、年产10万吨浓硝酸、年产50万吨特钢、单晶铜键合引线及微细电磁线制造、太阳能光伏组件、PVC干法乙炔、甘肃瓮福公司二次创业项目、年产10万吨氧化镁、300万吨西煤、生活垃圾发电、氟化工深加工等。

#### (四)加大承接产业转移力度

深入实施"千亿元大招商"和"民企陇上行"活动,重点瞄准产业链、大企业、好项目,实施精准招商。招商引资到位资金12.5亿元,完成"千亿元大招商"任务的25%。全年产业转移到位资金108亿元,其中新能源产业83亿元。重点推进生活垃圾发电项目落地,年内实现投资4.7亿元,到位资金2亿元;促成安徽蓝德集团项目落地,实现协议投资20亿元,到位资金4亿元;推动甘肃瓮福公司二次创业项目开工建设,协议资金20亿元,年内到位4亿元;促成施可丰60万吨复合肥项目落地建设,项目总投资1.5亿元,年内到位5000万元;促成永昌发电公司物流园项目开工建设,投资估算3亿元,年内到位5000万元;协助做好河西堡储氢电池项目工作,争取项目落地,投资估算10亿元以上,年内到位5000万元。

(五)推进工业循环经济发展

一是实施好循环经济补链项目,年内滚动实施节能与循环经济项目20个。二是深入推进工业固体废弃物综合利用。认真落实税减免等优惠政策,强化磷石膏、粉煤灰、炉渣、脱硫石膏等工业固体废弃物的综合利用,力争利用率达到20%。三是开展企业自愿性清洁生产工作,积极争取国家和省上清洁生产专项资金。四是制订2013年度和"十二五"淘汰落后产能计划,分解落实省政府下达的淘汰落后产能目标任务。五是加强企业节能节水工作。加大对重点能耗企业节能节水改造项目的资金投入,重点实施金铁集团烧结脱硫、粉尘治理,瓮福化工节能改造,金泥尾气回收等项目,加快推进燃煤机组脱硝、污水处理脱氮除磷等项目建设。

(六)强化企业协调服务

一是加快完善中小企业社会化服务体系建设,扶持中小微企业释放潜能、开拓市场,使更多的中小微企业进入规模以上行列。二是协调解决工业在建项目落地施工过程中的困难和问题,促成早日建成投产、发挥效益;对新建成的33个重点项目,深入企业跟踪落实,尽快实现达产达标。三是积极引导企业上市,大力支持金川公司加快上市步伐,力争年内上市;继续推动金泥集团公司、甘肃三洋啤酒面业公司做好企业股改和规范化培育工作,争取2013年进入上市培育期。四是加大企业融资服务力度,组织开展较大型银企对接活动1~2次,协调金融机构向中小微企业发放贷款30亿元以上,争取融资性贷款担保总量2亿元以上。五是积极引导企业履行社会责任,吸纳更多劳动者就业。通过举办"银河"培训、企业岗位培训等多种形式,培训各类人才3800人,不断提高企业员工的素质和技能。

(七)推进"两化"融合和技术创新

重点实施"数字企业"工程,以工业运行监测平台建设为契机,抓好重点工业企业信息化管理服务平台建设。加强企业技术中心建设,积极申报国家、省级企业技术中心和研发机构。抓好重点企业的新产品、新技术、新工艺鉴定推荐,开展专利成果转化推进,产学研相结合,不断加强技术创新体制机制建设。争取申报国家级技术创新示范企业1家,省级技术创新示范企业1家,省级企业技术中心4家。

(金昌市工信委)

# 酒 泉 市

### 一、工业经济运行情况

2012年,酒泉市工业企业总数达到1445户,增加317户。全市工业实现总产值693.8亿元,增加17.2亿元,比五年前增长1.8倍。全市完成工业增加值258.7亿元,其中规模以上工业增加值完成195.1亿元,增长23.4%,高于省上下达指标3.9个百分点,位居全省第2位。工业经济占全市国民经济的比重达到44.7%,增加1.1个百分点,对全市经济增长的贡献率达到59.7%,增加2.6个百分点,拉动GDP增长9.6个百分点,工业经济已成为全市经济发展的中流砥柱。

(一)支持鼓励扶持措施有力,政策保障助推效应凸显

市委、市政府制定下发了《关于进一步推进工业转型跨越发展的若干政策》《酒泉市特色工业园区建设实施方案》《关于加快生产性服务业发展的实施意见》《关于建立重大项目互保共建和工业企业互为市场长效机制的实施意见》等文件,颁布了一系列支持鼓励扶持工业和信息化大发展的政策措施。市级设立3000万元的工业发展资金,每年增长15%。各县(市、区)也投入了近亿元的工业发展资金。市工信委制定并组织实施了新能源产业、装备制造业、现代高载能产业、石化产业、信息化产业、矿产资源开发转化、农产品加工、民营经济和中小企业、生产性服务业、特色工业园区建设10个推进计划,落实年度目标、重点项目、保障措施和责任领导。全市工业发展的推进机制、项目建设联动机制和考核督查奖励机制逐步健全完善。

(二)产业规模壮大,链式发展模式初步形成

2012年,25个工业大类行业中,20个行业呈正增长,增长达到80%。其中新能源、装备制造、现代高载能产业完成工业增加值170.8亿元,占全市工业比重为66%,对工业贡献率为91.2%。首位产业完成增加值69.1亿元,增长19.3%,占全市工业比重的26.7%,贡献率为29.8%;石油化工、煤化工、有色冶金、黑色冶金、非金属采选加工及光伏材料等高载能产业完成增加值101.7亿元,增长41.6%,占工业比重的39.3%,贡献率为61.4%。传统的电力、冶金、建材等支柱产业持续增长,其中电力工业完成工业增加值16.2亿元,增长24.6%,冶金工业完成增加值15.7亿元,增长

57.4%,建材工业完成增加值15.9亿元,增长141.3%,比五年前分别增长3.5倍、2倍、5.3倍。新能源及装备制造千亿元产业链已被甘肃省确定为全省4个千亿元产业链之一。石油化工、光伏材料、有色冶金、黑色冶金、非金属及建材、煤化工6个百亿元产业链已通过省上评审,正在全面实施。

(三)工业固定资产投资增长迅猛,项目建设成果丰硕

全年完成工业固定资产投资达505.5亿元,增长32.5%,超额完成增长23%的目标任务。开工建设的非能源类工业项目达到398项,较去年同期增加了130项。全市续建、新建承接产业转移项目196项,项目总投资达到818.7亿元,引进资金到位额478.3亿元,到位率达到58.4%,项目数、资金到位率居全省首位。全年共有109个工业和信息化项目获得中央和省上支持,比上年增加57个,争取到位各类项目资金7854.5万元,同比增长71%。

(四)特色园区建设迈上新台阶,发展平台更加宽广稳固

全市工业园区发展格局由"一区三园"向"一区多园"转变,酒泉循环经济产业园、敦煌市循环经济示范工业园区、金塔县北河湾循环经济产业园被确定为省级循环经济示范园区。酒泉现代资源综合利用产业园、西脉瓜州循环经济产业园、肃北县马鬃山工业园区、阿克塞工业园区被确定为省级循环经济试点园区。2012年,筹资1000万元设立市级园区发展专项资金支持园区建设,各园区基本完成了规划编制论证报批,并筹资9.34亿元,加大基础设施建设力度,不断提高承载力、吸附力和服务能力。3个市管园区和5个工业小区入驻企业730户,吸纳就业5.4万人,园区工业增加值达到216亿元,占工业经济总量的84%。

(五)培育扶持小微企业力度大,规模以上企业大幅增加

加强对主营业务收入500万~2000万元工业企业的服务支持力度,全年新增规模以上工业企业52户,全市规模以上工业企业达到了241户。积极开展小微企业整合重组活动,帮助一批小微企业整合重组为规模以上企业,通过整合重组小微企业达到规模以上企业10户。整合重组的163个小微企业新增工业增加值6.3亿元,增长2.16倍,对规模以上工业增加值的贡献率达21%以上。规模以下企业上规模和小微企业整合重组两项工作"双轮驱动",有力助推了全市工业平稳较快发展。

(六)中小企业服务体系逐步健全,服务能力进一步提高

组织全市23家担保公司、19家小额贷款公司成立了中小企业融资担保商会。全市中小企业信用担保公司达23家,为731户企业提供融资担保服务,在保金额近10亿元。建设市级中小企业公共服务平台和新能源及装备制造、特色农产品加工两个产业平台,并积极谋划在各工业园区、主要行业建立公共服务平台。成立了全市中小企业服务中心,为民营产业、行业企业提供信息和技术服务支撑。

(七)循环经济和节能降耗深入推进,发展方式明显转变

进一步健全完善了重点用能企业统计体系和预警监控、工业固定资产投资项

目节能评估审查等制度。将规模以上万元工业增加值能源消耗降低指标、重点企业节能节水指标分解落实到各县(市、区)和重点用能企业,并分月度、季度、半年进行检查考核。制定了《酒泉市工业和信息化产业固定资产投资项目节能评估和审查管理实施办法》,对6个固定资产投资项目节能评估报告书进行了初审,上报省工信委评审批复。对7个项目的节能评估报告表组织专家进行了评审和批复。组织并指导6户企业申报资源综合利用认定,通过了资源综合利用认定评审委员会的评审,全市经评审认定的资源综合利用企业达到11家,综合利用各类废渣13027万吨,实现产值2860万元。制定了《关于加强全市工业节能监察体系建设的意见》,开展了以能耗限额标准执行情况、企业淘汰高耗能落后机电设备(产品)、重点耗能企业能源利用状况报告制度等为主要内容的节能执法监察活动。启动了清洁生产试点工作,推广了一批循环经济发展模式和循环经济实用技术。规模以上万元工业增加值能源消费降低指标、重点企业节能节水指标均完成省上下达的任务目标,工业绿色环保低碳发展取得实质进展。

(八)生产性服务业高位启动,工业服务业融合发展态势显现

市、县两级成立了推进机构,制订了推进计划,在市工信委增设了生产性服务业科室。坚持把推动工业物流大发展作为主要抓手,全力帮助广汇柳沟物流等一批工业物流企业达产、达标,积极引进大型工业物流企业,工业物流业成为新的经济增长点。仅广汇公司就上缴税金过亿元,并带来了3家煤化工企业。企业技术服务、节能服务等直接为企业服务的业态呈高增长趋势,在全省走在了前列,被省工信委列为全省唯一的生产性服务业服务示范市,瓜州县被列为示范县。

(九)信息化工作全面推进,"四化同步"迈入新轨

委托国内一流专业机构编制全市信息化规划,配合组织部门在肃州区20个社区开展了"数字社区"民情流水线工程。积极争取使敦煌软件和动漫产业基地被省工信委命名为省级园区,实现了信息产业的突破。积极支持三大运营商建设"智慧酒泉""无线城市""数字城市",信息基础设施基本完备。奥凯公司物联网项目、巨龙物流软件项目分获国家、甘肃省资金支持。全市已步入工业化、信息化、城镇化和农业现代化同步发展及互促共进的轨道。

**二、2013年的目标任务**

2013年,全市全部工业增加值增长20%以上,其中规模以上工业增加值增长21%以上;工业固定资产投资增长40 %;万元工业增加值用水量下降7.5 %;信息产业主营业务收入增长15 %。新培育规模以上工业企业30户以上,新培育销售收入过亿元的工业企业10户以上。

(一)强力推进四大产业,加快构建新型工业体系

落实"3341"工程,加快构建以首位产业为主体、战略性新兴产业、特色优势产

业和富民多元产业为依托的新型工业体系。一是持续做大产业规模。紧盯以新能源和新能源装备制造为主导的首位产业等4个产业方向,加快建设已核准批复的风电二期首批300万千瓦项目,年内实现并网发电,力争全年新增风电指标300万千瓦以上,光电指标新增1000兆瓦,建成在建风电总规模突破1300万千瓦、光电突破3000兆瓦,发电量达到190亿千瓦时。抓好敦煌—鱼卡—格尔木750千伏输变电工程建设,力争6月份建成投运。进一步完善330千伏及以下电网结构,加快肃州、金塔、玉门、敦煌等光电和高载能产业园区的7个330千伏升压(变电)站及配套输电工程建设,保障园区电力外送及高载能企业用电。全力抓好酒泉合肥光伏产业园、京城控股风力发电机、金塔万晟光伏垂直一体化、力波大功率储能电池等项目建设,力争新能源完成增加值82.5亿元,增长20%,使首位产业成为全市工业经济的"火车头"。二是不断优化产业结构。针对产业结构单一、产业链短、附加值低等突出问题,在积极引进装备制造、新材料、信息产业等新兴产业的同时,围绕区域特色优势产业,延伸产业链条,尽快形成新能源及新能源装备制造千亿元产业链、现代高载能6个百亿元产业链,实现链式化发展格局。把产业发展和消纳新能源电力紧密结合,下大力抓好现代高载能产业,力争完成增加值134亿,增长35%。大力发展农副产品加工、石材加工、生产性服务业等产业,催生一大批为主导产业配套的小微企业,形成多元支撑产业体系,带动全民创业就业、增加收入。三是努力提升产业层次。通过帮助老企业加大技术创新力度,利用信息技术和先进适用技术改造传统产业,加强质量品质建设等途径,提升矿产品加工、建材、消费品等传统产业的技术水平,培育新的增长点,提高市场竞争力和经济效益。制定优惠扶持政策,鼓励企业组建技术联盟、销售联盟、企业集团,带动相关产业提升产业层次。

(二)大幅提升项目建设水平,拉动固定资产投资高位增长

继续实施"项目带动"战略,力争新能源工业固定资产投资增长40%,达到330亿元,实现工业项目建设新突破。一是在项目策划上突破。围绕重点产业发展规划和产业链,谋划一批重大产业项目,延链、补链、配套项目。分类、分批、分层次做好工业和信息化项目库建设,逐步实现对县以上建成、在建、拟建、储备项目的实时动态管理和优质服务。二是在招商引资上突破。积极开展招商引资和承接产业转移,紧盯500强及行业龙头企业,实施项目攻坚,以大项目拉动大投资,以大投资带动大发展,促进产业做大、做强。三是在争取资金上突破。采取走出去、请进来等方式,做好项目的推介和争取工作,争取项目扶持奖励资金有较大幅度增长。四是在落地服务上突破。对重点产业、重点领域和重大项目,继续实施包挂责任制、跟踪服务制和定期督查通报制度,对226个3000万元以上重点项目,加大服务协调力度,实行全程化、"一站式"服务,尤其是对43个续建项目和49个新建亿元以上项目要加大督查和服务力度,力促项目早落地、早建成、早见效。五是要在制定、争取优惠政策上突破。以创建国家级新能源综合利用示范区为抓手,争取从国家层面对全市新能源消纳

给予电价优惠政策。抓紧出台现代高载能项目优惠扶持政策,用优惠电价吸引更多的高载能企业落户,从根本上推动高载能产业项目建设。

(三)加大基础设施建设力度,努力提高园区承载能力

抓住工业园区升格为国家经济技术开发区的机遇,加快构建"一区多园"格局,提升园区发展水平。一是制定规划,用足政策。尽快聘请专业机构,制定全市经济技术开发区发展规划,进一步明确功能定位、发展目标和管理机构,用足用活国家、省对经济技术开发开区的各项优惠扶持政策。二是加快基础设施建设。千方百计筹措资金,加大园区道路、供电、给排水、通信、供暖、供气等基础设施建设力度,提升园区承载能力。三是促进产业聚集。按照各园功能定位,立足集约发展、产业关联和循环发展,统一规划布局项目,引入关联配套企业,落实"飞地建园"政策。推动园区循环化改造,逐步形成园区内资源集中供给、废物集中处理、能源梯级利用的循环发展体系,最大限度地发挥聚集效应。四是提升园区服务功能。加快质量检测、融资担保、信息技术、投资咨询、企业孵化、人才培养、物流仓储等公共服务平台建设,实行"一站式"服务和代理服务,不断提升和优化园区的服务层次和质量。

(四)强化经济运行监测调控,确保工业经济稳定增长

按照既重视发展速度又注重增长质量的要求,全力抓好工业经济运行,确保完成省政府下达的工业增加值增长19.2%的任务目标。一是加强企业生产运行监控。在继续做好重点企业监测的同时,将监测范围扩大到100户中小企业,按月采集分析企业生产经营数据,掌握经济运行中出现的新情况、新问题,及时制定应对措施,确保全市工业经济健康运行。二是强化生产要素保障。定期发布工业用电及电力报装、天然气供应、企业资金需求和电煤调进、消耗、库存等情况,切实做好煤、电、油、气、运、劳动力等生产要素的组织协调。加强与铁路部门的对接,满足工农业产品外运需求。落实对铁合金、工业硅、硅铁等高载能企业电价补贴政策,帮助高载能企业正常生产经营。三是认真落实重大项目联保共建和工业产品互为市场机制。鼓励产业链上下游企业、关联企业优先采购本地企业产品,支持企业互为市场、联动发展。及时公布产品供需目录,经常性开展产需对接活动,制定政府采购和重大建设项目优先采购市内名优产品的政策措施,提高市内企业产品占有率。

(五)抓好扶持政策落实,促进企业提质增效

一是大力扶持中小微企业。加大落实发展非公经济政策力度,鼓励全民创办工业,通过放宽准入条件,催生一批中小微企业,力争企业总数增长15%;通过定向培育,力争扶持30个规模以下企业成长为规模以上企业;通过政策引导,整合重组50户以上小微企业。继续设立1000万元奖金,对中小微企业整合上规模给予奖励。二是加快培育一批龙头骨干企业。在继续扶持73个重点企业的同时,再筛选确定一批成长性好的重点企业,优先配置优质资源和生产要素,使其更快地成长为骨干企业。积极帮助企业加快上市步伐,做大做强成为行业领军企业。三是加快提升企业

技术创新能力。加强传统产业技术改造,引导和扶持企业加大技术改造、技术创新和新产品的开发,鼓励企业增加研发经费和技术创新、技术改造投入,创建国家和省级企业技术中心。力争培育国家级、省级企业技术中心2~5家,争创甘肃名牌3~5个。四是大力发展生产性服务业。围绕首位产业和优势产业,加快发展工业物流、融资担保、科技创新、信息服务、节能服务,为企业提供产前、产中、产后、研发等一条龙服务,着力提升产业竞争力和企业效益。五是进一步健全融资担保体系。新培育担保公司6户,使全市担保机构达到30户。帮助肃北、阿克塞建立信用担保机构,实现全覆盖。2013年,全市融资担保额突破16亿元。

(六)大力推进绿色循环低碳工业,加快转变发展方式

一是加快发展工业循环经济。以3个示范园区和4个试点园区为平台,以6个循环经济产业链为重点,加快培育和引进建设一批循环型企业、产业链和重点项目,推动循环型工业体系建设。二是切实加强节能降耗工作。对重点用能单位能源消耗数据实施在线监测试点工作。大力推广煤粉锅炉等节能、节水、节地、资源循环利用的新技术。加快推进19户清洁生产审核试点企业工作,加大淘汰落后产能工作力度,力争淘汰落后水泥、冶炼等行业产能50万吨以上。三是提高资源综合利用水平。抓好资源综合利用认定工作,力争通过资源综合利用认定的企业达到14户以上,促进工业绿色低碳发展。

(七)全面实施信息畅通工程,加快推进经济社会信息化

一是加快信息基础设施建设。聘请国家级专业团队编制信息化发展规划、物联网规划,制定信息畅通工程实施方案。加大信息通信基础设施投入,推进信息资源整合。二是坚持城乡并举,抓紧实施一批信息化重点项目。支持三大运营商加快实施"智慧城市""数字城市""无线城市"建设,拉高信息消费水平。实施好肃州区20个社区数字民情流水线建设,提高社区综合管理水平。建成全市中小企业服务公共平台和两个产业平台,为中小企业提供全方位的信息服务。启动实施"市民卡"、农村公共信息二期项目,开展农村信息综合服务试点。继续推进数字企业建设,促进物流网、云计算等先进信息技术在产品研发设计、工艺流程、企业管理、产品流通等领域的应用,推动工业化与信息化的深度融合。三是积极发展信息产业。制定鼓励信息产业发展的优惠政策,争取在汉唐新区设立信息产业园,吸引信息企业聚集发展。支持敦煌南特动漫和软件产业园加快发展,尽快形成规模。扶持一批信息企业,逐步壮大信息产业。

(八)认真履行"一岗双责"责任制,全力抓好企业安全生产

定期开展安全生产大检查和专项治理整顿,强化日常安全生产监管,着力抓好化工、民爆、油气管线等重点行业和企业安全隐患排查治理,及时消除安全隐患,坚决防止重特大事故发生,落实好各项事故应急预案,定期开展事故救援演练,提供应对突发事故的能力,打好安全生产工作的主动仗。

(酒泉市工信委)

# 张 掖 市

　　2012年,张掖市完成工业增加值75.52亿元,增长14.6%,增速排全省第13位。其中规模以上工业企业完成工业增加值59.84亿元,增长14.4%。全年规模以上工业企业主营业务收入143.13亿元,增长17.7%。产品销售率87.5%,下降2.3个百分点。全年规模以上工业企业盈亏相抵后,实现利润总额8.33亿元,下降8.1%。规模以上工业经济效益综合指数225.91%, 比上年提高37.3个百分点。完成工业固定资产投资80.93亿元,增长98.5%,工业固定资产投资增速排全省第2位。工业占全市生产总值的25.94 %,对经济增长的贡献率达到33.5%。

## 一、工业经济运行情况

### (一)强化协调服务,确保经济平稳运行

　　一是加强政策扶持。认真贯彻落实《省政府关于解决当前工业突出问题促进工业平稳较快发展的意见》,及时召开工业经济运行分析会,全面掌握企业的购、销、调、存情况,强化要素保障,确保工业企业正常的生产经营。二是加大协调服务。千方百计帮助企业做好原材料供应工作,提前协调好新疆煤炭调运通道问题,保障了重点行业、重点企业的煤炭需求。全年发运各类货物25606车,增长8.5%。三是拓宽融资渠道。及时组织召开银政、银企对接会,积极为企业融资搭建平台,全市20家融资性担保公司为企业提供贷款担保35.4亿元。对能够在年底进入规模以上工业企业名录库的企业,采取财政贴息的方式进行扶持,享受财政贴息资金230万元。四是抓好高载能企业复产工作。对我市8户铁合金企业的17台电炉,通过政府积极引导和财政补贴等多种措施,促使13台正常生产经营,享受省级财政电价补贴421.6万元,地方性财政补贴246万元。五是加强安全监管。建立行业安全管理体系,及时开展安全生产大检查和专项整治活动,加强隐患整改,杜绝安全事故的发生。

### (二)突出重点,着力抓好项目建设

　　一是抓好重点项目建设。全市建成重点工业项目70项。其中:亿元以上项目19项,5000万元以上项目11项,1000万~5000万元项目40项,同比增长250%。完成工业投资77.8亿元,增长227%。2012年是近年来工业项目建设开工数量最多、工业投资完成最好的一年。二是积极谋划重大工业项目。40亿立方米煤制天然气项目、200万

吨钼采选项目、香港保利协鑫集团500兆瓦光伏发电项目、张掖火电二期2×60万千瓦机组扩建项目和年产30万吨电石项目,前期工作已基本完成。三是抓好与央企签约项目的跟踪落实。张掖市工信委负责的与央企签约项目共9项,总投资约69亿元。其中:国电集团甘州区南滩光伏发电一期10兆瓦项目已建成投产,甘州区平山湖一期49.5兆瓦风电、上海航天机电公司甘州区南滩光伏发电等4个项目已开工建设,完成投资10.68亿元。四是加强项目资金争取。组织上报第一批省级预算专项项目72项,上报全省工业企业技术改造项目29项,下达全市第一批专项资金30项1736万元。五是积极承接产业转移。研究并制定了加快招商引资承接产业转移实施方案,有针对性地引导外来投资项目,构筑全市承接产业转移的新优势。全年通过招商引资和产业转移,实现落地工业项目82项,计划投资115.9亿元,目前已全部开工建设,完成投资81.2亿元。

(三)强化措施,切实推进节能降耗

一是加强目标责任管理。全年全市规模以上工业能源消费总量161.66万吨标煤,同比下降9.70%;工业用电量17.10亿千瓦时,下降7.51%;万元工业总产值能耗0.79吨标煤/万元,万元工业增加值能耗2.87吨标煤/万元,下降21.07%。二是抓好节能技术改造。实施了山丹腾达西铁冶金公司节能综合技术改造等重点节能项目,年节约标准煤5万吨,争取到省级专项资金166万元。三是抓好落后产能淘汰。申报了丝路春食品工业公司等8户企业的8个项目,淘汰落后产能60.5万吨,申报省级财政奖励淘汰落后产能10.2万吨。共争取到国家和省级奖励资金1766万元。四是积极开展工业节水工作。各县(区)及各重点用水企业均按均衡进度完成了节水目标任务。五是认真做好新型墙体材料发展及专项基金征收工作。协调市财政局、市建设局制定了新型墙体材料专项基金征收办法,从2012年8月起在全市范围内开征了新型墙材专项基金。

(四)转变方式,大力发展循环经济

一是抓好循环经济项目建设。实施了张掖市晋昌源煤业有限公司煤气综合利用等10个重点循环经济项目,年综合利用各类固体废弃物25.5万吨,争取到省级专项资金388万元。二是按时完成小企业关闭。完成了18户能耗高、污染重、安全隐患突出的小企业关闭,淘汰产能62.5万吨,争取国家关闭小企业补助资金3257万元。三是积极推进清洁生产。在冶金和农副产品加工行业确定了15户企业开展自愿性清洁生产审核试点工作,对开展试点的企业进行了培训,组织企业分期分批开展自愿性清洁生产审核。四是大力开展资源综合利用。积极组织开展企业资源综合利用产品认定工作,落实国家有关税收优惠政策。通过积极申报,新增4户资源综合利用认定企业,全市资源综合利用认证企业达到10户,全年综合利用各类固体废渣60.2万吨,生产资源综合利用产品127.32万吨,实现综合利用产值4.05亿元,享受税收优惠5267.67万元,全市资源综合利用水平得到较大幅度的提高。五是推进省级循环经济示范园区和企业建设。张掖工业园区和高台工业园区晋升为省级循环经济示范园区,张掖有年金龙集团公司等3户晋升为省级循环经济示范企业,目前全市有省级循环经济试点示范园区2个,省级循环经济示范企业3户,试点企业6户。

(五)搭建平台,加快发展中小企业

一是抓好中小企业成长工程。对43户主营业务收入在500万~2000万元的企业,通过技术改造、开发新产品等多种途径,提高企业竞争力,争取早日达到规模以上工业企业标准,全年共培育规模以上工业企业11户。二是抓好中小企业项目申报及管理工作。争取2012年国家中小企业技改项目7项,下达扶持资金1180万元。争取国家中小企业信用担保专项资金项目5项,下达扶持资金1750万元。争取国家和省级中小企业专项资金12项,共下达资金580万元。三是抓好中小企业服务平台的申报工作。今年有7家单位被评定为省级中小企业服务示范平台,张掖市省级示范平台达到12户,占到全省72户的17%。四是认真抓好融资服务体系建设。组织104户有融资需求的企业建立了中小企业融资需求项目库,确定了6户具有上市前景的小微企业重点进行培育。从担保机构的准入、业务范围、经营规则及风险控制等方面,加强对信用担保机构日常监管,使担保机构运营渐趋规范。

(六)推进融合,加快信息化建设进程

一是积极开展"数字企业""数字社区"建设工作。协助电信公司完成了50户数字企业建设任务。申报了甘州区三维数字社会管理服务平台建设项目,项目计划总投资2000万元。申报了信息化建设项目11项,总投资达10715.2万元。二是加快推进信息产业建设。积极与三家电信企业联系沟通,建立项目信息通报机制,加强工作对接协调,积极推进信息化基础设施建设。目前,三家通信企业投入信息化基础设施建设资金1.67亿元。通信业实现主营业务收入达到6.11亿元,同比增长13%。三是做好项目信息和信用信息公开工作。落实、配合、衔接由张掖市工信委牵头的与多个部门联合开展的项目信息和信用信息公开工作,并按程序和要求公开了张掖市工信委有关项目信息。四是抓好技术创新项目实施。积极开展技术创新,完成技术创新项目投资7000万元,有两项新产品、新技术通过省级鉴定。做好省级企业技术中心培育工作,推荐了山丹水泥集团公司技术中心、临泽金玉酒精公司技术中心申报第25批省级企业技术中心认定。

**二、存在的困难和问题**

1.受欧债危机和国内外经济环境急剧变化的影响,特别受市场需求放缓、融资环境趋紧、用工成本上升、利率汇率调整、能源原材料价格高位波动、要素供应紧张等多重因素挤压,企业盈利空间进一步压缩,增速减缓,工业经济下行压力加大。

2.对项目建设的监督管理、协调支持还不够有力,部分项目建设推进速度缓慢。招商引资和承接产业转移工作虽然做了大量工作,但引进的项目不多,效果还不够明显。

3.受现行金融体制和企业资产运营状况的双重制约,银行向企业发放贷款的额度十分有限,企业融资难的问题仍然比较突出。

4.服务不到位,发展环境不够宽松的问题依然存在。

**三、2013年的目标任务**

2013年,全市工业完成工业增加值88亿元,增速保持在16%以上。其中:规模以上工业完成工业增加值72亿元,增速保持在18%以上;工业固定资产投资增长38%,开工建设重点项目80项以上,其中投资上亿元的项目达到40项以上,总投资80亿元以上;全面完成省、市下达的工业节能降耗和节水目标任务。

(一)加快招商引资,积极承接产业转移

一是紧紧围绕太阳能、水能、风能资源开发,农产品深加工等方面筛选一批好项目、大项目,积极与国际和国内大公司、大集团洽谈,特别是激发在张掖的国内外知名大企业、大集团再投资和再创业。引进资金、引进技术、引进人才,发展壮大支柱产业,力争在招大商、上大项目上实现新的突破。二是抓住国内产业转移的宝贵机遇,围绕主导优势产业和延伸产业链的要求,主动承接发达地区链条式或集群式产业转移,重点承接产业薄弱环节和产业链补链项目,提高产业协作配套能力,提升招商引资质量。

(二)加强统筹协调,形成加快发展合力

一是在新能源、矿产品开发加工等产业发展上,既要保证骨干项目建设带动产业发展,又要保证有利于项目间的产业配套,有利于三废治理和资源的综合利用,不断延伸产业链,发展产业集群,形成竞争优势。二是在特色农产品加工业上,运用统筹协调的手段,强化引导和组织,真正建立企业与农户、加工规模与基地建设相配套的利益连接机制,促进农产品加工上规模、上水平,确保农产品加工企业原料基地的落实,切实解决农产品加工企业原料短缺、开工不足的问题。

(三)突出工作重点,全力推进项目建设

一是积极主动地融入河西新能源基地,引进一批综合实力强的新能源装备制造企业。对已经签约的风电、光电项目,突出重点项目带动、重点企业引领、重点区域聚集,加快形成战略性新兴产业集群。二是促进平山湖煤田开发、火电二期、煤制天然气、太阳能光伏发电及设备生产、钼矿采选项目取得实质性进展,力争光伏、风力发电项目建成并网发电,山丹绣花庙、长山子、龙源平山湖二期风力发电项目完成年度建设任务,陶莱河三道湾电站、花草滩煤矿、长山子煤矿、金源煤矿、30万吨铁锰精矿干法、30万吨铁锰精矿湿法选矿等项目建成投产,推动西龙热电生物质能发电项目开工建设。组织实施中储粮1.5万吨玉米种子加工中心、滑丰种业种子加工中心、中种迪卡3.5万吨玉米种子加工中心、奥瑞金种业平川种子加工厂、博峰10

万头肉牛屠宰加工、沅博30万只肉羊屠宰加工、民乐2万吨中药材饮片、广泰药业1000吨精制中药饮片、宏泰药业2000吨中药饮片、宏源生物1000吨万寿菊颗粒等已建和新建农畜产品加工项目，促进特色资源转化，提升优势产业效益。三是各县(区)组织专门的领导，制定具体的激励政策和保障措施，加强协调服务，抓好新上项目建设。

(四)加强协调服务，确保企业健康运行

一是强化经济运行监测。加强对工业经济运行动态的跟踪、分析和研究，做好重点工业企业监测预警月报数据汇总分析，高度关注矿产冶金、农产品加工、化工、建材等重点行业的价格变化和市场走势，及时分析和研究解决工业经济运行中出现的新情况、新问题。加强对工业企业和各项效益指标完成情况及与生产密切相关的工业品出厂价格指数的监测分析，增强预测预警工作的前瞻性、准确性和时效性。二是强化生产要素保障。进一步加强与铁路运输、油气供应、电力供应等部门的沟通联系，统筹协调好煤、电、油、运、气等生产要素保障，优先保障重点企业和重点项目需要。及时调运大宗工业产品、玉米种子和鲜活农产品，支持企业经营发展。三是强化企业安全保障，采取切实可行的措施，加强教育培训，努力夯实工作基础，确保安全万无一失。

(五)转变发展方式，优化工业结构质量

一是抓好中央及省级循环经济和资源综合利用项目专项资金的申报，抓好确定的10个循环经济重点项目，以项目助推循环工业发展。二是按期完成18户小企业的关闭任务。三是加强宏观指导，落实工作措施，严格考核监督，大力实施节能技术改造，认真落实节能评估和审查制度。淘汰张掖市三强化工建材有限责任公司等12户企业的水泥、酒精等落后产能150万吨，并帮助企业争取国家淘汰落后产能财政奖励资金。四是全面开展建筑墙体材料"禁实"工作，加大新型墙体材料专项基金征收力度，促进黏土实心砖企业有序退出。指导做好2013第一批"禁实"县城的验收工作，按照城市"限粘"、县城"禁实"的要求做好墙体材料改革的各项工作。

(六)健全服务机制，拓宽企业融资渠道

一是继续开展银企对接、银政对接等活动，充分发挥中小企业信用担保公司的作用，支持、指导担保公司扩大担保业务，切实解决小微企业"贷款难"的问题。鼓励社会资本以多种方式投资项目建设，争取银行信贷资金支持，着力解决规模以上工业企业发展资金不足的问题，尽最大努力保证生产企业的资金需求。二是依法加强对融资性担保行业的监管力度，认真开展审计和年检工作，建立监管制度和各项规章制度，建立担保机构风险补偿机制，提高担保机构的担保能力和抵御风险能力。

(七)完善基础设施，提升园区服务功能

一是围绕打造投资千亿元的工业园区，不断加大园区基础设施投入力度，完善路网、污水处理设施等基础设施建设，积极实施"五通一平"工程，进一步优化园区发展环境,提升园区服务和承载能力。二是围绕土地供应、税费征收、奖励扶持等内容,完善招商引资优惠政策,落实扶持奖励政策,加大区域交流合作力度,主动承接产业转移。三是支持五个省级园区做好扩区升级工作,力争张掖工业园区升级为国家级经济技术开发区。

(八)充分挖掘潜力,加快发展中小企业

一是加快推进全市支持小微企业发展意见的实施,把国家和甘肃省支持小微企业发展的精神落到实处。二是不断完善中小企业社会化服务体系,积极创建国家、省、市三级小企业创业孵化基地和中小企业公共服务示范平台,为中小企业提供社会化服务。重点开展张掖市中小企业公共服务窗口平台建设,同时对现有的创业基地进行规范和提高,不断增强创业孵化能力,培育建成1~2个具有一定规模的创业孵化基地。三是加快培育各类中小企业社会化中介服务机构,积极指导社会化中介服务机构为中小企业提供管理咨询、财务、法律等各类服务。四是强化中小企业项目跟踪监督管理,提高项目入库率,改进项目申报工作质量,扶持有实力、有发展前景的企业获得国家和省级专项资金支持。

(九)促进"两化"融合,加快信息化建设进程

一是组织和引导企业在生产营销、企业管理、技术创新、产品更新换代等方面应用信息技术,提升发展传统产业,不断提高信息化应用效率,逐步实现企业生产装备信息化和生产过程信息化。二是加强协调、引导和服务,抓好重点企业信息化项目,力争列入国家和省、市资金扶持。三是稳步推进科技、文化、体育、环境保护、劳动和社会保障等各个公共服务领域的信息化建设水平。进一步落实国家和甘肃省有关信息化建设方面的法律法规和标准规范,加强监管,切实维护好网络安全和正常运行。

(张掖市工信委)

# 武 威 市

## 一、工业经济运行情况

2012年,按照省"3341"项目工程要求,武威市全力实施工业强市战略,积极构建新型工业体系,着力推进重点项目建设,全方位开展招商引资,积极承接产业转移,强化经济运行监测分析,强力推进节能降耗,努力解决中小企业融资难题,切实保障生产要素供给,工业经济呈现出平稳较快发展的良好态势。

### (一)工业经济平稳较快发展

2012年全部工业实现增加值109.07亿元,同比增长21.1%。其中:规模以上工业实现增加值88.93亿元,同比增长23.6%;规模以上工业经济综合效益指数205.79%,同比提高6.51个百分点;工业上缴税金7.5亿元,同比增长10.38%;实现利润总额38264万元,同比下降24.61个百分点。

### (二)工业投资高速增长

2012年完成工业固定资产投资198.06亿元,增长72.87%,增速居全省第3位。实施投资千万元以上重点工业项目291项,其中亿元以上项目124项。中国葡萄酒城建设项目加快推进,武威荣宝照明科技有限公司2万盏太阳能路灯、甘肃紫轩酒业民勤葡萄酒厂5万吨葡萄酒一期等120项重点项目建成投产或即将投产,甘肃广电网络天祝云计算数据中心、甘肃莫高实业发展股份有限公司葡萄酒厂国际生态酒堡和6万亩葡萄基地及年产3万吨葡萄干酒、中节能甘肃武威太阳能发电有限公司等1209兆瓦光伏发电、凯帝斯电梯制造有限公司5000台电梯等152项重点项目开工建设,民勤红沙岗百万千瓦级风电基地、武威至准东铁路等重大项目前期工作正在有序推进。

### (三)承接产业转移成效明显

加大招商引资工作力度,借助"安徽名优产品甘肃行""甘肃—湖南产业合作对接活动"等平台,中国航天、甘肃广电网络云计算等一大批大型企业集团纷纷到我市投资发展。全年续建、新建承接产业转移项目121个,总投资395.22亿元,当年引进资金133.98亿元,建成投产21项。

（四）工业园区辐射带动能力显著增强

武威工业园区、黄羊工业园区被审批为省级新型工业化产业示范基地。2012年全市工业园区共完成基础设施投资15.03亿元，增长87.17%，建设园区道路111.7公里，建成供排水管网125.9公里，建成供电线路70.4公里，园区工业增加值增速高于全市工业增加值增速21.05个百分点，园区工业企业上缴税金增速高于全市工业税金增速22.55个百分点，集聚效应进一步增强。

（五）工业循环经济加快推进

武威工业园区等3个工业园区和太西煤集团民勤实业公司等3户企业被审批为省级循环经济示范园区和企业，黄羊工业园区国家级循环化改造项目进展顺利，华藏研磨材料碳化硅及深加工等7个高载能项目通过省工信委节能评估审查，武威南水泥公司机立窑水泥生产线等5个淘汰落后产能项目通过省上专项核查，21户企业被列为省级清洁生产试点企业，青岛啤酒武威公司等5户工业节水示范点创建工作加快推进。全年万元工业增加值能耗下降6.97%，万元工业增加值用水量下降3.2%，均在控制目标之内。

（六）主要生产要素保障有力

响煤集团武威选煤公司被列入全省铁路运输重点企业，武威南煤炭集疏运中心、黄羊公铁物流园、北河车站专用线列入全省电煤应急储备中心，为铁合金、碳化硅、电石等现代高载能企业生产用电争取省、市、县临时性电价补贴资金3956万元。健全完善古浪、天祝两个贫困县担保体系，全市担保机构达到9户，注册资本3.65亿元，新增担保贷款3.52亿元。加强银政企沟通，60多户企业获得银行79亿元的授信，落实贷款18.2亿元。

（七）加强服务体系建设

天祝玉通碳化硅、敬业科技技术中心被认定为省级企业技术中心，认定8户企业技术中心为市级企业技术中心。"黄羊河牌"商标被认定为中国驰名商标，"三开牌"炒货食品等4个商标被评为甘肃省名牌产品。武威职业学院ZY-2412-8电子模拟现场实训系统和ZY-BX-12综合布线实训系统两项新技术、新产品通过省级鉴定。加快中小企业服务体系建设，认定1个国家级、2个省级、5个市级中小企业公共服务示范平台。

（八）深入推进"两化"融合

新认定第二批"两化"融合试点园区1个、试点企业7户，储备"两化"融合项目35项，"TD-数字武威、数字凉州"、移动公司通信第二枢纽综合楼、智能农业物联网示范工程、农村"光进铜退"工程、城市光网建设、"数字企业"、中国食品市场电子商务平台及云服务等信息化重大项目建设进展顺利。对全市网站系统和重要单位IP地址开展调查，建立了全市网站系统和重要单位IP地址台账。加强通信保障与应急工作，完成了第十一届青海湖国际公路自行车赛（武威赛段）通信以及网络服务保障工作。

## 二、存在困难和问题

1.受国内外宏观形势的影响,重点产品市场需求减少。碳化硅、铁合金、电石等重工业开工不足,对全市工业增长的拉动作用明显减弱,一些不确定、不稳定因素增加,工业经济下行压力较大。

2.受市场需求低迷,原辅材料、劳动力等价格上涨影响,企业生产经营成本上升,效益下滑,全市规模以上工业企业实现主营业务成本同比增长25.24%,实现净利润同比下降24.61%,亏损企业亏损额同比增长102.07%。

3.建设项目的结构还不尽合理。高利税、高附加值、科技含量高、带动能力强的大项目及好项目还比较少,一些项目还存在开而不动、动而不快或只开工不建设的问题。

4.融资难仍是制约中小微企业发展的瓶颈。虽然与金融机构签订了总额为1300亿元的授信额度,但由于中小微企业普遍存在规模小、信用水平低、资本积累不足、自主创新能力弱、产品和市场竞争力不强、缺乏有效的抵押和担保资产等问题,在获取资金的渠道上受到不同程度的制约,银行"难贷款"和企业"贷款难"现象同时并存。

## 三、2013年的目标任务

2013年,力争全部工业实现增加值144.6亿元,增长30%。其中:规模以上工业增加值118.8亿元,增长31%;工业固定资产投资达到280亿元,增长41.37%;非公经济增加值实现278.2亿元,增长37.5%;单位工业增加值用水量下降3%。

### (一)切实加强工业经济运行监测与协调

进一步落实省、市促进实体经济健康发展的各项政策措施,加大对重点企业、重点行业的支持和协调服务力度。强化经济运行调度,对全年工业生产任务按11个月进行分解,倒排工期,做到月调度、季分析。确定全市运行监控的重点企业名单,及时准确掌握重点企业、重点产品市场供求和价格变动走势,建立健全相应的预警和应急机制。全力支持支柱产业、利税大户和骨干企业的正常生产,确保重点企业多产、多销,实现增产、增效。进一步强化煤、电、油、运等生产要素保障,积极汇报,争取运力支持,确保重点企业原辅材料和产品的运输需求。加强电力需求侧管理,帮助铁合金、碳化硅、电石等高载能企业恢复生产,提升效益。大力推进规模以下企业培育和小微企业重组工作,积极争取省级专项资金,支持主营业务收入500万~2000万元企业进入规模以上企业。研究建立重点项目互保共建和工业企业互为市场长效机制,鼓励和引导市内重点项目建设中优先使用市内工业企业生产的设备和产品、施工队伍和劳务人员,鼓励有关联性的工业企业互相开放市场、互相成为合格供应商和采购商、优先采购和供应企业生产需要的设备和产品,形成长期稳定、互惠互利的战略合作关系。

（二）强力推进工业骨干项目建设

结合全市资源、产业基础和市场需求特点，围绕液体经济、精细化工、水泥和建材制品、煤炭及深加工、装备制造业、能源、碳基新材料、电解铝及深加工、合金材料和高新技术应用十大产业链，按照"规模发展、上下游配套、产业集聚"的思路，认真谋划、筛选和论证一批产业链项目，做深做细项目的市场分析等前期工作，增强对上争取和对外招商的吸引力。对全市实施的重点工业项目进行摸排，健全完善项目建设工作机制，建立投资亿元以上项目定期协调制度和通报制度，通过各种有效形式，全力解决项目建设中存在的用电、用水、用地、资金等具体困难和问题，力争全年新开工投资千万元以上重点工业项目150项，建成140项。加大重大项目协调推进力度，确保上半年青岛啤酒武威公司20万千升啤酒、荣华技改、鑫淼电石深加工一期等重点项目按期竣工投产。

（三）加大招商引资工作力度

积极抓住和用好国内外产业、资本、技术、人才加速转移流动的重大机遇，通过产业招商、节会招商、以情招商、以诚招商和以商招商等多种方式，加强与国内外知名企业的对接联系，引进建设一批大项目、好项目。进一步做好承接产业转移工作，继续以环渤海经济圈、长三角经济圈、珠三角经济区、闽东南地区等产业"转出地"为重点，特别是要借助"民企陇上行"等平台，在精心谋划项目的基础上，加强与国家、省、市的行业协会、专业协会以及商会的对接，定点招商、精确招商，举办重大产业转移对接活动4次以上。围绕武威市确定的十大百亿元产业链，引进产业龙头项目和产业链关键环节补链项目，形成完整的产业链条和产业集聚效应。2013年，力争全年承接产业转移项目到位资金达到187.57亿元，增长40%。

（四）加强企业技术创新能力建设

制定具体实施意见，着力加强以企业为主体、市场为导向、产学研结合的企业创新体系建设。引导企业围绕市场需求和长远发展，建立研发机构，健全组织技术研发、产品创新、科技成果转化的机制，提高企业原始创新、集成创新和引进消化吸收再创新能力。支持荣华、皇台等省级企业技术中心争创国家级企业技术中心，申报认定省级企业技术中心5户，市级企业技术中心5户。加强武威市企业与市内外大专院校、科研机构的合作联系，多层次共建产学研一体化联合体和产学研联盟，加大科技攻关力度，推进科技成果产业化。深入企业开展调研，摸清企业技术现状，追踪行业先进技术，制定推进路线图，争取在3~5年内取得突破性进展。

（五）积极抓好工业循环发展

按照循环经济理念，围绕主导产业和产品，加快9个循环经济试点示范工业园区、13户企业的循环化改造，积极争取将武威新能源装备制造产业园、古浪工业集中区和鑫淼公司、青岛啤酒武威公司申报为省级循环经济示范园区和示范企业。围绕工业循环经济十大产业链,加快产业链延伸和产业集聚,梳理产业链条重点、节点项目和关键链接技术,积极通过招商引资、政策引导等措施,拉长、加粗、延伸产业链条,加快工业循环经济项目建设,着力实施一批直链、支链和补链项目,提升产业整体发展能力。大力推进企业节能降耗,跟踪监控电石、碳化硅、水泥、铁合金四大重点用能行业耗能情况,适时采取调控措施,确保完成工业节能目标。积极推进工业节水,深化节水示范点创建,加大高用水企业节水技术改造,推广先进的节水设备和器具。加强资源综合利用,鼓励支持企业对废渣、废水、废气、余压、余热和副产物等进行回收和再利用,不断提高建材、电石、煤炭、冶金、农副产品加工等重点行业的废弃物资源综合利用水平。

(六)加快中小微企业和非公经济发展

全面贯彻落实国家、省、市促进中小微企业发展,推进非公经济转型跨越发展的各项政策措施,营造良好的发展环境。深入实施中小企业成长工程,分类指导,梯级推进,梯次发展,重点培育科技研发能力强、成长性好的中小企业做大做强,成为主业突出、拥有自主核心技术、具有规模效益、带动力强的龙头企业。以实施思想解放、政策扶持、产业提升、招商引资、金融支持、人才支撑、科技创新、创业推动、权益保护和典型引领"十大工程",推动非公企业加速发展。进一步加快面向中小企业的科技咨询、融资服务、信息服务等公共服务平台建设,认定市级以上平台8家,担保额达到3.5亿元以上。

(武威市工信委)

# 白 银 市

## 一、工业经济运行情况

### (一)工业经济保持较快增长

2012年，白银市规模以上工业企业完成工业增加值192.6亿元，占年计划100.06%，增长19.6%，全省排名第6位。四大主导行业完成工业增加值153.7亿元。其中：有色行业64.46亿元，增长46.4%；化工行业21.87亿元，增长5%；煤炭行业44.07亿元，增长5.6%；电力行业23.3亿元，下降3.7%。完成工业固定资产投资160.13亿元，增长26.26%，占年计划的102.02%。规模以上工业实现主营业务收入684亿元，增长20.5%；实现利润17.86亿元，增长10.6%；完成税收24.66亿元，增长12.2%。

### (二)省属以下企业经济增长快于中央企业

2012年，中央企业完成工业增加值47.83亿元，增长2.6%；省属企业完成104.47亿元，增长26.9%；市及市以下企业完成工业增加值40.3亿元，增长22.4%。其中：白银区完成13.64亿元，增长22.5%；平川区完成7.24亿元，增长3.7%；靖远县完成3.57亿元，增长21.5%；景泰县完成11.71亿元，增长23.9%；会宁县完成4.14亿元，增长22.1%。

### (三)煤、电、油、运保障有力

一是原煤产量完成1249.52万吨，同比下降0.7%。二是售电量完成116.37亿度，同比下降5.02%。其中：企业用电量97.04亿度，同比增长15.8%；发电量完成172.02亿度，同比下降8.7%。三是成品油购进31.16万吨，同比下降1.65%；成品油销售29.09万吨，同比下降2.04%。四是铁路货运装车11.48万车，同比下降11.29%；铁路货运发送768.99万吨，同比下降11.74%。

### (四)主要产品产量有升有降

2012年，铜产量15万吨，同比增长15.2%；铅产量2.15万吨，同比增长12.6%；锌产量23.28万吨，同比增长20.6%；铝锭产量22.03万吨，同比增长23.97%；TDI产量12.21万吨，同比下降7.36%；氧化钕产量0.684万吨，同比下降12.69%。

### (五)项目建设稳步推进

编制完成区域首位产业规划和富民多元接续产业发展规划，储备项目526个，总投资5309亿元。全年实施工业项目285个，计划投资308亿元。其中：续建项目125个，计划投资185亿元；新建项目160个，计划投资123亿元。德正公司百万吨铝合金产业链项目已开工建设，计划总投资290亿元，建设100万吨电解铝/年及配套50万吨/年碳素项目，建设40万吨铝基合金大板锭、10万吨高纯铝、200万千瓦装机自备电厂、1500万吨/年的煤矿。目前，项目可研编制已完成，正在进行土地平整，已完成投资3.7亿元。银光集团20万吨TDI扩能改造项目已完成15万吨TDI项目的环境评估、安全评估和可研报告，并对现有两条生产线扩能改造，已形成12万吨的生产能力。白银市垃圾焚烧发电项目已与广州文冲船厂、重庆三峰公司签订了BOT协议，选址已完成。双赢公司年产10万吨生态复合肥项目已完成可研报告、备案，受生产成本上升和产品价格下降影响，项目建设暂缓。甘肃刘化集团有限责任公司年产25万吨硝基复合肥项目基础设施建设全部完成，主要设备安装完成90%，累计完成投资5亿元，其中当年完成投资3.2亿元。雨润公司150万头生猪屠宰线和1万头种猪养殖项目已建成投产。甘肃华鹭铝业有限公司搬迁扩容100万吨电解铝生产及100万吨铝型材加工链延伸项目，已完成40万吨电解铝生产线可研报告。寿鹿山日产4500吨新型干法水泥生产线协同处置城市废弃物及工业废渣项目已完成投资3.3亿元，主要设备开始陆续安装。白银有色长通电线电缆有限责任公司迁建项目，在进行厂房建设，设备订购、土建等已完成投资1.9亿元。中国科学院云计算区域应用服务中心项目已完成项目初步规划。

（六）招商引资成效显著

组成有色金属及稀土新材料、精细化工、建材及陶瓷、装备制造业、农产品深加工、信息化建设、战略性新兴产业七个产业招商小分队，先后22次前往北京、辽宁、宁波、上海、深圳、茂名、山东、西安、重庆、湖南、宁夏、安徽、江苏等省市自治区学习考察、招商引资、洽谈项目、承接产业转移，同德正资源控股有限公司、中国北化集团、辽宁忠旺、中化集团、中科院云计算育成中心、国云科技、中铝集团、中国船舶公司、重庆三峰公司、雨润公司、安徽铜陵铜业公司、安徽海螺集团、湖南全州药业公司、江苏震雄铜业公司、新疆广汇集团、蓝星硅材料公司、安徽芜湖市经信委考察团等加强联系，扩大交流合作，招商引资工作取得了显著成效。签约项目13个，签约资金338亿元，到位资金14.91亿元，储备项目184个。

（七）节能降耗目标全面完成

2012年，全市万元GDP能耗下降5.98%，万元工业增加值能耗下降8.55%，万元工业增加值用水量下降7.6%，全面超额完成甘肃省考核指标，节能降耗排名全省第1位、节水排名全省第5位。开展节能评估审查工作，重点开展了白银丰宝农化科技有限公司、景泰兴丰新型建材有限公司和甘肃容和矿用设备集团有限公司三户企业的节能评估审查工作，从源头上限制能耗高、污染重的行业和企业发展。高起点编制《白银市工业节能实施方案》《白银市工业节水实施方案》《白银市新型化工产业循环经济发展实施方案》《白银市工业循环经济骨干企业重点培育实施方案》,完善配套措施,组织落实,推进工业循环经济健康发展。加快淘汰落后产能,淘汰落后总产能164.6万吨、5000万条包装袋。制订了2012年度推进清洁生产工作计划,完成大唐景泰发电厂、靖远煤业集团有限责任公司、白银市污水处理厂等11户企业的清洁生产审核工作。

(八)企业技术创新取得积极进展

编制《2012年白银市技术创新项目计划》,涉及项目47项,总投资10.86亿元。白银阳明银光化工有限公司技术中心、甘肃天孚实业集团有限公司技术中心、甘肃西北大磨坊食品工业有限公司技术中心晋升为省级企业技术中心,白银有色集团获得省级技术创新示范企业称号。截至目前,白银市共有12家企业技术中心,其中国家级3家,省级9家。省级技术创新示范企业4家。推动企业积极开展新产品、新技术研发工作,全市共有11户企业的18项新产品、新技术通过省级鉴定,有15项达到国内领先水平,3项达到国内先进水平。

(九)中小企业和非公有制经济加快发展

2012年,全市中小企业有3595户,完成总产值296.7亿元,完成增加值118.68亿元,实现营业收入268.09亿元,实现利润11.07亿元。全市非公经济组织79321个(其中非公有制经济企业3559户),完成总产值468.69亿元,完成增加值164.04亿元,实现销售收入403.63亿元,实现利润总额20.99亿元。全市现有担保机构14户,注册资本金6.87亿元,有11户融资性担保机构共发生融资性担保额5.43亿元。开展银政企对接会,有98家企业达成银企投融资合作事项,签约贷款90亿元。2012年,向省工信委推荐上报27家"银政投"项目,共有13家企业通过"银政投"融资平台,取得1.86亿元的银行贷款。

(十)信息化建设全面推进

完成了《全市信息化发展规划》(讨论稿);全面实施全市规模以上企业的"数字企业"建设工作;推进全市工程建设领域项目信息公开和诚信体系建设工作,信息服务平台已建成,16家市直部门审批、备案项目全部上网公开;"民情流水线"方案已制定完成,正在多方筹措资金;组织县(区)、企业申报信息产业项目27项。

(十一)企业上市和改制稳妥推进

白银有色集团、稀土集团上市工作进展顺利,8户中小企业已于相关证券机构进行洽谈考察。继续做好长通集团政策性破产工作,完成了360余名改制提前退休人员的退休工作。长通公司生活区的物业改造工作已经开始。已完成甘宝公司、雁湖公司、爽佳公司的企业清算终结报告。编制完成了《白银西区开发总公司改制方案》。

**二、存在的问题**

2012年,白银市工信委做了大量工作,付出了不懈努力,工业经济发展取得了一定成效。但在工作中还存在一些困难和不足。

1.国内外经济复苏缓慢的影响下,白银市工业经济增长的不确定、不稳定因素增多,出现了需求不足,部分行业和企业效益下降等突出矛盾和问题,经济下行压力加大,工业增速出现下滑。

2.国有企业改制后,部分人员思想情绪波动较大,对维护稳定压力较大。

### 三、2013年的目标任务

2013年,规模以上工业增加值增长18%,工业投资增长40%,万元GDP能耗下降4.46%,万元工业增加值用水量降低4%,电信业务总量增长38%。

(一)提高工业运行调控效率,确保工业稳步快速增长

坚持旬统计、月分析信息制度,落实预测、反馈、预警制度,兑现工业发展激励制度。按照"抓主保重,统筹兼顾"原则,超前谋划,加强协调,确保生产要素流转顺畅。"一企一策"解决企业实际困难,积极推动企业间互保共建、向外拓展。对各县(区)规模以上工业增加值及增长率、工业固定资产投资及增长率和安全生产3个指标逐月排名,年终兑现奖惩。加大小微企业扶持力度,力争年内25户企业进入规模以上企业名录库,落实补助资金,不断做大全市工业经济总量。加大对生产性服务业的指导力度,规范统计口径,加强行业指导,确保生产性服务业增长25%。

(二)提高谋划落实项目的能力,确保工业投资较快增长

把有色金属(稀土)及深加工、化工、能源和先进高载能3个千亿元循环经济产业链作为白银市的首位产业,制定分年度实施方案,启动产业链节点项目,尽快落实投资。重点支持白银有色集团铜、铅、锌冶炼产能提升及资源综合利用项目,银光公司TDI扩建、PC产业项目,靖远煤业集团有限责任公司景泰白岩子煤矿建设、热电联产项目,甘肃鸿泰铝业百万吨铝合金产业链项目,刘化项目,华鹭铝业异地煤电铝联营项目,生活垃圾发电项目,煤制气项目,钛白粉项目,国电靖远发电上大压小项目,现代高载能项目,有色金属深加工项目。把装备制造、建材陶瓷、农产品加工、生物医药4个百亿元循环经济产业链作为白银市的富民多元产业,督促各县(区)尽快编制十亿和百亿级区域首位产业、富民多元产业规划,发挥资源优势,引进重点项目。会宁县重点发展农产品深加工、劳动密集型产业项目。靖远县重点发展现代高载能、农产品深加工产业项目。景泰县重点发展建材、能源产业项目。白银区重点发展生物医药、现代物流产业项目。平川区重点发展陶瓷、装备制造产业项目。积极承接产业转移,加强与中央、省属企业、民营500强企业、外资企业的联系,加强与大专院校、科研院所、行业协会的联系,加强与东部发达省市工信部门的联系,理清思路,确定重点,组织招商小分队,专业招商,精准招商,延伸完善产业链条,培育工业发展新的增长点。编制好《2013年技术创新项目计划》,制定好《白银市2000万工业发展专项资金使用办法》,引导企业引进新技术,发展新兴产业,加强技

术改造。制定好《白银市企业技术中心认定与评价管理办法》,引导企业加大技术创新投入,力争新增3家省级企业技术中心,3家省级技术创新示范企业,省级新产品、新技术20项。

(三)提高服务民营经济的能力,增强民营企业发展活力

加强政策服务,积极争取,用足用活国家和甘肃省促进中小企业实施品牌战略、技改贴息等专项资金,充分发挥市级支持中小企业2000万元专项资金的引导作用。落实提高增值税、营业税起征点、减半征收所得税政策。加强融资服务,每季度召开银政企融资需求对接会,对接项目,落实资金;支持信用担保机构扩展业务,积极争取信用担保专项补助资金。着手设立市级1亿元中小企业发展基金,逐步扩大中小企业集合票据、集合债券、短期融资券发行规模,积极推进中小企业在创业板和中小企业板上市融资。加强信息服务,挂牌成立"白银市中小企业服务中心",完善市、县(区)中小企业服务体系。加强人才服务,设立专项资金,支持企业联合科研机构,引进专家人才,组织企业高管、专业技术培训班,提高企业素质。

(四)提高监管协调能力,确保节能降耗指标完成

深入实施"十大节能工程",强化资源综合利用,加快推进企业清洁生产审核,淘汰落后产能160万吨。加强对各县(区)、各重点用能企业节能降耗考核工作。加速重点工业企业循环化改造,实施有色、化工、现代高载能区域首位产业重点项目,拓展延伸循环产业链。推广燃煤锅炉高效煤粉技术的广泛应用,采用膜材料技术,实现污水处理和中水回用领域的全覆盖。

(五)提高工业化与信息化融合速度,促进产业升级

加快信息基础设施建设,实施光网普及、网络提速计划,完成城区光纤全覆盖,农村光纤覆盖达85%,使城区网速达10兆以上,农村网速达4兆以上。加快数字城市建设,提高便民惠民水平。重点完成市级三维数字社会管理平台建设,建成30个"数字社区"。推动企业信息化建设,新增30家"数字企业"建设,提高企业信息化水平,促进企业转型升级。夯实农村信息公共服务网络建设,建成市级农业信息服务平台和5家县级信息平台,20个乡、村信息站(点)。

(白银市工信委)

# 天 水 市

## 一、工业经济运行情况

2012年,天水市规模以上工业企业完成总产值245.97亿元,增长21.5%;工业增加值88.3亿元,增长17.8%,超额完成17%的增长目标,为近年来增幅最高的一年。

### (一)重点企业支撑作用明显

"10强50户"企业完成工业增加值70.81亿元,占规模以上企业的80%,增长20.8%;主营业务收入上亿元的企业由上年的27户增加到36户,对全市工业经济的带动作用明显增强。

### (二)项目建设成效显著

全年共实施千万元以上工业项目210项,总投资284.32亿元;完成工业固定资产投资123亿元,同比增长37.6%。华天电子科技产业园项目一期、星火机床工业园项目一期、西电高压电工触头生产基地、黄河嘉酿10万吨啤酒技改等重点项目建成投产,长城电工天水电工电器产业园、天水卷烟厂技术改造、太极集团羲皇阿胶生产线等一批重大项目有序推进。全年争取国家和省级各类工业项目补助资金11468万元,涉及95户企业和单位的105个工业项目,有力带动了工业项目建设,拉动工业投资高速增长。

### (三)战略合作步伐加快

坚持"引大引强"战略,编制了《天水市承接产业转移指导目录》,先后多次到北京、上海、浙江、江苏、山东等省市开展招商引资活动,与部分央企和国内外知名企业进行项目对接。星火公司成功并购意大利GOLGAR(高嘉)公司;风动公司与挪威AKERSOLUTAOUS(克鲁森)公司达成了隧道掘进机项目合作意向协议;与中国三峡新能源公司、山东金王集团等多家国内外知名企业签订了136个项目合作协议,总投资666.1亿元。

### (四)增容扩区起步良好

按照"一区多园"的发展思路,在深入调研论证的基础上,委托陕西经济研究所编制了《天水市百公里川道地区工业发展规划》,提出了建设"一轴、双核、两翼"的工业发展格局。制定了全市工业企业出城入园搬迁改造《暂行办法》和《实施细则》,

第一批启动实施的3户出城入园企业进展顺利。

**(五)创新能力明显增强**

全年共创建省级企业技术中心3户、工程技术研究中心2户、技术创新示范企业5户；荣获中国驰名商标1件，甘肃省著名商标7件，新增省名牌11个；有36件新产品、新技术被认定为省级优秀新产品、新技术，86件新产品、新技术通过了省级鉴定，企业技术研发和品牌创建工作位于全省前列。

**(六)稳步推进企业信息化建设与循环经济工作**

全年组织实施38个信息产业项目，总投资24.3亿元，当年完成投资7.14亿元，"数字企业"建设逐步深入。全年实施工业节能与循环经济重点项目15个，总投资7.76万元，当年完成投资3.1亿元。完工项目实现节能5.24万吨标准煤，减少$CO_2$排放18.4万吨，综合利用固体废弃物14.2万吨。先后淘汰、关停了15户落后产能企业。为13户企业办理了资源综合利用认证，为企业减免增值税1650万元。

**(七)支持中小微企业健康发展**

成立了天水中小企业创业孵化中心，规划建设中小企业创业基地。全市新增担保机构8家，共有融资担保企业13家；组织20家企业申报"银政投"项目，总投资额8.68亿元，贷款需求3.57亿元，有企业8户贷款到位资金1.165亿元。扶持培育10户企业跨入规模以上企业。

**(八)县域工业呈现生机**

各县(区)工业园区和项目建设步伐较快，投资2.2亿元的张家川羲皇阿胶技改扩建二期工程、投资7亿元的武山4500吨干法水泥生产线、投资2.2亿元的清水天河生态酿酒城等一批重大项目正在有序推进。甘谷、武山、秦州三县(区)工业固定资产投资增幅高达45%以上，有6个县(区)规模以上工业增加值增速高于17%，工业对县域经济和财政的贡献日益增强。

**二、2013年的目标任务**

2013年，工业经济发展的目标任务是规模以上工业增加值增长17%、工业固定资产投资增长37%。

**(一)着力抓好重点项目建设**

实施"135"工业项目工程，即抓好10个重大项目、30个重点项目和50个县域工业支撑项目。对于已经建成的西电高压电工触头生产基地、黄河嘉酿10万吨啤酒技改等重点项目，督促企业加快生产设备的安装、调试，加大生产力度，开足生产马力，尽快达产、达标。对已经开工的天水卷烟厂技术改造项目、长城电工电器产业园、张家川阿胶技改扩建二期工程、武山4500吨干法水泥生产线等项目，要采取各种措施，加快建设进度。对华天科技产业园二期工程、星火机床工业园二期工程等还没有开工的项目，要全力做好各项前期工作，年内必须开工建设，确保今年完成工业固定资产投资166亿元,增长37%以上。对近两年来已经与央企和国内知名企业签约的重点工业项目,要进一步加强联系、衔接,加快前期工作,尽快做好立项、环境评估、安全评估等各项工作,争取尽可能多的项目早日落地动工建设。

(二)着力抓好企业提质增效

把支持"10强50户"重点企业发展作为重中之重,继续完善和落实各项优惠政策,促其加快发展,切实提高重点企业对全市工业的贡献率,力争全年新增10亿元以上企业5户、上亿元企业10户。认真贯彻落实甘肃省和天水市出台的关于加大对小微企业培育的各项扶持政策,通过项目、资金、技术等途径大力支持中小企业发展,特别是针对中小微企业融资难问题,通过组织开展各种银企对接活动,加大对中小企业的金融支持力度,力争全年融资到位资金达到3亿元以上。加强对小微企业的统计管理,鼓励支持规模以下小微企业通过联合重组、规模以上企业整合、行业龙头企业整合、引入域外企业整合等方式加快发展。积极推进小微型企业孵化基地建设,通过建设标准厂房,为小微企业提供生产条件,扶持企业发展壮大,力争全年培育30户规模以上企业。

(三)着力抓好技术创新和品牌建设

充分发挥现有企业技术中心的优势,加强与科研院所的合作,大力推动信息化和工业化深度融合,构建以企业为主体、市场为导向、产学研相结合的技术创新体系,开展协同创新,提高科研水平,促进科技成果转化和产业化,充分发挥技术创新对企业发展的支撑引领作用,不断增强企业自主研发和创新能力。继续鼓励企业积极争创省级和国家级企业技术中心、工程技术研究中心、技术创新示范企业、名牌产品及驰名和著名商标。力争全年新增省级及以上技术中心2家,省级和国家级技术创新示范企业3家,争创省级名牌产品5件,中国驰名商标1件,省著名商标5件以上。

(四)着力抓好互保共建措施落实

积极推进重大项目互保共建和工业企业互为市场长效机制,及时发布项目建设单位、工业企业有关需求和供给信息,组织市内各企业之间建立"结对帮扶、互为市场、互利互惠"的关系,在重大项目建设中认真落实各项互保共建措施,提高我市工业企业产品在全市境内市场占有份额。各相关企业要按照业主单位要求和工业企业需求及时调整产品结构,提供相关产品和服务,确保产品质量优良、价格优惠、售后服务和劳务服务优质;项目建设单位要在坚持市场配置要素和公平竞争的前提下,按照同等优先原则,优先使用市内建筑施工企业、优先选用市内企业生产的材料设备、优先使用市内劳务人员,促进企业共同发展。

(五)着力抓好人才队伍建设

着力抓好企业领军人才、经营管理人才、专业技术人才、技能型人才四支队伍建设,积极探索建立县(区)分管工业的同志到企业挂职、企业负责人到县(区)行政部门挂职的机制,加强县(区)工业经济领导人才、企业管理人才和技术创新人才的培养,提高全市工业经济人才队伍建设。建立完善人才激励机制,对于企业核心技术开发有突出贡献的人才,通过实施高薪、技术入股等政策,不断优化人才发展环境。

(六)着力抓好运行分析

紧盯今年目标任务,加强对工业经济运行的监测和预警,准确把握宏观经济走势,密切跟踪重点行业、重点企业、重点县(区)运行态势,坚持规模以上企业"月通报、季分析、半年小结、年终考核兑现"的运行分析例会制度,及时协调解决企业运行中存在的困难和问题。进一步修改完善县(区)工业经济发展考核办法,认真兑现各项奖励政策,提高全市各级抓工业的积极性,确保全年目标任务的完成。

(天水市工信委)

# 平　凉　市

## 一、工业经济运行情况

2012年,平凉市工业企业完成增加值125.4亿元,增长16.5%,占全市生产总值的39.16%。其中:规模以上工业企业完成增加值107.96亿元,增长17%,总量全省排位第7位,增速全省排位第11位。煤、电两大行业完成工业增加值88.02亿元,增长12.7%,占全市规模以上工业增加值的81.53%。全年实现产品销售收入221.19亿元,增长11.5%;利税25.73亿元,利润7.52亿元,工业对财政的贡献率接近60%,初步构建了工业主导型经济格局的基本框架。

### (一)工业经济结构进一步优化

围绕把平凉建成陇东国家级能源化工基地、西电东送枢纽和西部循环经济示范区的战略目标,近年来,全市先后组织实施了包括煤炭、建材、机械制造、农产品加工在内的企业联合重组,初步培育形成了以煤、电产业为引领,农产品深加工、新型建材、装备制造梯次跟进的工业经济格局,工业结构得到进一步优化。2012年,煤炭行业完成工业增加值71.93亿元,占全市规模以上工业增加值的66.63%;电力行业完成工业增加值16.09亿元,占全市规模以上工业增加值的14.90%;建材行业完成工业增加值6.17亿元,占全市规模以上工业增加值的5.72%;农副产品加工制造业完成工业增加值5.34亿元,占全市规模以上工业增加值的4.95%;装备制造业完成工业增加值1.02亿元,占全市规模以上工业增加值的0.94%。

### (二)工业项目投资逐年加大

全市把“十大工程”建设作为经济工作的重中之重,促使项目建设取得显著成效。全年完成工业固定资产投资146.8亿元,增长75.4%。市列33项重点工业项目完成投资71.2亿元,占全年计划的167%。新入园千万元以上项目31个,其中5000万元以上项目13项。红河油田原油产能开发项目完成投资15.36亿元,泾川县石油资源勘探开发完成投资9.64亿元,华泓汇金公司年产70万吨烯烃项目完成投资20.62亿元,邵寨煤矿建设项目完成投资1.49亿元,平凉城区热电联产集中供热项目完成投资3.58亿元,平凉天元煤电化有限公司五举煤矿完成投资0.66亿元。重大项目对工业经济发展的支撑作用进一步显现。

（三）企业创新能力不断加强

引进新工艺、新设备，加快生产设备更新升级步伐，提升企业装备水平。培育新建省级企业技术中心3户，省级工程技术研发中心2户。积极培育开发市场前景广、经济效益好、科技含量高、能源消耗少的新产品，共开发省级新产品30项以上，培育省级名牌产品6个，开发出具有自主知识产权且处于国内领先水平的蒸汽疏水阀、毫米波磁控管、超高频电真空元器件、智能切纸机等新产品。红峰牌蒸汽疏水阀、崆峒牌数控切纸机、陇兴牌电雷管、玄鹤洞牌米香醋等一批工业产品被认定为甘肃省名牌产品。"西开""景兴"高档牛肉，"雅虎""陇上明珠"系列皮革，"路大路""旭康"系列食品，导爆雷管等一大批产品市场占有率不断提高。

（四）园区支撑能力进一步提升

编制完成了陇东平凉能源化工基地发展规划、平凉经济技术开发区发展规划和甘肃平凉、甘肃华亭、甘肃静宁3个省级工业园区，以及泾川、灵台、崇信、庄浪4个市级工业集中区规划修编工作，其中省级工业园区和市级工业集中区规划面积186.38平方公里，工业园区（集中区）道路、供电、供水等基础设施日趋完善。扩大招商引资，承接产业转移，入园项目168项，其中投资千万元以上98项，亿元以上21项。平凉工业园区煤化工产业基地被认定为省级新型工业化产业示范基地，平凉市军民结合产业园获省上批复实施。

**二、存在的困难和问题**

（一）提升企业经营效益的任务艰巨

受国家宏观调控及原材料、用工、管理等成本持续上升因素影响，全市规模以上工业企业主营业务成本快速上升，发电、建材、制造等行业亏损额持续上升，经营环境不断趋紧。

（二）工业项目建设进展不够平衡

受国家产业政策影响，一些重大工业项目特别是能源化工项目前期工作审批门槛高、程序复杂，进展不够理想，目前在建的大项目短期内难以建成投产发挥效益，不能支撑工业发展形成新的增长点。

（三）工业园区（集中区）承载能力不强

全市3个省级工业园区、4个市级工业集中区投入普遍不足，基础设施建设滞后，管理体制和运行机制不活，项目承载能力不强，不能满足一些重大建设项目的落地实施。

（四）中小企业发展活力仍然不足

全市中小企业普遍规模小、技术含量低，经营管理不规范，竞争力不强，抵抗市场风险的能力较弱，后续发展能力不足，融资难、创新难、扩张难的矛盾比较突出。

### 三、2013年的目标任务

2013年,全部工业增加值增长16.5%。其中:规模以上工业增加值增长16%,工业固定资产投资增长40%。单位工业增加值能耗下降3.6%;单位工业增加值用水量下降6%;电信业务总量增长15%;信息产业主营业务收入增长20%;生产性服务业增加值增长20%,占全市第三产业增加值的比重达到31%以上。

（一）加强运行监测调控,确保工业经济平稳增长

按照《平凉市工业经济运行和重大项目调度管理办法》,坚持月度分析和重要情况报告制度,对重点行业、重点产业和重点产品进行跟踪监测,及时发现解决经济运行中出现的新情况、新问题。突出抓好煤炭企业产销衔接,发挥煤炭产能优势,全市原煤产量达到2600万吨;全力帮助火电企业增加上网电量和外送电量,力争多发多送,使发电量达到200亿千瓦时。完善调控机制,加强煤、电、油、运等生产要素保障,做好有关政策落实和产品对接,帮助企业开拓市场,促其稳定发展。

（二）立足资源深度开发利用,培育壮大区域首位产业

围绕传统能源综合利用示范区和陇东国家级能源化工基地建设,坚持资源勘探与综合开发并举,扩能增产与延伸链条同步,加快煤电化、煤电冶、煤电材一体化开发步伐,培育打造平凉煤电化冶千亿级产业集群,不断壮大以能源化工为引领的首位产业。抓好灵台北部、泾川高平煤炭资源精查,启动实施泾川东部、崆峒北部、华崇交界三大区域煤炭资源地质调查工作;大力实施红河油田百万吨产能会战工程,石油勘探和原油开采取得新突破;引进战略投资主体,推进庄静区域多金属矿产资源勘探开发;加快灵台北部、泾川高平等矿区规划修编步伐,为实施规模化捆绑开发提供重要支撑。着眼提升矿井产能,组织实施好重大矿井建设项目,邵寨120万吨矿井、赤城90万吨矿井、五举240万吨矿井加快建设进度;唐家河500万吨矿井力争上半年开工建设,南川河、安家庄煤矿要加快前期工作进度,力争下半年开工。大力推进煤化工产业开发,华亭中煦公司20万吨聚丙烯完成土建工程及设备采购;华泓汇金公司180万吨甲醇及70万吨烯烃项目土建工程开工建设,设备采购全面开展,力争年内主体工程建成;开工建设陇能公司360万吨兰炭、42万吨焦油加氢项目,上半年完成征地及"三通一平"等基础性工作,下半年完成土建等附属工程开工建设;酒钢集团平凉天元公司煤电化循环经济项目要在矿井建设、煤化工项目实施、丰收公司并购重组、办公生活基地建设等方面取得实质性进展。加快煤电冶一体化开发步伐,力争开工建设华能100万吨电解铝项目;继续做好平凉电厂三期、华亭电厂二期等项目前期工作。

（三）着眼富民强市增收,全力打造富民多元产业

加快实施一批市场前景好、财税贡献大、就业岗位多、辐射带动广的产业龙头项目,大力发展农产品加工、生产性服务等劳动密集型产业。发挥"平凉红牛""平凉

金果"等品牌优势,积极推进农产品精深加工,着力建设平凉肉牛屠宰与革制品加工、静宁纸制品包装、泾川棉纺服装、灵台中药材加工、庄浪马铃薯加工等特色基地,培育形成具有平凉特色的农产品精深加工产业集群。力争泾川天纤棉业一期10万锭棉纱、泾川正大集团30万吨饲料生产线一期、静宁长青公司苹果脱水与膨化加工及干装罐头生产线等项目建成投产,泾川天纤棉业二期10万锭棉纱生产线、甘肃皇甫谧制药公司大容量注射剂GMP改造等项目开工建设。大力发展研发设计、现代物流、金融服务、电子商务、工业设计、科技咨询、信息服务等生产性服务业,努力扩大就业市场,提升生产性服务业在全市经济发展中的地位和贡献。

(四)围绕结构优化调整,大力发展战略新兴产业

积极引进战略投资主体,加强技术、人才、品牌等资源的有效利用和配置,大力发展新能源、新材料、生物医药、信息技术等战略新兴产业。加快光伏装备制造、光伏材料、光伏发电等新能源产业开发,积极引进镇江大成新能源公司、中电科第48研究所、湖南红太阳新能源公司等一批技术先进、研发能力强的企业集团,推进新能源专用设备研发产业化和产业成套技术应用推广,建设平凉光伏产业基地。平凉光伏产业园一期项目建成投产,形成100兆瓦晶硅切片生产能力,二期项目启动建设,加快100兆瓦电池片、100兆瓦组件配套生产线建设进度;2.8兆瓦太阳能光伏发电"金太阳"示范工程并网发电,实现区域范围供电并通过国家验收。紧抓国家鼓励中西部内陆地区在城市工业园区、大型工业企业建设分布式太阳能发电系统及分布式光伏发电分散接入低压配电网的有关政策规定,支持平凉中电科新能源科技开发公司加快6兆瓦以下分布式光伏发电项目建设。全面推进新材料与传统应用产业技术改造,发展市场需求量大的先进复合材料、纳米材料、化工新材料产品。平凉半导体碳纤维复合材料园一期项目建成投产,二期项目启动实施;紧盯陇东能源化工基地建设需求,积极发展碳纤维复合材料抽油杆、预浸布、复合芯倍容导线等新产品,不断延伸碳纤维复合材料产业链。围绕电子元器件配套加工,通过实施可控制备技术、自组装及集成技术攻关,加快建设平凉电子器件制造基地。大力发展生化制药产业,积极开发特色原料药及制剂,加快动物脏器综合开发,实施甘肃太爱肽生物工程公司生物胶原蛋白肽生产线建设等一批生物制药项目。

(五)突出平台载体建设,不断提升园区承载能力

认真贯彻落实省政府《关于推进开发区跨越发展的意见》(甘政发〔2012〕19号)精神,切实抓好工业园区(集中区)规划修编、体制机制改革、基础设施建设、项目入园落地四项重点工作。全面完成平凉、华亭两个省级工业园区和泾川、灵台、崇信、庄浪4个市级工业集中区的规划修编审批工作。加大与国家有关部委的汇报衔接力度,积极推进平凉工业园区创建国家级经济技术开发区各项工作。全面完成平凉工业园区体制机制改革,启动实施华亭、静宁两个省级工业园区体制机制改革,不断增强工业园区(集中区)跨越发展的内生动力。完善工业园区(集中区)基础设施和

配套服务功能,高起点、高标准推进工业园区(集中区)基础设施建设,持续抓好园区路网延伸和供水、排污、供电、供热等设施的配套建设,鼓励支持建设以标准厂房为重点的配套工程。进一步加大园区内环保基础设施投入力度,加快工业园区(集中区)与中心城区、主要交通干线以及铁路场站、物流园区连接通道建设,提升物流畅通程度。加大招商引资工作力度,积极引进一批关联度高、辐射力大、带动力强的产业龙头项目,不断延伸产业链条,增强工业园区(集中区)产业集聚能力。加快平凉工业园区军民结合产业园、煤化工产业示范基地两个省级新型工业化示范基地建设步伐,大力推进安口陶瓷文化产业园、泾川陶瓷产业园、静宁地毯集中加工产业园等特色产业示范园区建设。年内全市工业园区(集中区)完成基础设施建设投资5.8亿元;新入园千万元以上项目40个,其中5000万元以上项目力争达到20个,完成园区项目建设投资74亿元以上。

(六)加大开放开发力度,扩大承接产业转移效果

坚持"走出去"与"请进来"相结合,突出加强与环渤海经济带、长三角经济带、珠三角经济区、闽东南经济区等区域的经济协作,进一步扩大和深化与大型企业集团的定向对接合作,积极促成一批重大承接产业转移项目。全面落实重点项目,协调推进工作机制,确保重大承接产业转移项目尽快落地实施。坚持领导带头招商,联系大企业,主攻大项目,组织专门队伍,盯住优势企业,切实提高招商引资的成功率。加强平台建设,着力培育平凉工业园区、华亭工业园区两个承接产业转移示范园区,提升发展层次,力争全年承接产业转移到位资金增长25%以上。

(平凉市工信委)

# 庆 阳 市

## 一、工业经济运行情况

2012年,庆阳市84户规模以上工业企业累计完成工业增加值281.23亿元,占年计划的100.4%,增长19.0%。其中,中央企业完成255.13亿元,占全年计划的97.2%,增长17.6%;地方工业完成26.1亿元,占全年计划的147.7%,增长40.1%,8县(区)均呈高速增长态势。原油产量完成575.87万吨,增长27.5%;原油加工量完成310.25万吨,下降11.4%(2012年停产检修50天);工业用电量17.51亿千瓦时,增长41.9%。规模以上工业企业实现销售产值752.29亿元,增长19.1%,产销率达到97.5%;主营业务收入531.17亿元,增长10.7%;利润137.39亿元,增长35.7%;利税总额221.37亿元,增长33.5%。工业经济总量在全省14个市(州)中保持第2位。

(一)固定资产投资稳中有升,项目建设势头良好

2012年,全市完成工业固定资产投资316.7亿元,增长57.8%。其中,长庆油田分公司完成投资138亿元,增长25.43%;地方工业完成投资178.66亿元,增长97.11%。积极争取到国家和甘肃省各类专项补助资金5335.34万元,扶持工业项目76个。全年共实施500万元以上工业项目227个(5000万元以上工业项目87个,1亿元以上工业项目23个)。其中,总投资1.57亿元的宁县明峰建材有限公司年产60万吨水泥粉磨生产线暨60万立方米预拌混凝土站双陇产业链项目已建成投产;总投资1.4亿元的甘肃陇泰活性炭有限公司活性炭项目已建成厂区铁艺围墙及部分办公用房,完成投资9975万元;总投资1.1亿元的甘肃省辰光照明有限公司高新技术产业化LED照明系列产品新建项目已建成厂区厂房,完成水、电、路等基础设施建设,正在建设生产车间,完成投资4500万元;长荣机械改扩建、新一代食品和西峰制药搬迁改造、绿环生物科技公司杏核综合加工利用、凯迪塑业土工膜等一批重点项目正在抓紧建设。

(二)煤炭资源勘探开发稳步推进

1.煤炭开发:有3个矿区总体规划获得国家发改委批复,继宁正矿区、沙井子矿区总体规划获得国家发改委批复后,2012年5月18日甜水堡矿区总体规划获得国家发改委(发改能源〔2012〕1371号)批复。煤炭资源勘查工作取得新的进展,查明煤炭资

源量突破180亿吨。刘园子90万吨/年即将建成联合试生产,甜水堡煤矿、核桃峪800万吨/年等煤矿建设完成投资13.68亿元,累计完成投资127.07亿元。成功引进了淮北矿业集团参与庆阳煤炭资源开发、电厂、煤化工以及基础设施等建设项目,11月24日成立淮北矿业庆阳能源有限公司。山西晋煤集团"40.60"煤化工项目选址已经开始,市政府与庆阳晋煤蓝焰煤层气公司的《项目合作协议》正式签字。加快推进甘肃能源集团公司宁中煤田2000万吨煤矿项目和甘肃金远煤业公司沙井子西部煤田开发项目的前期工作。

2.煤层气:投资约3000万元施工完成8口煤层气探井,其中在宁县早胜完成煤层气井2口,在宁县瓦斜完成煤层气井6口并试抽采。经过近两年排采试验,宁县瓦斜运行的6口煤层气试验井中,5口井曾有压力显示,一般在0.1兆帕左右,QY-001压力最高达0.46兆帕,暂不能连续产气,目前仍处排采阶段。

(三)工业集中区建设步伐加快,

全市工业集中区重大项目建设稳步推进,引企入园工作亮点突出,"七通一平"基础建设成效显著。全市17个工业集中区入驻企业430户,其中当年新入驻企业16户,完成工业增加值51.8亿元,占全市规模以上工业增加值的18.4%,工业企业实现销售收入238.9亿元,税金41.52亿元,集中区的辐射带动和集聚作用明显增强。庆城、宁县、正宁、镇原等县为工业集中区注入建设资金2.3亿元,快速推进长庆桥、驿马、西川、西峰、金龙等工业园区基础设施建设。同时,在工业集中区体制机制创新上实现突破,出台了《关于加快推进长庆桥、驿马、西川三个工业集中区建设的实施意见》,明确了三个工业集中区的目标定位和规划布局,对管理体制进行了大胆创新,提出了区镇合一的管理体制和一系列支持工业集中区发展的政策措施。按照"3341"项目工程要求,对长庆桥、驿马、西川三个工业园进行了重新定位,已完成园区发展规划修编和产业培育方案,为推动"一区四园"建设打好了坚实基础。

(四)积极推进节能降耗,大力发展循环经济

通过深入调查摸底,确定了全市工业重点用水行业和重点用水企业,建立了工业节水季报制度,起草印发了《全市"十二五"工业节水工作的意见》和《全市工业节水评价考核实施办法》。全年共淘汰落后产能企业4户,关闭小企业2户,淘汰造纸产能3958万张,水泥产能30万吨,淘汰砖产能1500万块,瓦产能380万块,年减少用能3400吨标准煤,减少用电1967194千瓦时,妥善安置了459名职工,全面完成了2012年淘汰落后产工作任务。同时,把发展循环工业园区、培育循环经济重点企业列入县(区)年度目标考核的重点内容之一,实行年度目标责任制考核。积极推进资源综合利用认定工作,中国石油庆阳石化公司、九连山水泥厂通过了省上组织的资源综合利用认定,镇原县金龙工业集中区和中国石油庆阳石化公司、甘肃通达果汁有限公司、庆阳中盛再生资源利用有限公司、庆阳凯迪塑业有限公司等企业被确定为全省第一批循环经济示范工业园区和示范企业。完成镇原金龙工业园区循环经济发

展规划编制,12月12日通过了省工信委组织的专家评审。围绕节能减排、循环经济、资源综合利用,认真组织申报项目,全年共争取2012年淘汰落后产能省级财政奖励资金143万元,13个项目获得国家和省上专项资金654.5万元。

(五)切实加强招商引资,加大承接产业转移工作力度

坚持"外引内联""强强联合",参加甘皖合作和安徽产品甘肃行活动;促成广东肇庆千江新材料科技有限公司和庆阳市大千涂料有限公司合作成立了庆阳千江涂装新材料科技有限公司,并与甘肃、陕西、山西等省经销代表签订超亿元购销合同;积极督促益尔药业理顺股权关系,进一步加速益尔药业与天士力的合作;积极促成荞麦园产业入驻驿马园区。2012年,全市承接产业转移项目达到57个,总投资436亿元,累计引进资金113.6亿元,位列全省第3位。

(六)中小企业发展、技术创新、信息化建设工作成效显著

截至12月底,全市新增加中小微企业802户。全市取得经营许可证的信用担保机构37家,从业人员达到180名,注册资本12.3亿元。组织开展"进企业解两难"金融服务对接活动,有4家银行在对接时为15户企业发放贷款4740万元。组织召开全市银行业服务小微企业推进会,会上55户企业与有关商业银行签订了贷款协议,贷款金额近3亿元。

坚持以技术创新项目建设作为增强企业竞争力的主要抓手,全年共认定星冠牌纳米墙面漆、庆利牌收割机、润康牌紫苏籽油、焰光牌覆膜覆土播种机等43项产品为市级工业新产品,并组织中瑞盛邦公司、通达果汁公司、酒卫阳光公司3家公司申报省级技术创新专项项目,彭阳春公司、西峰制药公司等41家公司申报2012年工业企业技术改造项目。

制定了《关于认真开展电信行业乱收费问题专项治理工作的实施意见》,成立了电信行业乱收费专项治理工作领导小组,开展电信行业乱收费专项治理工作。全年共申报省级信息化产业发展专项项目6个。其中:软件服务业项目1个,"两化"融合项目3个,电子商务项目1个,企业信息化项目1个。上报三维数字社会管理服务平台建设项目1个。累计申请省财政资金2652.5万元。

**二、2013年的目标任务**

2013年,规模以上工业增长18%,工业固定资产投资增长23%,原油产量增长27.3%,万元工业增加值能耗下降3.4%,万元工业增加值用水量下降7.45%,电信主营业务收入实现12.8亿元。

(一)强化经济运行协调服务

加强对重点产业和企业的经济运行监控,健全工业应急体系,实行旬报制度,及时进行监测分析和预警预测。按照"因企施策""一企一策"的办法,对重点企业逐个研究制定增长措施,通过技术改造、市场拓展,实现达产达标、稳产超产,扶持其

做大做强。优先支持长荣机械公司等15户"十二五"内销售收入过亿元企业、循环经济示范企业、规模以上工业企业和能源化工产业链延伸企业。确保工业增加值。其中：长庆油田分公司完成300亿元，地方企业完成31.8亿元；工业固定资产油田企业完成投资160亿元，煤炭及电力企业完成投资140亿元，地方企业完成投资50亿元；新增规模以上企业16户，总数达到101户。

(二)加快重大项目建设步伐

1.石油石化：大力推动油田企业扩能上产，确保新增产量150万吨，力争年内突破700万吨；积极服务中国石油庆阳石化公司600万吨/年炼油升级改造项目有序推进，确保年内开工建设，同时超前谋划再新增500万吨炼量、百万吨大乙烯等重大项目的前期工作；确保江苏金浦、兰州鑫兰集团碳四深加工和干气芳构化项目年内开工建设；启动30亿立方米天然气综合利用项目，同时支持晋煤集团加快煤层气开发步伐，尽快形成生产能力。

2.煤炭开发：加快"9个煤矿"建设，刘园子、甜水堡1号投产运营；力争建成甜水堡2号矿井；督促核桃峪、新庄加快矿建进度；争取马福川、钱阳山、九龙川、毛家川4个矿井开工建设；积极沟通业主，建立定期协调机制，确保项目资金按期到位，倒排进度工期落实，压茬推进。

3.煤化工：开工建设晋煤集团50万吨合成氨、80万吨尿素和山东金正大公司合成氨缓控释尿素复合肥项目；督促开展煤制气、煤制烯烃燃料等后续转化项目。

4.地方工业：以促进荞麦产业园为载体，抓好绿色农产品和食品加工业，以现有龙头企业为依托，推进医药、建材和装备制造业，以提升自主创新能力为核心，着力发展战略性新兴产业。

(三)抓好中小微企业培育和产业集群创建

认真落实国务院"新36条"、省"18条"等各项政策措施，抓好千户小微企业创建工程，鼓励全民创业，大力发展生产性服务业，扶持民营经济和小微企业发展，全年创建培育小微企业350户以上。加快煤机制造、干法水泥项目的建设步伐，积极引进有实力的大型民企，大力发展油煤气化工、煤电铝、冶金高载能等下游配套产业，提高承接产业转移工作水平，争取新上3~5个投资上亿元的地方工业项目，壮大地方工业产业集群。

(四)全力支持"一区四园"建设

全力支持庆阳经济开发区建设，协调帮助长庆桥工业集中区引进或组建投融资公司，加快完善基础设施，确保年内有大企业和大项目入驻实施；引导驿马工业集中区开展中小企业合资合股，组建企业集团，打造绿色农产品和食品加工"航母"；指导西川工业集中区完善布局规划，合理利用油田闲置资产，着力引进科技含量高、产业链条长、发展前景好的项目，力争开发区全年实现固定资产投资及招商引资到位资金90亿元以上，落实承接产业转移项目50个以上。

(五)积极推进地企深度融合

指导支持庆阳能源化工集团公司及其4个子公司全面介入、全程参与资源勘探和开发,全方位外包工程服务,使其在石油天然气开发、机械制造维修、钻采服务、能源勘探转化等方面全方位、全过程融合。引导资源开发企业按照"占一方资源,培育一个新兴产业,共建一个基础设施项目,造福一方百姓"的原则开发建设,落实省政府"互保共建"的政策要求,公开招投标信息,优先采用当地企业产品和工程服务,并在施工和生产过程中和谐处理与当地群众的关系。协调督促油煤气外包服务单位属地注册,真正使地方企业参与到能源资源开发中,增加能源开发对地方经济的贡献,逐步形成地企深度融合、共同发展的良好局面。

(六)大力推进节能降耗和循环经济的发展

加大淘汰落后产能力度,严格控制"两高行业"过快增长,大力实施重点节能工程,全力推进重点领域节能,确保完成节能降耗年度目标任务;依托优势资源,引进大型央企,大力发展石油石化、煤电化冶材产业,"壮大五个产业"(石油石化、煤炭、特色农产品加工、建材、新能源)、"打造八条产业链"(石油石化、煤炭、煤电、煤化工、天然气、高载能、新型建材、新能源),推进资源的综合开发、精深加工和循环利用,走科技含量高、经济效益好、资源消耗低、环境污染少的新型工业化道路。

(七)积极促进信息化技术在各行业的应用

积极开展"两化"融合示范推广工作,各县(区)至少创建1~2户"两化"融合示范企业。推进数字化示范建设,市上将全力支持西峰区开展"数字城市"建设,充分发挥带头示范作用。积极谋划建设信息化重点项目,推动各类信息化平台建设,年内建成10个以上"数字社区"[每县(区)至少1个]、100家"数字企业"[每县(区)至少10个]。

(庆阳市工信委)

# 定 西 市

## 一、工业经济运行情况

2012年,定西市工业完成增加值38.58亿元,增长20.2%。其中:规模以上工业完成工业增加值20.51亿元,增长23.3%;规模以上工业实现工业总产值92.84亿元,增长44.7%。轻工业累计完成增加值8.19亿元,重工业累计完成增加值12.08亿元,分别增长23%和22.2%。规模以上非公有制工业和私营企业分别完成增加值13.84亿元、6.13亿元,占全市总量的67%、29.9%,分别增长54.1%、49.3%。

### (一)认真落实保增长措施,保持工业经济快速增长

全面落实省政府促进工业实体经济平稳较快发展的政策措施,建立工业经济运行指标倒排机制,加强对产值过亿元重点企业的运行监测,坚持工业经济运行月通报。加大规模以上企业培育力度,新增规模以上企业30户,其中28户企业争取到甘肃省规模以上企业技改补贴资金1158万元。制定了《关于建立重大项目互保共建和工业企业互为市场长效机制的实施意见》,支持优先使用本地工业产品,编制全市工业产品目录,涉及155户企业 36个产品。落实省政府对高载能企业电价补贴的优惠政策,确保高载能企业正常生产。

### (二)制定产业发展规划,加快工业项目建设

2012年完成工业固定资产投资104.3亿元,增长43.7%。其中:实施投资千万元以上项目216项,完成投资76.6亿元,占全年计划投资的112.64%;计划建成项目47项,实际建成62项;计划完成前期49项,实际完成78项。华家岭风电一期、中铝西北铝特殊挤压材等重点工业项目建成投产,中盛铝业25万吨铝型材加工、定西蓝天淀粉有限公司变性淀粉等项目顺利开工建设并完成年度计划, 定西国家中药原料生产供应保障基地启动建设。编制完成全市中医药、有色冶金、装备制造、电能及新能源、食品、建材六大产业规划,规划"十二五"期间实施工业项目305个,总投资677亿元。编制完成了"十二五" 全市信息化、工业节能、工业企业人才培训、生产性服务业发展等规划。积极争取中央预算内投资和省级专项资金支持力度,114个项目争取到专项资金1.04亿元。进一步加强企业技术创新,甘肃顾地塑胶公司、海盛马铃薯淀粉公司2家企业技术中心新认定为省级企业技术中心,省级企业技术中心达到

10家,培育圣大方舟公司为省级技术创新示范企业。

(三)加大招商引资力度,承接产业转移成效显著

制定定西市承接产业转移实施方案,成立承接产业转移领导小组,成立承接产业转移联络机制,建立了工作联络图。积极组织参加全省工信系统领导干部赴山东、安徽、广东等地进行市情、县(区)情和产业对接,积极参与"安徽产品甘肃行"活动,组团参加甘肃—湖南产业合作对接活动。成功引进安徽海螺集团、中国医药公司、湖南株洲千金药业等优势企业投资。2012年,全市续建、新建承接产业转移项目102项,总投资163.47亿元,引进资金到位额56亿元,承接省外产业转移项目68项,到位资金50.06亿元,资金到位率50%。

(四)争取政策支持,服务中小微企业发展能力提高

争取支持定西工业和信息化发展意见和扶持岷县工业灾后重建规划。制定了《促进全市小微企业发展的实施意见》,设立小微企业发展专项资金300万元,支持12户小微企业加强技术改造。加大中小企业融资力度,通过"银政投"平台落实到位贷款1.63亿元。提出上市企业培育计划,筛选、推荐上报陇原中天公司等8户企业进入全省上市后备企业数据库,陇原中天公司上报的IPO申报资料正在中国证监会审核。加强融资性担保公司监管,七县(区)政策性担保公司均得到省财政1000万元增资,全市融资性担保机构达到19家,总注册资本8.4亿元,从业人员230余人,全年新增各类融资性担保额16.4亿元,其中为中小微企业担保4.4亿元,在保余额26.3亿元。累计认定省级中小企业公共服务平台3家,市级中小企业公共服务平台19家。

(五)狠抓工业节能节水,工业循环经济取得新突破

进一步强化工业节能预警监测,各县(区)节能监察体系建设全面建成。争取国家、省级财政奖励资金支持9个重点节能技术改造项目,淘汰酒精、水泥、铝冶炼、淀粉等落后产能36万吨,关闭通渭仁和建材厂等5户小企业。争取高崖金城水泥公司等企业认定为资源综合利用企业,申请退税700余万元。加快循环经济示点向示范推进,陇西经济开发区和临洮中铺循环经济产业园区列为第一批全省循环经济示范园区,圣大方舟公司和富民生态公司列为全省循环经济示范企业,渭源、岷县循环经济园区列为省级循环经济试点园区,甘肃宏鑫农业科技公司、甘肃效灵生物公司等10户企业列为省级循环经济试点企业。制定全市"十二五"工业节水实施方案,初步建立了全市工业用水季报制度。积极开展企业清洁生产,凯龙淀粉公司、圣大方舟公司为通过自愿性清洁生产审核的示范企业,圣大方舟公司清洁生产社会责任报告受到省工信委通报表彰。

**二、2013年的目标任务**

2013年主要预期目标:规模以上工业增加值达到25.42亿元,增长24%;工业固定资产投资实际完成投资额145亿元,增长37%;承接产业转移资金到位率达到

40%,引进资金实际到位额69.9亿元;生产性服务业实现增加值增长20%以上,占三产比重达到45%以上;万元工业增加值能耗控制指标下降3.6%;万元工业增加值用水量控制指标下降6.5%。

(一)强化工业经济运行监测

一是做好预测、预警,加强对重点产业、重点企业、重点产品的生产、成本、销售、价格、库存等运行动态的监测,继续实行月报告、月分析制度。二是加强与统计部门衔接力度,逐月倒排进度,确保工业发展建设均衡增长。三是确保重点企业稳定生产。突出抓好年营业收入过亿元企业稳定生产,每季度召开重点企业分析例会进行调度,一企一策解决企业实际困难。四是加大规模以上企业培育力度。年内新增规模以上企业30户以上,对新建成企业进行全面摸底,对建成后当年能达到规模以上企业的要重点培育,做好季度入库工作。

(二)全面实施工业发展倍增计划

一是认真贯彻落实市委、市政府出台的《关于实施工业发展倍增计划推进工业跨越发展的意见》,切实加强领导,积极组织实施千亿产业、百亿园区、十亿企业培育工程,大力发展工业循环经济,加快培育中小企业梯队和产业集群。二是全面落实"3341"项目工程特色优势产业、区域首位产业、富民多元产业、战略新兴产业实施方案,深入实施"3341"项目工程。启动实施马铃薯、中医药深加工、铝产业等千亿级产业链。年内产值亿元以上企业达到30户,其中10亿元以上企业达到3户,5亿元以上企业达到4户。通过"倍增计划"的实施,到2016年,全市工业实现"三个翻番,三个30%"以上的目标。

(三)突出抓好工业项目建设

一是实施好500万元以上工业项目建设,完成投资145亿元,同比增长37%。二是实施千万元以上工业项目135项,完成投资101亿元,同比增长32%,建成投产投资49项,完成前期53项。三是大力实施工业技术改造项目52项,完成投资25.8亿元,增长34%。四是全力做好协调,力促祁连山水泥二期、中盛铝业铝合金建筑型材、中国药材公司岷县产业园、彬立集团汽车产业园等重大项目完成建设任务,全力抓好圣大方舟生物质基材、爱兰薯业和金大地公司速冻薯制品、蓝天公司淀粉糖及壁纸胶生产线等龙头企业重点项目,推动马铃薯产业循环化发展。五是继续做好灾后重建项目的实施。

(四)着力扶持中小微企业发展

一是充分利用好市级小微企业发展专项资金,支持20户微型企业主营业务收入达到500万元以上。二是加快中小企业服务体系建设,争取新认定市级中小企业服务示范平台10家,申报认定省级服务平台1~2家。三是加强中小企业技术创新,争取新申报2家省级企业技术中心,积极申报省级新技术、新产品的鉴定验收。

（五）继续推进承接产业转移

一是加强承接产业转移载体建设。争取陇西经济开发区、定西经济开发区、临洮经济开发区为省级新型工业化产业示范基地，全力支持岷县、通渭、渭源、漳县工业集中区增容扩区、晋升等级，提高承载能力。二是开展精准招商。重点与大型企业和江苏、山东、安徽、重庆等省市精准对接项目，特别注重在中医药产业、建材、能源以及劳动密集型等产业领域的深化合作。三是完善项目跟踪协调推进机制，落实市、县（区）承接项目领导责任，实行全面跟踪，确保重大项目尽快落地。2013年，承接产业转移实际到位资金增长35%以上。

（六）做好工业节能和发展循环经济

一是严格落实工业节能、节水目标责任制，努力完成全年工业节能、节水目标任务。二是狠抓工业节能降耗。加强工业节能督查，加大淘汰落后产能力度，争取岷县兰岷水泥有限公司完成淘汰落后产能任务，争取安定区长宏建材厂等8户企业完成关闭小企业计划。积极开展固定资产投资项目节能评估和节能验收管理，推进企业清洁，在自愿性清洁生产审核的企业中选择3~4户开展清洁生产，推荐3~4户企业通过省上资源综合利用认定。加快市级节能监察能力项目建设。三是加快示范工业园区和企业的循环化改造，争取1~2家工业集中区为省级示范工业园区。四是推动燃煤锅炉高效煤粉技术和膜材料技术在污水处理和中水回收领域的全覆盖，促进重大节能减排技术推广应用。

（七）加快推进信息化发展

一是推进社会管理综合信息平台建设。加快"数字社区"市级平台建设进度，对已获2012年甘肃省补助的安定区16个社区要加大工作力度，力争年内完成建设任务，争取年内启动渭源、漳县"数字社区"建设。二是推进信息化和工业化融合。加大信息技术在企业工艺流程、质量管控、诚信体系建设等方面的应用，争取年内完成80户规模以上工业企业"数字企业"建设。

（八）加快中医药产业发展

认真落实《定西市中医药产业发展中长期规划（2011—2020）》，以文峰中药材交易城为中心，甘肃扶正药业科技股份有限公司等制药企业为龙头，加快形成中药材交易、健康产品、精深加工、现代制药的完整产业链，致力于打造"中国药都"。2013年，全市中医药产值达到260亿元，到2020年，争取全市中医药产业总产值突破1000亿元。

（九）加大中小企业融资力度

一是加强对全市19家融资性担保机构的监管，督促各担保机构加强风险防范，特别是各县（区）政策性担保机构在开展双联惠农贷款中要加强风险防控。二是引导各担保机构加大对中小微企业贷款担保力度，确保全市各类融资性担保业务额同比增长25%，达到20.5亿元。三是积极扶持担保机构快速发展，积极争取国家和省级融资担保业发展专项资金。四是向各银行业金融机构推介中小微企业融资需求，抓好银企对接合作。五是抓好"银政投"平台融资力度，积极申报"银政投"贷款项目。六是加大全市上市后备企业培育力度，引导、鼓励企业积极使用集合债券、融资租赁、私募股权等融资工具，开创融资新渠道。

（定西市工信委）

# 陇 南 市

## 一、工业经济运行情况

2012年,陇南市全年完成工业增加值49.36亿元,增长20.4%。其中:规模以上工业实现增加值35.3亿元,增长21.5%,增速位居全省第4位,工业对财政的贡献率达到35.14%。工业的持续发展为全市保增长、保增收、保稳定发挥了重要作用。

(一)轻重工业平稳增长

重工业累计完成增加值29.6亿元,占规模以上工业增加值的84%,增长27.8%;轻工业累计完成增加值5.7亿元,占规模以上工业增加值的16%,增长26.4%。

(二)主要产品产量大幅增长

重点监测的10种工业产品中,有9种产品产量实现增长。其中:中成药3199吨,增长144.3%;发电量29亿千瓦时,增长37%;金属锌7.93万吨,增长33.2%;铜精粉6362吨,增长27.9%;白酒18839千升,增长26.8%;水泥300万吨,增长21.8%;锌精粉20.7万吨,增长18.5%;铅精粉3.7万吨,增长10.3%;黄金940千克,增长0.9%。铁合金3.65万吨,下降34.4%。

(三)重点项目建设成效显著

全年工业固定资产投资完成104.6亿元,增长46%;实施市列重点工业项目30个,累计完成投资29.7亿元,西和大桥金矿、中宝矿业、两当金润玉石材等13个项目建成。开展招商引资活动,全年签约招商引资工业项目42个,签约资金达120.8亿元,到位资金20亿元。

(四)入规企业培育效果明显

加大对有市场、有效益、成长性较好的中小企业的扶持力度,全年新增规模以上工业企业15户,其中有7户新建投产企业纳入2012年规模以上工业统计,累计新增工业增加值2亿元,拉动全市工业增长4个百分点。加强中小企业服务体系建设,新建融资性担保机构10个,累计达到12个,注册资本金2.36亿元,为工业企业担保贷款1亿元,较好地支持了中小微企业发展。

(五)工业园区建设进展顺利

按照建设大园区的要求,全力打造工业聚集发展平台,完成了西成经济技术开发区扩区规划的编制。徽县工业集中区征地1800亩，实施基础设施建设项目7个，完成投资1.2亿元，融资2.5亿元，审批入园项目8个，总投资19.4亿元。康县王坝循环经济工业园区、西和县石堡循环经济产业园区基础配套设施建设有序开展，宕昌哈达铺工业集中区、两当工业集中区、礼县城西工业园区规划编制和报批工作进展顺利。

（六）工业节能节水稳步推进

认真落实监管责任和预警机制，全年万元工业增加值能耗下降7.2%，单位工业增加值用水量下降10%，超额完成了目标任务。落实甘肃省铁合金生产用电价格补贴资金496万元，有效支持了硅铁企业生产。组织企业开展资源综合利用，成县祁连山水泥公司、武都润基水泥公司等企业利用工业固体废渣164万吨，为今后开展资源综合利用探索了路子。

**二、存在的困难和问题**

（一）支撑跨越发展的项目较少

一些项目获批难度加大，一些项目建设进度慢，一些项目前期工作滞后。用地难、用地贵的问题仍然是制约项目落地的主要瓶颈。

（二）产业层次和水平较低

全市工业传统产业比重依然很大，资源型产业一支独大，产业链条短，产品附加值低，加快产业转型升级任务十分艰巨。

（三）自主创新能力不强

全市工业企业中除个别企业建立了省级企业技术中心外，大部分未建立技术研发机构，科技投入不足，自主创新能力不强。

**三、2013年的目标任务**

2013年全市工业发展的预期目标是规模以上工业增加值增长19%，工业固定资产投资增长36%，万元工业增加值用水量下降4%。

为实现上述目标，着力抓好以下八个方面的工作。

（一）抓好工业经济运行

认真落实促进工业发展的各项扶持政策，采取有效措施，确保工业经济稳定增长。一是对规模以上增加值增长目标任务，根据各县（区）工业发展实际及时分解落实，靠实目标任务。二是增强工业经济运行监控、预测分析。准确把握工业经济运行态势，密切关注对全市工业发展影响大的重点行业、重点产品的市场变化，适时提出指导意见和应对措施，确保工业经济健康稳定增长。三是加强经济运行的综合协调和服务，及时协调解决企业生产经营中存在的原料、资金、市场、电力等具体问题，确保重点企业满负荷生产，实现增产增效。四是加强企业安全生产管理。严格落实企业安全生产主体责任，进一步健全安全生产管理制度，提高企业本质安全水平。

### (二)抓好工业项目建设

以项目建设为突破,扩大工业经济总量,增强发展后劲。一是抓好西和县大桥金矿日采选1500吨矿石生产线、中宝矿业公司后川坝日采选黄金450吨生产线、两当县金润玉石业公司年产大理石材100万平方米生产线、徽县洛坝集团年采选100万吨矿石生产线、文县临江20万千伏安铁合金基地一期工程等项目的试产和达产、达标,培育新的增长点。二是加快续建项目建设进度。重点抓好甘肃亚特矿业公司日处理堆浸尾渣6000吨综合回收生产线、甘肃厂坝有色金属公司300万吨矿石扩能改造、中金公司两当日处理800吨矿石生产线等项目的建设进度,及时协调解决存在的困难和问题,力争早日建成,形成新的生产能力。三是抓好前期项目工作。加快甘肃厂坝有色金属公司20万吨锌冶炼、成县祁连山水泥公司200万吨干法水泥生产线扩建等项目的征地、环境评估、申报审批等前期工作,力争尽快开工建设。四是抓好项目论证储备。抓住省政府《关于支持陇南市加快经济社会发展的意见》和实施"3341"项目工程等重大机遇,论证储备一批科技含量高、经济效益好、资源消耗低、环境污染少的特色优势产业项目,不断充实完善工业项目管理库。

### (三)抓好承接产业转移和招商引资工作

加大承接产业转移力度,积极开展招商引资,力争取得更大成效。一是抓好已签约项目的跟踪落实。重点抓好紫金矿业公司礼县日处理1.2万吨矿石生产线等3个投资10亿元以上的重大项目和礼县青峰石材公司年产150万平方米石材生产线等12个已签约项目的跟踪落实,力争尽快落地建设。二是抓好有合作协议项目的跟踪落实。加强与有合作意向项目的衔接洽谈,力争签约适合在定西市落地发展的项目,并积极组织实施。三是积极开展全方位多层次的招商引资工作。强化与大企业、大集团及中东部地区的产业对接,有针对性地做好重点项目推介工作,积极引强入陇,力争招商引资工作取得实效。

### (四)抓好工业园区建设

按照建设大园区的要求,突出产业优势,整合资源要素,力争在园区建设上取得较大突破。一是抓好西成经济开发区建设。抓紧西成经济开发区扩区规划修编的完善和上报审批工作,进一步加快基础设施建设,提高项目承载能力,发挥西成经济开发区对全市工业发展的带动辐射作用。二是抓好徽县工业集中区建设。加快园区基础配套设施建设,围绕集中区规划发展的重点产业,大力开展招商引资,积极引进项目入驻,增强集聚发展能力。三是抓好其他工业集中区建设。加快武都工业集中区、西和石堡和康县王坝循环经济园区基础配套设施建设,进一步完善服务功能,提升园区承载力;加快宕昌县哈达铺、礼县城西、两当县、文县工业园区的规划编制和报批,启动基础设施建设。

(五)抓好中小企业发展

全面贯彻落实国家、省、市扶持政策,促进中小企业加快发展。一是完善服务体系建设。全力抓好市级中小企业窗口服务平台建设,力争年内建成;申报省级公共服务示范平台3户,认定市级公共服务示范平台2户,切实为企业提供便捷、高效、优质的服务。二是规范担保行业发展。加强对担保机构的日常监管和信息报送工作,深化担保机构和金融机构的合作,促进担保公司的规范发展,新发展担保公司3户。三是拓宽融资渠道。积极发展多元化融资渠道,优化融资结构,创新融资方式和手段,提高融资成功率,有效缓解小微企业融资难问题。四是着力培育发展小微企业,力争每县(区)新建小微企业20~30户。五是抓好特色农产品加工龙头企业建设。围绕特色产品基地和中药材资源,组建一批生产规模大、辐射带动能力强的农产品加工企业和医药企业,组织申报省级龙头企业3户,培育发展农产品加工企业20户。六是加快生产性服务业发展。推进现代物流、技术服务、电子商务、信息传输等生产性服务业发展,建立分析监测制度,不断提高生产性服务业增加值和从业人员比重。

(六)抓好工业节能节水

高度重视工业节能节水工作,认真落实防控措施,促进工业经济科学发展。一是认真落实节能节水目标责任制。围绕落实工业节能节水目标任务,签订责任书,靠实目标任务,实行严格的目标责任制。二是加大节能节水监管力度。加强重点用能用水行业和企业的监测,严格执行能耗水耗限额标准,实行预警监控机制,加强新上项目节能评估和审查,从源头上遏制能耗的过快增长,积极推进节能节水工作。三是加快淘汰落后产能。按照国家产业政策,加快小水泥、小硅铁等高耗能、高污染企业的淘汰步伐,对列入甘肃省淘汰落后产能计划的企业要按期淘汰。四是加快循环经济项目建设。抓住国家、甘肃省对节能节水和循环经济项目加大扶持的机遇,积极开展项目论证,做好项目的申报,争取扶持,推动循环经济发展。

(七)抓好信息化建设

加强"两化"深度融合基础工作,不断提高工业信息化水平。一是加快推进企业自动化、智能化生产。加大信息技术改造在提升铅锌、黄金、硅铁等传统产业中的应用,支持工业园区和重点骨干企业信息化建设,扶持有条件的企业创建"两化"融合示范企业。二是加快全市信息化进程。抓好宽带提速工程、"数字企业""数字社区"等重点信息化项目的实施,加强光纤、基站等基础设施建设,提高网络覆盖率。三是加强信息安全管理。配合有关部门,抓好政府部门、重点行业网络信息安全保障的指导和监督检查,坚决遏制各类不良信息传播。

(八)抓好自身能力建设

紧密结合"联村联户,为民富民"和"效能风暴"行动,进一步加强自身建设,不断提升服务工业发展的能力和水平。一是加强思想建设。加强班子队伍建设,保持开拓创新、敬业奉献的精神风貌,为加快工业发展尽职尽责,做好服务。二是加强能力建设。主动更新知识,了解和熟悉国家产业政策、现代工业经营管理、市场营销等有关知识,不断完善知识结构,拓宽知识领域,不断增强指导工业发展的能力。三是加强效能建设。进一步转变工作作风,深入调查研究,广泛采集信息,加强分析预测,积极有效地推动工业经济持续发展。加强党风廉政建设,保持和发扬勤政为民、廉洁自律、踏实苦干、协调有力、服务到位的好风气、好传统。

(陇南市工信委)

# 甘南藏族自治州

### 一、工业经济运行情况

2012年,甘南藏族自治州规模以上工业实现增加值13.3亿元,增长15.2%。主要工业品产量稳步提高。其中:黄金4459千克,增长19.2%;水泥91.56万吨,增长4.4%;乳制品6752吨,增长3.3%;鲜冻肉4014吨,增长11.2%;发电量24.08亿千瓦时,增长29.5%。全州17户规模以上工业企业完成主营业务收入27.66亿元,增长32.2%;实现利润总额6.84亿元,增长44.3%;税金1.26亿元,增长17.32%。

(一)加强经济运行调度监测,全州工业经济迈上新台阶

一是细化靠实责任主体。根据州政府确定的全年工业经济主要指标,对各县(市)工业经济指标进行认真分解,明确工作任务,靠实责任主体。二是提高监测预警水平。会同州统计局对全州重点工业企业主要负责人和业务负责人进行了"企业一套表"联网直报培训,进一步加强了规模以上企业报表的跟踪监测。三是成立了甘南藏族自治州工业发展重大问题协调机制,及时掌握各县(市)、各行业、各重点企业经济运行动态,协调解决工业发展中带有倾向性、全局性的问题,保证工业平稳较快发展。四是起草了《关于促进甘南藏族自治州工业经济平稳较快发展的实施意见》,由州政府下发各县(市)政府执行。

(二)加强重点工业项目建设,积极培育新的经济增长点

一是紧紧围绕国家产业政策和投资重点,精心筛选了一批产业附加值高、拉动经济力强的工业项目。全年共实施工业项目168项,完成工业固定资产投资34.4亿元,增长16.7%,工业投资额及增幅双双实现历史性突破。争取中央、甘肃省各类专项资金2616.5万元。二是加强州庆重点项目的跟踪管理,确保项目按期完工。甘南藏族自治州天然气覆盖项目进展顺利,合作市完成投资2060万元,管线敷设12.44公里,具备通气条件;夏河县由县政府先期垫资290.8万元,完成主管网敷设2938米,支管230米;舟曲县新老城区主管网敷设8516米,入户安装3525户;迭部县主管网敷设8000米,入户安装1200户;临潭县主管网敷设 2870 米;卓尼县主管网敷设740米;碌曲县主管网敷设4100米;玛曲县主管网敷设2938米。总投资3.1亿元的夏河雪顿乳业牦牛液态奶生产线开工建设,累计完成投资2500万元。循环经济园区建

设有序推进。其中:合作市循环经济产业园已有17户企业登记入园,5户企业开工建设,累计完成投资8000万元;夏河安多畜牧产业园项目累计完成投资5100万元。三是部分重点工业项目完成投资,项目经济效益逐步显现。舟曲县年产60万吨建华水泥粉磨站建设项目已正式投入生产。总投资1.8亿元的合作市早子沟金矿日选2000吨选矿厂改扩建项目,主体工程和设备安装已完成,正在设备调试阶段。甘南佛阁藏药公司等3户藏药企业技术改造等重大项目均进展顺利。四是认真贯彻落实省委"3341"项目工程总体要求,起草了《甘南藏族自治州第二产业首位产业——特色畜产品加工龙头企业发展方案》,经州委、州政府下发执行。

(三)加强"产业富州"战略落实,"多元甘南"建设迈出新步伐

一是起草了《关于深入贯彻"产业富州"(第二产业)战略全面推进"多元甘南"建设的实施意见》由州委、州政府下发执行。二是全面落实"产业富州"战略,制定了《甘南藏族自治州2012年加快发展民族特需用品产业工作方案》和《2012年加快畜产品加工龙头企业发展工作方案》,确定了37个重点发展项目,已分别累计完成投资2.55亿元和2.45亿元。

(四)加强承接产业转移工作,借助外力发展有新进展

紧紧抓住国内外产业加速向中西部地区转移的重大机遇,根据藏区优惠政策和本州资源优势,制定了《甘南藏族自治州关于加快推进承接产业转移实施意见》,有重点地确定了本州承接产业转移的主攻方向,参加了省工信委组织赴江苏、山东、湖南、湖北、安徽等省承接产业转移对接活动。抓住安徽省黄山市考察团进行考察的时机,组织华羚公司、燎原公司、佛阁藏药公司、安多清真绿色食品公司等14户重点企业,精心筛选了200多种产品在夏河桑科草原举办了甘南藏族自治州名优产品展示会,重点介绍了当地的优势资源及特色产业的发展成果。州政府与黄山市政府签订了经贸合作框架协议,为双方建立长期合作交流机制,促进两地区间经贸合作打下了良好基础。今年共签约承接产业转移项目42个,累计到位资金57.89亿元。

(五)加强资源综合利用和工业节能,可持续发展实现新进展

一是严格落实节能降耗、工业节水责任制,根据甘肃省下达的目标任务,对各县(市)能耗、工业用水控制总量进行了再分解,明确了节能责任。二是制定并由州政府下发了《甘南藏族自治州工业节水工作方案》,在全州规模以上工业企业建立节水台账,并进行季报分析。全州规模以上工业企业万元工业增加值用水量下降4%。三是加强对重点耗能企业的监管,对21户重点用能企业实行月报监测制度,定期公布企业能耗情况,对安多、建华两户高耗能企业进行合理限产,控制能耗利用空间,规范和加强企业用能行为。规模以上工业企业万元工业增加值能耗同比下降2%。四是加强企业资源综合利用产品认定工作,夏河祁连山安多水泥有限公司、临潭建华水泥有限公司的水泥产品和夏河祁连山安多水泥公司的余热发电项目被省工信委认定为资源综合利用产品,全年预计享受税收减免优惠2500万元。五是合理

促进产业结构调整,对11户涉及铁合金、小砖窑、小化工等行业的落后生产线进行淘汰,确定2013年关闭小企业计划。

(六)加强小微企业培育壮大,中小企业发展拓开新局面

起草了《甘南藏族自治州关于加快小微型企业发展办法》,对28户主营业务收入达到2000万元以上、15户主营业务收入达到500万元以上的企业作为培育扶持重点,进行技术改造,争取早日上规模。深化银企合作,组织召开全州银企合作洽谈会,签订贷款协议34项,贷款总额10.4亿元。加快融资担保体系建设,碌曲县、临潭县、玛曲县、卓尼县被批准设立为甘肃省中小企业信用担保有限责任公司分公司,合作市、夏河县、迭部县、舟曲县批准新设立担保机构,实现了融资性担保机构全州覆盖。全州非公有制经济预计完成增加值30.4亿元,同比增长12.8%。

(七)加强企业人才队伍建设,为支撑发展提供新的智力支持

一是圆满完成了2011年度全州企业专业技术职务评审工作。共有24名高级、144名中级和126名初级企业专业技术人员取得了任职资格。二是组织企业参加中小企业"银河培训"、重点企业运行监测培训、中小企业服务年等活动,培育了一批精干的企业家队伍。同时,按照产业发展所需工人要求,指导各重点企业开展岗前培训、在岗培训、技能培训1600人次,提升了工人技能水平,提高了生产效率。

(八)加强安全生产监管,生产安全有新成效

严格落实企业安全生产责任制,指导各县(市)经信局定期对本县(市)工业行业安全生产形势进行科学分析判断,及时解决发现的问题,落实好企业安全生产主体责任。强化对民爆、工矿等重点行业的安全监管,对4户民爆器材经营企业进行了专项整顿大排查。加强信息安全工作,做好信息安全预防措施,确保通信安全稳定。在全州经信系统和企业的共同努力下,全州工业行业未发生一例安全生产事故,安全形势良好。

(九)信息通信业快速发展,服务发展的能力不断增强

移动公司实施TD(3G)网络连续覆盖和农牧村移动网络全覆盖工程。2012年全州新建基站103个。其中:TD(3G)基站新建25个,乡镇移动网络覆盖率达到100%,行政村达到98%,自然村达到95%,各大旅游景区移动通信网络覆盖率达到100%,主要城市3G网络覆盖率达到80%以上,移动通信网络质量得到极大提升。电信公司推进"平安甘南"建设,目前全州已建成300多个视频监控,并将监控点逐步增加至600个。累计投入5000多万元,大力推进城市和重点乡镇"光网城市"建设,一期、二期光网城市项目全部完工,新建光网单元875台、宽带端口28000线,新建光纤到户1000端口等。持续加大天翼3G网络建设,投入2000万元,新建基站43个,扩容3G基站136个,天翼3G网络覆盖及能力进一步提升,全面满足天翼智能3G业务的快速发展。推进农村信息化,重点行政村实现光纤到村,天翼3G服务到村,农村基础通信设施得到进一步提高和完善。联通公司投资4455万元,推进核心网络工程、WCDMA无

线网扩容工程、GSM无线网扩容工程、移动网配套扩容工程和配套传输网扩容等建设,取得了长足发展。

**二、2013年的目标任务**

2013年,全部工业增加值增长18.5%,其中规模以上工业增加值增长20%。

(一)全力抓好州庆重点项目建设,为建州60周年献礼

督促中国石油天然气公司和新疆广汇液化天然气公司严格按照项目进度,加快施工步伐,确保点火通气目标的完成。积极协调合作市、夏河县政府加快建设门浪滩、安多畜牧园循环经济园区,完善园区基础设施,合理安排企业入园,划拨入园企业建设用地,完善各项审批手续,争取使企业早日开工建设,早日发挥效益。指导夏河县加快雪顿乳业牦牛液态奶生产线建设项目进度,督促企业严格按照工程进度,按期保质施工,确保实现2013年7月竣工投产目标,为建州60周年献礼。

(二)认真抓好建州60周年成就展览工作,全面展示建设成就

严格按照《甘南藏族自治州建州60周年成就展览组工作方案》,组织各成员单位按照时限要求完成图片收集、整理,展厅的设计制作及布展等工作,力求全面展示出建州60周年来经济社会发生的巨大变化和各行业、各领域、各条战线上取得的巨大成就。

(三)继续强化工业运行预警监测,确保全年任务圆满完成

进一步加强经济运行的监测分析和预测预警,突出抓好重点行业、重点企业的跟踪监测,密切关注经济运行的新情况、新问题,定期研究分析解决重大问题,提高运行调节的前瞻性和实效性。加强对符合规模以上条件企业的监测管理,帮助企业完善财务制度,力争使符合条件的企业按期进入名录库。加强企业扭亏增盈工作,指导企业调整产品结构,生产适销对路产品,防范市场风险,实现增收节支、扭亏为盈,确保全年工业均衡增长。

(四)加大项目申报建设力度,全面落实藏区"十二五"规划建设项目

继续加强项目的申报力度,积极争取落实国家《"十二五"支持甘肃藏区经济社会发展规划建设项目方案》中确定的102个项目和中央专项补助资金,全面落实省工信委《关于印发2013年支持甘南藏族自治州工业和信息化发展投资项目导向计划的通知》中确定的66个重点项目,加快实施一批重大技术改造项目。加快绿色食品加工企业的技术改造和技术创新,实现畜牧业发展的规模化、特色化与生态化,努力将全州建设成为全国重要的高原绿色畜产品生产加工基地。同时,抓好民族特需用品生产、中藏医药研发、资源综合利用等产业发展,依靠持续不断地上新项目、大项目和实施企业技术改造,形成可持续快速发展的良好态势。加强项目的管理工作,严把项目审查关,对获得国家、省、州专项资金扶持的项目,加大项目进度、竣工验收等方面的跟踪管理工作,确保项目按期投产,拉动工业经济稳步增长。

（五）加快园区建设步伐，力争全州园区建设实现突破

根据《甘南藏族自治州循环经济总体规划》确定的"一区九园"建设模式，抓好循环经济园区建设工作。建立技术创新体系、人力资源开发体系和信息平台建设，形成相对完整的横向关联配套、纵向延伸拓展、产业协调发展的循环经济产业链条，力争在短时间内初步建成空间布局合理、产业结构优化、产业链条完整、资源利用高效、运行管理规范的9个循环经济产业园区。

（六）加强承接产业转移工作，在"走出去"和"引进来"上有新进展

把"走出去"与"引进来"结合起来，精心论证一批产业项目，通过政府组团招商、部门联系招商、以商招商、上门推介招商等方式，形成承接产业转移的连锁效应和群体效应。进一步强化对承接产业转移重大合作项目的跟踪服务，对签约项目，组织专门力量、安排专人跟踪落实，就项目落户、落地提供全程代办优质服务；对达成投资意向的项目，安排专人全力跟进，坚决兑现政策，兑现承诺，促进项目早日签约；对已投产项目，采取一切可能的措施，留住企业、稳住企业、发展企业。

（七）强化科技创新，在品牌培育和人才支撑上再搭平台

深入推进名牌战略和质量振兴体系建设，积极引导和鼓励企业增强自主创新能力，提升产品科技含量和品牌影响力，扩大名牌生产企业的规模和市场占有率。2013年，计划再培育10个工业企业名牌产品。加强职业技术教育，积极与省内外重点院校合作，分期、分行业举办优秀企业家培训班，有效提升企业经营管理水平。完善企业人才引进制度，引导企业将招商引资和招才引智相结合，帮助企业建立现代企业制度，突破家族式管理模式，不断提高全州企业经营管理人员的层次和水平。

（甘南藏族自治州经信委）

# 临夏回族自治州

### 一、工业经济运行情况

2012年,临夏回族自治州规模以上工业完成增加值15.65亿元,增长17.8%。工业固定资产投资完成46.01亿元,增长24.32%。全州万元GDP能耗降低率完成3.57%,规模以上企业单位工业增加值能耗下降11.07%,万元工业增加值用水量下降10.68%,均完成当年甘肃省下达的考核目标。

（一）在促进工业生产增长上实现了新突破

面对国际、国内经济下行压力,及时准确地研究国家产业政策和项目扶持导向,制定了领导干部联系企业制度,"一企一策"重点帮扶制度,为企业转型升级提供技术指导。建立健全工业生产预警监测机制、跟踪检查机制、考核评价机制,形成了一套科学合理、行之有效的工业经济运行统计、分析、评价体系。抓主抓重,全面加强对重点行业和重点企业的监控力度,在全面掌握38户规模以上工业企业的基础上,确定了50户重点企业纳入监控范围。

（二）在抢抓政策机遇上实现了新突破

协调省工信委在省直部门中第一个制定出台了《关于支持临夏回族自治州工业和信息化发展的意见》,州委、州政府相继出台了《关于加快工业经济转型跨越发展的意见》和《关于支持中小微企业发展的意见》,为全州工业转型跨越发展,提供了强有力的政策保障。

（三）在项目工作上实现了重大突破

2012年共储备特色产业、装备制造、技术创新、循环经济、富民产业等工业项目256个,总投资104.73亿元。这些项目均列入省工信委重点项目计划,清真食品安全生产示范基地建设项目得到全国轻工业联合会初步认可,纳入国家级2013年基地建设初选名单。成功申报各类项目126个,争取扶持资金1.02亿元。

（四）在承接产业转移和招商引资上实现了新突破

2011年,临夏回族自治州工信委组织县(市)政府、园区、企业赴安徽省安庆市、江苏省南京市等地开展招商引资和承接产业转移工作,与安庆市相关企业达成合作协议项目19项,投资总额2.3亿元。有11个承接产业转移项目落地,项目总投资

43.73亿元,到位资金3.77亿元。安徽海螺集团投资40.35亿元的2条日产4500吨新型干法水泥生产线、15万千瓦水电站及水电资源链式开发暨铝型材加工、和政五星级酒店投资项目、南京雨润集团投资项目正式签约,正在全力开展项目的落地和协调服务工作,实现了在引进中国500强企业上的突破。

(五)在培育特色产业上实现了新突破

按照建设"三大基地""三个经济带"的要求,一是全力实施工业强州战略。着力做大做强特色产业,把清真食品、皮革、装备制造基础件、民族用品、酒类饮品、建材、旅游文化、工艺品加工业作为今后全州重点培育和扶持的特色优势产业。二是狠抓规划编制。坚持规划引领和规划先行的原则,编制了全州工业集中区发展规划、全州轻工业生产加工基地规划、工业强州战略实施方案、全州工业首位产业实施方案和富民多元产业实施方案。三是制定了产业布局方案。沿大夏河经济带,建设全国清真安全放心食品生产示范基地、全国轻工业和民族用品生产加工基地、酒类酿造生产加工基地。沿洮河—广通河经济带,建设广河经济开发区皮革产业聚集园、和政循环经济示范产业园、和政饮品加工基地、东乡达板经济开发区牛羊肉加工配送基地、康乐牛羊鸡禽养殖加工、中药材种植加工示范基地。沿黄河经济带,建设盐锅峡工业园区装备制造业基础件加工基地、大河家物流园区民族用品生产加工基地、临夏县北塬现代农业加工配送示范基地。

(六)在节能降耗上实现了新突破

继续加大淘汰落后产能工作力度,2012年上报的34个淘汰落后产能中央财政奖励资金项目,淘汰炼铁、铁合金、碳化硅、水泥、制革、塑料等8个行业的落后产能61.86万吨。建立了38户规模以上重点用能企业能源消耗档案,对70户高耗能企业实行重点监测,加强工业节能预警监控,与2000吨以上重点用能企业签订了2012年度节能目标责任书,节能工作逐步实现了制度化、规范化管理。

(七)在中小企业服务工作上实现了新突破

一是在全省第一个成立了中小企业服务中心。为全州中小微企业提供信息、投融资、技术、人才培训、项目申报、管理咨询等一站式服务。已为54户企业提供了申报工业项目、专利、知识产权等服务,接待现场咨询300多人次,协调办理中小企业融资担保贷款1700多万元。二是狠抓融资服务工作。与兰州银行临夏分行、中国银行临夏分行举办了中小微企业融资项目推介会,为企业解决融资贷款3.2亿元;向州内各商业银行推荐了175户企业25.07亿元的贷款项目;向省工信委推荐26户企业的"银政投"融资贷款项目,申请"银政投"融资贷款2.1亿元,争取到贷款贴息资金90万元。全州8县(市)都成立了以政府资金为主导的中小企业融资担保公司,已争取到8000万省级财政担保补助资金支持。州信用担保中心担保基金扩大到9000万元,全州担保资金已达到3.7亿元,实现了担保平台的全覆盖,有效解决了中小企业融资难的问题。三是狠抓企业诚信体系建设。制定了《临夏回族自治州食品工业企业诚信体系建设工作实施方案》和《临夏回族自治州食品工业企业诚信体系建设工作部门联席会议制度》,企业的诚信意识明显提升。

(八)在信息化推进工作上实现了新突破

一是成立了临夏回族自治州信息化领导小组,出台了《关于大力发展信息产业推进信息化与工业化融合发展的意见》。二是完成了《临夏回族自治州加快基础通信设施建设实施方案》。三是积极争取"数字社区"建设项目资金,甘肃省已将全州项目列入全省信息化推进项目计划。四是40户企业达到了"数字企业"标准。

(九)在企业改制和培训工作上实现了新突破

完成了金临公司、誉文公司、再生公司、穆斯林经贸公司、商贸总公司5户企业改制工作,涉及改制的178名人员全部得到了妥善安置,彻底解决了这5户企业久拖未决的信访积案。设立兰州大学管理科学研究院EDP中心临夏培训基地,培训规模以上企业和成长型骨干企业的董事长、总经理及中层管理人员60余人。与州委组织部、临夏移动公司联合在上海展望学院举办了2012临夏民营经济创新发展与中小企业转型升级专题研修班,各县(市)工信局局长、重点企业董事长、总经理共36人参加培训。举办了2012年国家银河培训暨中小企业服务年企建工程临夏回族自治州培训班。

**二、存在的困难和问题**

1.工业投资不足,企业装备技术落后,创新能力低,竞争能力弱。企业贷款难、难贷款问题相当突出,据对重点企业的资金需求调查,项目资金缺口达8.96亿元,流动资金缺口达3.74亿元。

2.重大工业项目突破不多,承接产业转移成效还不突出。

3.机遇意识、责任意识、落实意识还不强,抓发展的紧迫感和责任感不强,抓机遇的敏锐性不够。

4.工作作风不实。个别县(市)对安排的事抓落实不够,办事效率低下,缺乏团队意识、效率意识。我们一定要高度重视存在的问题和不足,在新一年的工作中采取更加有力的措施切实加以解决。

**三、2013年的目标任务**

2013年,全部工业增加值增长19%,规模以上工业增加值增长20%;工业固定资产投资增长25%,万元工业增加值用水量下降2.6%,单位工业增加值用水量指标控制在67.7立方米/万元以内。

(一)强化经济运行调控

一是加强工业经济预测预警。做好重点产业、重点企业、重点产品的跟踪分析,密切关注停产、半停产企业情况,加强服务和指导。二是培育和壮大重点龙头企业。按照《临夏回族自治州分年度入规方案》,认真抓好产值500万~2000万元企业的入规工作,力争今年再入规10~15户企业。引进国内知名企业,采取高位嫁接、借船出海、兼并重组、组建集团等方式,做大做强古河州酒业、清河源公司、东乡绿凤凰公司等一批重点龙头企业,建立现代企业制度,力争完成培育30户、引进30户的目标任务,规模以上企业争取达到50~60户,使全州工业企业的实力和水平迈上一个新台阶。三是认真实施"一企一策"工作方案。全力抓好《培育重点龙头企业"一企一策"发展规划》的落实工作,实行领导联系企业制度,对确定的重点帮扶企业,优先支持信息化项目建设,优先安排配套种养殖基地建设,优先享受农畜产品、矿产、土地等资源,优先安排扶持资金,优先提供贷款信用担保,优先派遣企业所需人才。

(二)科学编制发展规划

一是全力抓好改善电力通信设施,编制全州工业园区发展规划和各园区规划,编制工业强州战略实施方案,编制全国乃至世界穆斯林群众生活用品、宗教用品、手工艺品和轻工业生产加工基地实施方案,启动临夏—厦门循环产业园和新能源汽车产业园5项规划任务的落实工作。二是编制完成全州工业集中区发展规划,修订完善各县(市)省级工业园区规划。三是编制基地建设规划,全力扶持发展以生产加工清真食品、民族用品、农畜产品、宗教用品、手工艺品、旅游纪念品、传统小吃为主的轻工业。四是进一步完善和优化电网、新建330千伏变电站布点规划,加快信息基础设施和数字化城市管理信息系统建设规划。

(三)抢抓政策叠加机遇

认真落实《省工信委关于支持临夏回族自治州工业和信息化发展的意见》《临夏回族自治州关于加快工业经济转型跨越发展的意见》和《临夏回族自治州关于支持中小微企业加快发展的意见》,真正把政策的"含金量"挖掘出来,充分发挥各项政策的引导和扶持效应,将措施落到实处,推动全州工业和信息化的平稳快速发展。

(四)扎实推进工业项目建设

一是深入实施工业强州战略,重点谋划一批产业关联度大、产业链条长、项目回报率高、社会贡献率大,并在全州具有良好基础和比较优势的工业项目,带动工业经济转型跨越发展。二是全力争取广河皮革产业基地、永靖工业园区装备制造基础件、临夏经济开发区清真食品安全生产示范基地、永靖中天化工海绵钛产业链、临夏智慧城市信息化建设等上报国家工信部的重大项目批复实施。三是继续抓好各县(市)中小企业服务中心建设、创意园孵化区建设、承接产业转移前期费等项目的争取工作。积极争取落实省工信委向国家工信部上报的临夏回族自治州清真食品放心工程项目、国家轻工业生产示范基地建设项目、临夏回族自治州啤特果生产加工基地建设项目、全国民族用品生产加工基地建设项目等重大工业项目。四是抓好在建项目的跟踪服务,确保105个工业项目(亿元以上的项目21个)尽快建成投产。

(五)着力培育特色产业

一是通过实施"一企一策",全力培育扶持38户重点龙头企业,全力打造临夏回族自治州清真品牌和少数民族用品品牌，把全州建设成全国清真安全放心食品生产加工基地、民族用品生产基地和轻工业生产加工基地。二是引导各种资源向优势企业流动和聚集，延伸产业链条，打造产业集群，提高产业的集中度和竞争力。三是组建清真食品、皮革、地毯、黄酒等行业协会，切实发挥协会的桥梁和纽带作用，促进企业之间的合作交流、行业自律，避免恶性竞争，实现良性发展。

(六)推进承接产业转移

一是认真落实甘皖合作战略、临夏—安庆经济社会发展合作座谈会上相关企业签订的产业转移对接和合作项目协议。二是抓好甘肃—湖南产业合作对接招商活动相关项目及省工信委组织重点园区和部分骨干企业赴山东青岛、威海产业合作对接项目的落实。三是继续做好与厦门、福州、晋江等地的产业对接，尽快促进安徽海螺集团、南京雨润集团、河北梅花集团等重点项目尽快落地建设。四是借助国家确定的对口帮扶机制，启动建设临夏—厦门循环经济园。赴山东中通集团公司开展招商，建设新能源汽车产业园。

(七)加大节能降耗工作力度

一是加大对各县(市)和重点用能企业和用水企业的监督检查力度和频次，进一步完善工业企业用水计量设施的配备，严格执行节水统计报告制度，建立重点用水企业台账，确保全州节能节水工作顺利开展。二是坚决淘汰铁合金、碳化硅等8个行业的落后生产能力，在新建项目和承接产业转移中严格落实能评制度，严把产业准入关。三是大力推广清洁生产，积极发展循环经济。

(八)加快工业园区建设

一是全力抓好5个省级园区中工业建设步伐，创新政策机制，改善服务环境，大力推进以园招商、以商建园，吸引更多的工业企业入园发展。二是引导和支持园区着力打造循环经济产业链、培育示范企业，形成各具产业特色的循环经济基地。三是省列园区和各县(市)工业集中区要加快孵化区建设步伐，帮助小企业创业，吸引成长型中小企业聚集。要引导尚未成立省列园区的县(市)，学习庆阳市经验，积极兴办工业集中区。

(九)全面实施信息化数字畅通建设

一是加快实施以"民情流水线"服务普遍化为主要目标的"数字社区"试点建设工作，力争年内创建30个"数字社区"，提高基础公共服务信息化水平。二是依托通信业三大信息运营商的技术力量，支持重点龙头企业信息化建设，力争临夏经济开发区、康美物流中心、华昱循环农牧产业公司列为省级信息建设试点园区和企业。三是加快企业自有网站信息化建设，提升企业科学决策管理水平、研发水平、生产自动化水平，力争全年建成"数字企业"30家。四是围绕城市管理、物流交通、社会服务领域，加大信息技术推广应用，抓好临夏市"三网"融合试点工作。

（十）优化中小企业发展环境

一是加快公共服务体系建设。进一步加强和完善临夏回族自治州中小企业服务中心各项服务功能,年内各县(市)和各大园区都要建立中小企业服务中心。二是巩固和创新融资服务模式。建立政府、银行、企业协调机制,积极搭建银企对接合作平台,畅通银企沟通渠道。三是提升企业自主创新能力。加快省级科技创新平台、产业研发平台、企业技术中心建设,进一步充实完善4个省级企业技术中心,完善技术创新体系,在清真食品、铸造、砖雕、黄酒等行业中组织企业申报省级企业技术中心,提升企业研发水平,力争形成一批"小产品大市场"的小巨人企业。四是加强企业人才队伍建设。继续巩固与上海展望学院、兰州大学管理科学研究院联合培训平台,做好与兰州大学管理科学研究院EDP中心临夏项目基地合作办学各班次的组织学习培训,力争年内举办四期企业管理人员培训班。

(临夏回族自治州工信委)

# 第四篇

# 附录——行业简介

1. 石化行业

2. 有色行业

3. 冶金行业

4. 电力行业

5. 煤炭行业

6. 建材行业

7. 机械行业

8. 食品行业

9. 纺织行业

10. 医药行业

11. 生产性服务业

12. 军民结合产业

13. 电子信息产业

14. 通信行业

## 中国石油兰州石化公司 简介

图版1 中国石油兰州石化公司原油储备库

◀中国石油兰州石化公司被誉为新中国石化工业的"摇篮",素有"共和国长子"之称,是集炼化为一体的大型综合炼化企业。公司原油一次加工能力达到 1050 万吨/年,乙烯生产能力达 70 万吨/年。截至 2012 年底,累计加工原油 2.13 亿吨、生产乙烯 749 万吨,累计上缴税费 598 亿元,2009 年以来连续成为甘肃省唯一纳税超百亿元企业。2012 年,加工原油量 1002 万吨,生产汽油、煤油、柴油 688.6 万吨,乙烯 64.17 万吨,合成塑料树脂产品 105.9 万吨、合成橡胶 17.8 万吨、合成氨 28.1 万吨,实现营业收入 700 亿元,上缴税费 112 亿元。图为中国石油兰州石化公司原油储备库。

## 中国石油庆阳石化公司 简介

▶中国石油庆阳石化公司创建于 1971 年,是中国石油天然气股份有限公司直属企业。主要炼化生产装置 17 套,一次加工能力 300 万吨/年,主要生产汽油、柴油、航空煤油、聚丙烯等九大类十余种。2012 年,加工原油 310.25 万吨,营业收入 234.86 亿元,实现税金 40.94 亿元,位居甘肃工业百强企业第 5 名,上缴税费列甘肃省第 4 名。图为中国石油庆阳石化公司炼化生产装置区夜景。

图版2 中国石油庆阳石化公司炼化生产装置区夜景

## 甘肃金昌化学工业集团有限公司 简介

图版3 甘肃金昌化学工业集团有限公司子公司甘肃丰盛环保科技股份有限公司生产区

◀甘肃金昌化学工业集团有限公司始建于 1964 年,现有各种产品装置总产能 180 万吨,列中国化工企业 500 强第 429 位、甘肃工业百强企业第 35 位。随着新建 40 万吨合成氨装置规模的形成,公司将跻身甘肃省第 1 位、西北地区前 10 位的合成氨生产企业。2012 年,企业生产碳铵 6.39 万吨、纯碱 20.12 万吨、氯化铵 20.48 万吨、合成氨 15.02 万吨、磷酸二铵 36.64 万吨、磷酸一铵 16.14 万吨,实现工业总产值 18.64 亿元,销售收入 18.74 亿元。图为甘肃金昌化学工业集团有限公司子公司甘肃丰盛环保科技股份有限公司生产区。

## 甘肃刘化集团有限责任公司 简介

▼甘肃刘化集团有限责任公司始建于 1966 年,1971 年建成投产,是以天然气为原料生产合成氨并加工尿素的化肥生产企业。经过近四十五年发展,年产合成氨 40 万吨、尿素 70 万吨、甲醇 10 万吨,并兼营催化剂系列产品、复合肥系列产品、液氨、液氧、液体二氧化碳和塑料编织袋等产品,年销售收入达 10 亿元以上,位居全国化工 500 强、全国化肥 50 强、甘肃省 60 强企业之列。2012 年,生产合成氨 39324 万吨、尿素 66.97 万吨,实现工业总产值 13.0 亿元,营业收入 13.84 亿元,增长 17.9%。图为甘肃刘化集团有限责任公司主厂区。

图版4 甘肃刘化集团有限责任公司主厂区

## 西北永新集团有限公司 简介

图版5 西北永新集团有限公司科研综合大楼

◀西北永新集团有限公司的前身是始建于 1965 年的西北油漆厂。经过近五十年的发展,现已成为集精细化工、现代中药、新型管材和商贸物流为一体的多元化支柱型现代化企业集团,形成涂料 5 万吨、药业 25 亿粒、管材 8000 吨生产能力。2012 年,生产涂料 20434 吨,中药 23.55 亿粒,PE 管材 3345 吨,实现工业总产值 53.26 亿元,营业收入 8.53 亿元。图为西北永新集团有限公司科研综合大楼。

## 金川集团股份有限公司 简介

▲金川集团股份有限公司是采、选、冶配套的大型有色冶金和化工联合企业，是中国最大的镍、钴、铂族金属生产企业和中国第三大铜生产企业，主要生产镍、铜、钴、铂族金属，化工产品，有色金属深加工产品和材料。2012年，生产有色金属总量75.8万吨，有色金属加工材料17.5万吨，化工产品243万吨，实现工业总产值620亿元，营业收入1500亿元。图为金川集团股份有限公司厂区。

图版6　金川集团股份有限公司厂区

## 甘肃东兴铝业有限公司 简介

▶甘肃东兴铝业有限公司是甘肃省最大的铝冶炼企业，拥有240千安、400千安、500千安三条大型电解合金铝生产线，形成年产合金铝85万吨的生产能力。2012年，生产铝产品64.8万吨，图为甘肃东兴铝业有限公司电解铝生产线。

图版7　甘肃东兴铝业有限公司电解铝生产线

## 白银有色集团股份有限公司 简介

▲白银有色集团股份有限公司是国家"一五"时期156个重点建设项目之一，现已发展成为集采矿、选矿、冶炼、加工、化工和科工贸一体化的大型企业集团，独创了国内唯一具有自主产权的"白银炼铜法"和"白银熔池富氧炼铜"新工艺。2012年，生产三种有色金属产品40.43万吨，实现工业总产值205.66亿元，营业收入373亿元。图为白银有色集团股份有限公司氟业公司夜景。

图版8　白银有色集团股份有限公司氟业公司夜景

## 中国铝业股份有限公司兰州分公司 简介

▶中国铝业股份有限公司兰州分公司是国家"二五"期间布局建设的第一家电解铝厂，综合生产能力达到 50 万吨以上，发电设计能力 60 亿千瓦时，已成为目前国内生产规模大、具有世界领先技术水平、竞争力强劲、经济效益好的"煤电铝"为一体的大型现代化联合企业。2012 年，电解铝产量达到 41.52 万吨，实现工业总产值 92.56 亿元。图为中国铝业股份有限公司兰州分公司生产的铝铸轧卷。

图版9　中国铝业股份有限公司兰州分公司生产的铝铸轧卷

## 中国铝业股份有限公司连城分公司 简介

图版10　中国铝业股份有限公司连城分公司焙烧车间

◀中国铝业股份有限公司连城分公司是"三五"时期国家布局建设的重点项目，是全国 520 家重点国有企业和甘肃省"工业强省"骨干企业之一，现已形成电解铝超过 60 万吨、铝深加工超过 40 万吨、炭素预焙阳极 15 万吨的生产能力。2012 年，电解铝产量达到 49.45 万吨，实现工业总产值 69.64 亿元，销售收入 66.34 亿元。图为中国铝业股份有限公司连城分公司焙烧车间。

## 甘肃华鹭铝业有限公司 简介

◀甘肃华鹭铝业有限公司是国家"七五"重点建设工程,现已形成年 23 万吨铝产品、13 万吨铝用预焙阳极、4 万吨铝深加工产品的生产能力。2012 年,生产三种有色金属产品 40.43 万吨,实现工业总产值 205.66 亿元,营业收入 373 亿元。图为甘肃华鹭铝业有限公司210电解生产线。

图版11 甘肃华鹭铝业有限公司210电解生产线

## 中国铝业股份有限公司西北铝加工分公司 简介

▶中国铝业股份有限公司西北铝加工分公司是我国西北地区最大的铝加工企业,生产能力 10 万吨,主导产品为铝及铝合金管、棒、型、线、排、板、带、箔、铝粉、铸造铝材和深度加工产品等十四大类。2012 年,铝型材加工量达到 3.45 万吨,实现工业总产值 7.46 亿元。图为中国铝业股份有限公司西北铝加工分公司箔材生产线。

图版12 中国铝业股份有限公司西北铝加工分公司箔材生产线

## 酒泉钢铁集团有限责任公司 简介

▶酒泉钢铁集团有限责任公司是国家"一五"期间重点建设项目之一,我国西北地区最大的碳钢和不锈钢生产基地,入围中国500家最大工业企业行列。钢产能已达1000万吨,其中不锈钢100万吨,主体技术装备水平居国内先进行列。2012年,公司生产粗钢1010.25万吨,钢材1002.3万吨,实现工业总产值775亿元,营业收入1015亿元。图为酒泉钢铁集团有限责任公司不锈钢热轧产品。

图版13 酒泉钢铁集团有限责任公司不锈钢热轧产品

## 甘肃腾达西铁资源控股集团有限公司 简介

◀甘肃腾达西铁资源控股集团有限公司是我国从事硅铁生产最早的企业,铁合金年产规模已超过50万吨,在全国同行业中名列前茅。产品主要包括硅系、铬系、锰系三大系列铁合金产品,其中"西铁"品牌为全国知名品牌。2012年,生产铁合金28.63万吨,实现工业总产值24.25亿元。图为甘肃腾达西铁资源控股集团有限公司现代化除尘系统。

图版14 甘肃腾达西铁资源控股集团有限公司现代化除尘系统

## 方大炭素新材料科技股份有限公司 简介

▶方大炭素新材料科技股份有限公司是中国最大的炭素企业和唯一新型炭砖生产基地,也是亚洲第1位、世界第3位的优质炭素制品生产供应基地,现已形成年产15万吨的炭素制品综合生产能力,可生产四大系列、38个品种、126种规格产品。2012年,炭素制品总产量13.33万吨,工业总产值完成27.05亿元。图为方大炭素新材料科技股份有限公司新建的一次焙烧炉。

图版15 方大炭素新材料科技股份有限公司新建的一次焙烧炉

## 华能平凉发电有限责任公司 简介

图版16 华能平凉发电有限责任公司外景

◀华能平凉发电有限责任公司一期4台30万千瓦机组工程于2003年11月建成投产，二期工程2台60万千瓦超临界空冷机组于2010年3月全部建成投产，是甘肃省装机容量最大的火力发电厂和电网主要电源支撑点。2012年，完成发电量46.51亿千瓦时。图为华能平凉发电有限责任公司外景。

## 中水崇信发电有限责任公司 简介

▶中水崇信发电有限责任公司规划容量为2×660兆瓦+4×1000兆瓦燃煤机组，将成为甘肃省最大的典型坑口电站。一期建设的2台660兆瓦国产超临界空冷燃煤机组，已于2010年底及2011年初相继投产。2012年，完成发电量44.89亿千瓦时。图为中水崇信发电有限责任公司全貌。

图版17 中水崇信发电有限责任公司全貌

## 大唐景泰发电厂 简介

图版18 大唐景泰发电厂66万千瓦超临界空冷机组外景

◀大唐景泰发电厂规划总装机容量532万千瓦，分三期建设。一期工程建设2台66万千瓦超临界空冷机组，于2007年8月开工建设，2009年底正式投产发电，开创了甘肃省高参数、大容量、高效环保机组先河。2012年，完成发电量50.30亿千瓦时。图为大唐景泰发电厂66万千瓦超临界空冷机组外景。

# 国电兰州范坪热电有限公司 简介

图版19　国电兰州范坪热电有限公司2台33万千瓦热电
联产机组外景

▲国电兰州范坪热电有限公司规划容量为120万千瓦，其中2台33万千瓦热电联产机组年可提供30亿千瓦时电量和1500万平方米居民采暖供热能力，是全省重点能源支撑和兰州市大气污染环保治理工程。自投产至2012年底，累计发电39.47亿千瓦时，供热145.04万吉焦。图为国电兰州范坪热电有限公司2台33万千瓦热电联产机组外景。

## 甘肃省电力投资集团公司 简介

▼甘肃省电力投资集团公司是甘肃省人民政府出资设立的政策性国有大型投资公司，也是省政府授权的投资主体和国有资产经营主体。截至2012年底，控、参股建成及部分建成省内电力项目48个，电力总装机达到1113万千瓦，拥有投产权益容量539万千瓦，居省内行业之首，控股装机347万千瓦。图为甘肃省电力投资集团公司控股建成的炳灵寺水电站。

图版20　甘肃省电力投资集团公司控股建成的炳灵寺水电站

## 靖远第二发电有限公司 简介

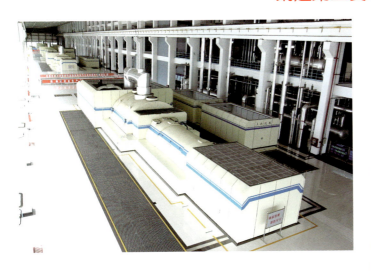

图版21 靖远第二发电有限公司汽机房

◄靖远第二发电有限公司是西北最大的中外合资火力发电企业，现有4台330兆瓦燃煤发电机组，机组总容量1320兆瓦。截至2012年12月底，已累计完成发电量700亿千瓦时。图为靖远第二发电有限公司汽机房。

## 中节能(甘肃)风力发电有限公司 简介

▼中节能(甘肃)风力发电有限公司是中节能风力发电股份有限公司的全资子公司，玉门昌马第三风电场20万千瓦风电项目、大坝南北9.6万千瓦风电项目已并网发电，玉门东风49.5兆瓦风电场和玉门河西49.5兆瓦风电场项目正在开展前期工作。图为中节能(甘肃)风力发电有限公司风光互补示范项目。

图版22 中节能(甘肃)风力发电有限公司风光互补示范项目

## 华亭煤业集团公司 简介

▶华亭煤业集团公司核定生产能力为2020万吨，已形成以煤为主，煤电、煤化工和建材为延伸发展，集煤炭生产销售和洗选加工、建筑安装、机械制造、科研设计、多种经营、矿山救护、铁路运输等多元发展的产业格局。2012年，生产原煤1753.17万吨，实现工业总产值80.39亿元，营业收入83.29亿元。图为华亭煤业集团公司60万吨煤制甲醇公司生产区。

图版23 华亭煤业集团公司60万吨煤制甲醇公司生产区

## 靖远煤业集团有限责任公司 简介

图版24 靖远煤业集团有限责任公司现代化矿井

◀靖远煤业集团有限责任公司主营业务有煤炭生产加工、基建施工、瓦斯发电、机械制造、勘察设计、商贸物流等，是全省重要的动力煤生产供应基地，名列全国煤炭企业百强66位。2012年，生产原煤1055.16万吨，实现工业总产值63.03亿元，营业收入55.56亿元。图为靖远煤业集团有限责任公司现代化矿井。

## 窑街煤电集团有限公司 简介

▶窑街煤电集团有限公司核定生产能力600万吨，在建设计能力560万吨，是国家级矿产资源综合利用示范基地。2012年，生产原煤676万吨，实现工业总产值42.97亿元，营业收入31.59亿元。图为窑街煤电集团有限公司铁路运输公司精煤外运。

图版25 窑街煤电集团有限公司铁路运输公司精煤外运

# 甘肃祁连山水泥集团股份有限公司 简介

图版26 甘肃祁连山水泥集团股份有限公司永登基地

◀甘肃祁连山水泥集团股份有限公司是中国中材股份有限公司控股子公司、国家支持的12户重点水泥企业之一,可生产的水泥品种达21个,是甘青地区最大的水泥生产企业集团、西北地区特种水泥制造商。2012年,公司水泥产能达到2130万吨,商品混凝土产能超过305万立方米,销售收入42亿元。到"十二五"末,水泥产能预计可达到4500万吨。图为甘肃祁连山水泥集团股份有限公司永登基地。

# 平凉海螺水泥有限责任公司 简介

▶平凉海螺水泥有限责任公司建设规模为2×4500吨/天新型干法熟料水泥生产线,配套4台φ4.2×13米联合水泥粉磨系统和2×7.3兆瓦纯低温余热发电系统,项目总投资15亿元,一、二线分别于2009年10月、2011年6月投产。2012年,生产水泥203.1万吨,实现工业总产值8.45亿元,销售收入5.10亿元。图为平凉海螺水泥有限责任公司全貌。

图版27 平凉海螺水泥有限责任公司全貌

# 兰州蓝天浮法玻璃股份有限公司 简介

▶兰州蓝天浮法玻璃股份有限公司是目前西北地区最大的浮法玻璃生产企业,是西北区域市场内唯一一家符合国家准入条件的玻璃生产企业。现有两条500吨/天优质浮法玻璃生产线,年产浮法玻璃600万重量箱。各类玻璃深加工产品40万平方米,年平均销售收入近5亿元。2012年,生产玻璃497万重量箱,实现工业总产值40772万元,销售收入34005万元。图为兰州蓝天浮法玻璃股份有限公司二线采装机械手装置。

图版20 兰州蓝天浮法玻璃股份有限公司二线采装机械手装置

# 兰州宏建建材集团有限公司 简介

◀兰州宏建建材集团有限公司是西北地区最大的混凝土建材制品生产企业,商品混凝土年生产能力超过300万立方米,已发展成为年产销近7亿元的现代化企业集团。2011年以来连续三年蝉联中国建材500强,连续两年蝉联中国建材最具成长性企业100强。2012年,生产商品混凝土120立方米,实现工业总产值7.2亿元,销售收入7.05亿元。图为兰州宏建建材集团有限公司商砼车输送商品混凝土。

图版29 兰州宏建建材集团有限公司商砼车输送商品混凝土

## 中国铁建重工集团有限公司兰州新区项目　简介

图版30　中国铁建重工集团有限公司盾构机

▪中国铁建重工集团有限公司兰州新区项目由世界500强企业中国铁建股份有限公司投资分两期建设，总建筑面积约33000平方米，购置工装设备200余台（套）。项目建成投产后，将形成年生产盾构16台（套）、管片20000环，为兰州市地铁建设与发展提供有力保障。图为中国铁建重工集团有限公司盾构机。

## 兰州吉利汽车工业有限公司　简介

▶兰州吉利汽车工业有限公司是浙江吉利控股集团投资兴建的汽车生产基地，2006年开工建设，按照"一次规划，分期实施"的原则，一期工程于2007年建成投产，二期扩能改造工程于2011年建成投产。目前，公司拥有完整的冲压、焊装、涂装、总装四大整车生产工艺以及整车性能检测线和整车道路试验场。2012年，生产汽车2辆，实现工业总产值6亿元。图为兰州吉利汽车工业有限公司总装车间。

图版31　兰州吉利汽车工业有限公司总装车间

## 兰州兰石集团有限公司　简介

图版32　兰州兰石集团有限公司制造的120万吨/年柴油加氢精制装置热壁加氢反应器

◪兰州兰石集团有限公司是我国建厂时间最早、规模最大、实力最强的集石油钻采、炼化、通用机械研发设计制造为一体的高端能源装备大型龙头企业集团，产品已广泛应用于石油、化工、冶金、汽车、铁路、航空航天、军工、核电、新能源等多个领域。其中钻机产品国内市场占有率曾达到90%以上，炼化设备占到全国炼化设备制造行业产品总量的30%以上。2012年，完成产品产量99514吨，实现工业总产值32.63亿元，主营业务收入35.37亿元。图为兰州兰石集团有限公司制造的120万吨/年柴油加氢精制装置热壁加氢反应器。

# 兰州电机股份有限公司 简介

▶兰州电机股份有限公司是西北地区最大的电机和发电设备制造企业,拥有国家认定的企业技术中心,是甘肃省风电成套工程技术研究中心。公司拥有主要设备831台,年综合生产能力达500万千瓦。2012年,实现工业总产值14.03亿元,营业收入7.22亿元。图为兰州电机股份有限公司电机应用于风电场。

图版33 兰州电机股份有限公司电机应用于风电场

# 兰州长城电工股份有限公司 简介

图版34 省委书记、省人大常委会主任王三运视察兰州长城电工股份有限公司天水长城开关厂

◀兰州长城电工股份有限公司为中国电工电器行业的骨干企业,主要从事高中低压开关设备、高中低压电器元件、电气传动自动化装置、新能源装备等电工电器类产品的研发、生产与销售,所属长城开关、二一三电器、天水电传、天水长控已成为国内同行业的知名品牌,主导产品均为省级名牌产品。2012年,实现工业总产值20.8亿元,销售收入19.28亿元。图为省委书记、省人大常委会主任王三运视察兰州长城电工股份有限公司天水长城开关厂。

# 天水星火机床有限责任公司 简介

▶天水星火机床有限责任公司是我国规模最大、规格最全的卧式回转类机床制造企业,大型数控车床、精密轧辊磨床主导生产企业。经过四十多年发展,现已成为以机床业务为主,能源产业为辅,相关多元产业为补充的跨国经营集团公司。2012年,企业实现工业总产值15.2亿元,销售收入14.9亿元,主导产品大型卧式普通车床、大型卧式数控车床销售量和市场占有率近30%,销售收入和金切机床产值在全国机床工具行业中均排名第6位。图为天水星火机床有限责任公司星火机床工业园重型装备车间。

图版35 天水星火机床有限责任公司星火机床工业园重型装备车间

## 兰州陇星集团 简介

图版36 兰州陇星集团生产的散热器产品

◀兰州陇星集团创建于1998年,是一家以生产新型散热器、太阳能集热器、电辐射散热器为主的,集科研、制造、营销和服务为一体的,具有国际现代化管理水平的高科技企业集团。企业在规模、技术水平、创新能力、市场占有率均处行业前列,是中国散热器行业领军企业。2012年,实现工业总产值1.3亿元,销售收入1.3亿元。图为兰州陇星集团生产的散热器产品。

## 兰州大成科技股份有限公司 简介

▶兰州大成科技股份有限公司成立于1998年10月,在绿色镀膜技术与装备、绿色镀膜新材料、绿色镀膜新能源、全电子化计算机联锁系统四个主攻方向掌握了一批关键核心技术,引领了表面工程、新材料、太阳能、轨道交通等领域若干行业的技术进步。图为兰州大成科技股份有限公司连续式太阳能反射镜复合镀膜生产线。

图版37 兰州大成科技股份有限公司连续式太阳能反射镜复合镀膜生产线

## 甘肃达利食品有限公司 简介

▶甘肃达利食品有限公司隶属于福建达利集团。现有马铃薯全粉生产线 6 条，10 万吨 PET 饮料生产线、10 万吨饮用水生产线和 10 万吨无菌灌装线各 1 条及 5 条小食品生产线，年生产马铃薯全粉 2 万吨，饮料和小食品 4 万吨。2012 年，实现销售收入 8.8 亿元。截至 2012 年，累计向当地纳税 1.8 亿元。图为甘肃达利食品有限公司无菌灌装生产线。

图版38 甘肃达利食品有限公司无菌灌装生产线

## 兰州顶津食品有限公司 简介

图版39 兰州顶津食品有限公司新建矿物质水生产线项目规划鸟瞰图

◀兰州顶津食品有限公司隶属于顶新国际集团，成立于 2005 年，现有全套饮料生产线 8 条，主要生产"康师傅"系列饮料。公司年产瓶装饮用水、果汁茶饮料 80 万吨。2012 年，实现工业总产值 17.81 亿元。图为兰州顶津食品有限公司新建矿物质水生产线项目规划鸟瞰图。

## 甘肃中粮可口可乐饮料有限公司 简介

▶甘肃中粮可口可乐饮料有限公司成立于 2004 年 1 月，拥有省内最大规模的饮料生产线，主要产品包括可口可乐、雪碧、芬达、美汁源、原叶茶、冰露系列饮料。2012 年，实现工业总产值 4.65 亿元。图为甘肃中粮可口可乐饮料有限公司外貌。

图版40 甘肃中粮可口可乐饮料有限公司外貌

## 甘肃黄羊河集团食品有限公司 简介

图版41　甘肃黄羊河集团食品有限公司真空包装线

◀甘肃黄羊河集团食品有限公司成立于1999年,建有标准化车间9000平方米,标准化仓库5000平方米。公司以生产真空保鲜甜糯玉米系列、速冻蔬菜系列产品为主,是全省农业产业化重点龙头企业。2012年,实现工业总产值4.12亿元。图为甘肃黄羊河集团食品有限公司真空包装线。

## 兰州庄园牧场股份有限公司 简介

▶兰州庄园牧场股份有限公司成立于2000年4月,拥有三个乳品加工基地和10个现代化奶牛养殖牧场,各种生产线60余条,产品种类120多个,是集奶牛养殖、技术研发、乳品加工、销售为一体的专业化乳制品生产企业。2012年,实现工业总产值3.28亿元。图为兰州庄园牧场股份有限公司无菌利乐枕包装生产线。

图版42　兰州庄园牧场股份有限公司无菌利乐枕包装生产线

## 兰州正大有限公司 简介

▶兰州正大有限公司成立于1991年，主要从事饲料、畜禽养殖及城市食品产业，是国家级农业产业化重点龙头企业。规划到2015年，建设12万吨现代化饲料厂及100万头生猪和300万只蛋鸡的现代产业化示范项目。2012年，实现工业总产值7.83亿元。图为兰州正大有限公司蛋鸡示范场。

图版43 兰州正大有限公司蛋鸡示范场

## 定西蓝天淀粉有限公司 简介

◀定西蓝天淀粉有限公司创建于2002年，是我省农业产业化重点龙头企业。企业拥有年产1万吨、4万吨马铃薯精淀粉生产线和5000吨水晶粉生产线各1条。图为定西蓝天淀粉有限公司淀粉生产线。

图版44 定西蓝天淀粉有限公司淀粉生产线

## 兰州三毛实业股份有限公司 简介

◀兰州三毛实业股份有限公司始建于 1972 年，主要产品毛精纺呢绒有 50 多个系列、上万个品种和花色，年产 600 万米，年销售额 3 亿元。企业是我国毛纺行业的骨干企业，也是西北地区唯一一家集条染复精梳、纺纱、织造、染整为一体的全能型综合毛精纺企业，产品畅销全国及美国、日本、科威特、韩国等二十多个国家和地区。2012 年，实现工业总产值 3.64 亿元。图为兰州三毛实业股份有限公司生产车间。

图版45　兰州三毛实业股份有限公司生产车间

## 泾川天纤棉业有限责任公司 简介

▼泾川天纤棉业有限责任公司成立于 2009 年 6 月，主要生产"泾河牌"高档棉纱，是甘肃省私营企业 100 强之一。企业规划到"十二五"末，建成甘肃最大的棉纱生产企业和西北最大的彩棉加工基地。2012 年，实现总产值 9030.5 万元。图为泾川天纤棉业有限责任公司生产车间。

图版46　泾川天纤棉业有限责任公司生产车间

# 甘肃高新纺织有限公司 简介

　▼甘肃高新纺织有限公司现有 8000 锭亚麻湿纺纱生产线，年产亚麻湿纺纱 1500 吨，产品主要销往欧美、东南亚及国内十多个省市。总投资 9.68 亿元以亚麻综合精深加工为主导产业的集科技研发、产品加工、商务贸易为一体的高新亚麻纺织科技园，已在甘肃武威工业园区开工建设。图为甘肃高新纺织有限公司高新亚麻纺织科技园 10000 锭亚麻湿纺纱搬迁改造项目鸟瞰图。

图版47　甘肃高新纺织有限公司高新亚麻纺织科技园10000锭亚麻湿纺纱搬迁改造项目鸟瞰图

# 天水高盛纺织有限公司 简介

图版48　天水高盛纺织有限公司棉纺纱锭生产线

　◀天水高盛纺织有限公司 2010 年 11 月开工建设规模为 10 万锭棉纺纱锭，2011 年 12 月一期 3 万锭建成投产，2013 年建设二期 5 万锭生产线。项目建成投产后，预计年产值达到 2 亿元。2012 年，企业实现产值 6500 万元。图为天水高盛纺织有限公司棉纺纱锭生产线。

## 兰州生物制品研究所有限责任公司　简介

图版49　兰州生物制品研究所有限责任公司血液制剂生产线

▶兰州生物制品研究所有限责任公司是我省乃至西北地区唯一一家大型的生物高技术企业，主要产品有口服轮状病毒活疫苗、b型流感嗜血杆菌结合疫苗、A群C群脑膜炎球菌多糖疫苗、注射用A型肉毒毒素等。2012年，实现工业总产值13.63亿元，主营业务收入12.28亿元。图为兰州生物制品研究所有限责任公司血液制剂生产线。

## 兰州佛慈制药股份有限公司　简介

▶兰州佛慈制药股份有限公司是一家拥有近百年制药历史的国有控股上市公司，现已发展成为西北地区中医药行业的龙头企业。公司拥有25条生产线和345个药品生产批准文号，佛慈六味地黄丸等诸多产品行销全国，出口到美国、澳大利亚、日本等27个国家和地区。2012年，实现工业总产值2.88亿元，主营业务收入2.66亿元。图为兰州佛慈制药股份有限公司浓缩丸生产线。

图版50　兰州佛慈制药股份有限公司浓缩丸生产线

## 甘肃陇神戎发药业股份有限公司　简介

图版51　甘肃陇神戎发药业股份有限公司元胡止痛滴丸生产线

◀甘肃陇神戎发药业股份有限公司系西北永新集团控股子公司，是一家集新药研发、中药加工和生产经营为一体的国家级高新技术企业，年销售收入近3亿元。随着"200亿粒/年现代中药产品扩能改造建设项目"的建设，企业将发展成为集现代中药生产、中药材种植、中药饮片加工、新药研发等为一体的大型医药企业集团。2012年，实现工业总产值2.27亿元，主营业务收入2010亿元。图为甘肃陇神戎发药业股份有限公司元胡止痛滴丸生产线。

## 甘肃独一味生物制药股份有限公司 简介

▶甘肃独一味生物制药股份有限公司是以现代中药为基础,致力于生物肿瘤新药开发和医疗服务的现代化制药企业。公司的拳头产品"独一味胶囊"连续多年被评为甘肃省名牌产品,在全国止血镇痛类民族药中排名前列。2012年,实现工业总产值4.31亿元,主营业务收入3.09亿元。图为甘肃独一味生物制药股份有限公司专利墙。

图版52 甘肃独一味生物制药股份有限公司专利墙

## 甘肃扶正药业科技股份有限公司 简介

▼甘肃扶正药业科技股份有限公司是一家集药品研发、生产、销售于一体的现代化药品生产企业,拥有以贞芪扶正系列产品为主的中药系列和以大容量注射剂为主的西药系列188个品种规格的产品,具有年产大容量注射剂1亿瓶、胶囊剂5亿粒、颗粒剂1亿袋的生产能力。2012年,实现工业总产值2.45亿元,主营业务收入1.80亿元。图为甘肃扶正药业科技股份有限公司大容量注射剂玻瓶生产线灌装机。

图版53 甘肃扶正药业科技股份有限公司大容量注射剂玻瓶生产线灌装机

# 航天长征化学工程股份有限公司兰州分公司 简介

图版54　航天长征化学工程股份有限公司兰州分公司设计的河南晋开化工投资控股集团有限责任公司500千吨/年合成氨及配套工程

◀航天长征化学工程股份有限公司兰州分公司隶属于中国航天科技集团中国运载火箭技术研究院，是集研发、咨询、设计、采购管理、施工管理、开车服务、计算机模拟仿真培训于一体的工程公司。2012年，实现经营收入7363万元，缴税2441万元,为甘肃省非公经济纳税百强。图为航天长征化学工程股份有限公司兰州分公司设计的河南晋开化工投资控股集团有限责任公司500千吨/年合成氨及配套工程。

# 甘肃省建材科研设计院 简介

图版55　甘肃省建材科研设计院技术人员进行实验分析

◀甘肃省建材科研设计院是持有综合甲级资质的国有重点科研院所，现有各类员工230人,其中高级职称35人。其主要从事建筑材料及建筑行业的科研、设计、检测、咨询、工程总承包、成果产业化等工作,在新型建筑材料、资源综合利用、绿色建筑、可再生能源利用、建筑节能、工业项目节能技术改造等方面的研发和技术能力居全国先进水平。图为甘肃省建材科研设计院技术人员进行实验分析。

## 酒泉市瓜州县柳沟物流园区 简介

◀酒泉市瓜州县柳沟物流园区共设物流综合、广汇自营物流、煤炭储运、煤化工等8个功能区。目前物流园区共入驻19户企业，累计完成固定资产投资13亿元。2012年，园区完成产值18.9亿元，实现税收1.7亿元。图为瓜州县淡水河谷能源有限公司柳沟煤基联产综合利用项目。

图版56　瓜州县淡水河谷能源有限公司柳沟煤基联产综合利用项目

## 兰州鑫标管理咨询有限公司 简介

▼兰州鑫标管理咨询有限公司成立于2001年，是西北地区具有实力的专业化咨询、培训机构。公司专业提供认证咨询、管理咨询、实验室认可咨询和节能评估、能源审计、环境影响评价、安全评价以及各类培训等服务，已成功为近千家企业经营发展提供了全方位专业化咨询服务和培训。图为兰州鑫标管理咨询有限公司为客户开展业务培训。

图版57　兰州鑫标管理咨询有限公司为客户开展业务培训

## 中国兵器甘肃银光化学工业集团有限公司 简介

图版58 中国兵器甘肃银光化学工业集团有限公司10万吨TDI生产线

◀中国兵器甘肃银光化学工业集团有限公司被誉为我国聚氨酯产业的摇篮，具备年产 15 万吨 TDI、18 万吨 DNT、12 万吨 PVC、3.5 万吨 TDA 的生产与加工能力，是国内同行业中产品品种最多、生产能力最大的国家重点保军企业。2012 年，生产 TDI 12.21 万吨，DNT 11.79 万吨，PVC 产量 8.14 万吨，实现工业总产值 60.46 亿元，销售收入 53.01 亿元。图为中国兵器甘肃银光化学工业集团有限公司 10 万吨 TDI 生产线。

## 甘肃长风信息科技集团有限公司 简介

▶甘肃长风信息科技集团有限公司是国家"一五"期间投资建设的 156 项重点工程之一，现已发展成为能够同时研发生产机载电子装备和海防电子装备两大系列产品的大型军工电子企业，为部队提供了大量军用电子装备和专用测试设备。2012 年，完成总产值 2.7 亿元，生产主要电子设备 6 万台。图为甘肃长风信息科技集团有限公司科研大楼。

图版59 甘肃长风信息科技集团有限公司科研大楼

## 中核兰州铀浓缩有限公司 简介

图版60 中核兰州铀浓缩有限公司现代化的主工艺厂房

◀中核兰州铀浓缩有限公司是中国第一座铀同位素分离企业，曾先后为中国第一颗原子弹、第一颗氢弹、第一艘核潜艇、第一座核电站提供了合格的核燃料。企业规划到 2020 年，核燃料主业的生产规模扩大到现在的 6~8 倍，利润达到 10 倍以上，总体建成一流的现代化核燃料基地。图为中核兰州铀浓缩有限公司现代化的主工艺厂房。

## 航天510所 简介

▶航天510所是我国第一批直接从事空间飞行器研制的单位，拥有国防真空计量一级站、国家级低温容器质检中心和三个国家级重点实验室等科研机构，始终保持着真空、低温、空间电子等专业技术优势。全所发展民用产业，打造真空装备和矿用救生装备两个支柱性产业，实现军民融合发展。2012年，航天510所实现营业收入突破10亿元。图为航天510所大型地面试验设备。

图版61 航天510所大型地面试验设备

## 中航兰州飞行控制有限责任公司 简介

图版62 兰州飞行控制有限责任公司（国营第242厂）数字化加工生产线

◀中航兰州飞行控制有限责任公司是我国"一五"期间156个重点建设项目之一，专业从事研究、生产飞行自动控制系统及其他航空仪表和民用航空产品的骨干企业。先后有60余项科研成果和产品技术获得国家、省部级科技进步奖，填补了我国航空飞控技术领域空白。图为兰州飞行控制有限责任公司（国营第242厂）数字化加工生产线。

## 甘肃虹光电子有限责任公司 简介

▶甘肃虹光电子有限责任公司是我国研制生产军用微波电真空器件的专业生产厂家，也是西北唯一一家开展军、民两用电真空器件科研生产的企业。有41种产品填补国内空白，40多种产品为国防工程提供配套。2012年，完成工业总产值6134.07万元，实现主营业务收入4573万元。图为甘肃虹光电子有限责任公司高频无极荧光灯生产线。

图版63 甘肃虹光电子有限责任公司高频无极荧光灯生产线

图版64 天水华天电子集团集成电路封装生产现场

## 天水华天电子集团 简介

▶天水华天电子集团是我省规模最大的集成电路封装企业,主要产品有塑封集成电路、模拟/混合集成电路、半导体功率器件、电源模块、集成压力传感器/变送器、半导体封装设备/模具、半导体封装材料、MEMS 及 LED 九大系列1000 多个品种,广泛应用于航空、航天、兵器、船舶、工业自动化控制、计算机、网络通信以及消费类电子等领域。2012 年,实现工业总产值 22.2亿元,封装集成电路 72 亿只。图为天水华天电子集团集成电路封装生产现场。

## 天光半导体有限责任公司 简介

▶天光半导体有限责任公司是国家重点工程配套生产研制单位,现有 4 英寸 3 微米生产线 1 条,2~3 英寸 5 微米生产线 1 条,相继开发的大功率三极管、固体放电管、发光二极管、肖特基整流二极管、功率集成电路等系列产品在用户中享有较高信誉。2012年,完成工业总产值 11607 万元,生产中小规模集成电路 34.62 万块,肖特基二极管69262.54 万只。图为天光半导体有限责任公司肖特基二极管生产线。

图版65 天光半导体有限责任公司肖特基二极管生产线

## 天水华洋电子科技股份有限公司 简介

◀天水华洋电子科技股份有限公司是西北地区专业生产半导体集成电路引线框架和高精密光学蚀刻电子器件的微电子企业,生产能力已达到年产 20 亿只集成电路引线框架的能力。2012 年,实现工业总产值 9672 万元,年产集成电路引线框架 7.5 亿只。图为天水华洋电子科技股份有限公司集成电路引线框架生产线。

图版66 天水华洋电子科技股份有限公司集成电路引线框架生产线

## 兰州瑞德集团 简介

▶兰州瑞德集团是工信部电子专用设备 14 家骨干企业之一，在晶体、玻璃、光学光电子、半导体等行业材料制备主要设备上已形成生产配套能力，在 6 英寸半导体材料加工上已具有成熟的设备规模生产能力，先后开发研制、生产各类专用设备 120 余种、6000 余台。2012 年，实现产值 1.71 亿元，生产电子设备 590 台（套）。图为兰州瑞德集团抛光机生产线。

图版67　兰州瑞德集团抛光机生产线

## 兰州天际环境保护有限公司 简介

图版68　兰州天际环境保护有限公司创业孵化楼

◀兰州天际环境保护有限公司是具有现代化管理经验的高新技术企业、软件企业，是我国交通储运扬尘治理系列喷洒装备、扬尘治理成套设备全自动控制系统、扬尘治理系列抑尘剂的主要研究、开发及生产基地。截至 2012 年，成套装备在全国 29 个省市、18 个铁路局全覆盖，建立了 316 个推广应用示范站点，铁道部煤炭抑尘市场占有率超过 75%。图为兰州天际环境保护有限公司创业孵化楼。

## 中国电信股份有限公司甘肃分公司 简介

◀中国电信股份有限公司甘肃分公司主要经营甘肃省内的国内固定电信网络与设施,基于固定电信网络的话音、数据、图像、多媒体通信、信息服务以及与通信及信息业务相关的系统集成、技术开发、技术服务、信息咨询、广告、设备生产、销售和设计与施工。现下辖 14 个市(州)分公司、70 个县(市、区)电信分公司、5 个直属单位和 3 个控股公司,资产规模超过 100 亿元。2012 年,实现主营业务收入 40.9 亿元。图为中国电信股份有限公司甘肃分公司兰州第二长途电信枢纽。

图版69 中国电信股份有限公司甘肃分公司兰州第二长途电信枢纽

## 中国移动通信集团甘肃有限公司 简介

▶中国移动通信集团甘肃有限公司成立于 1999 年 9 月 8 日,长期以来,贯彻"客户为根、服务为本"理念,坚持走具有西部特色的创新发展之路,智慧经营,加快发展,综合实力显著增强。尤其是在移动互联网时代,大胆探索新领域,实践新模式,创造"移动改变生活"的美好愿景。2012 年末,实现主营业务收入 89.2 亿元。图为中国移动通信集团甘肃有限公司推出的"城市一卡通"手机刷卡消费业务。

图版70 中国移动通信集团甘肃有限公司推出的"城市一卡通"手机刷卡消费业务

## 中国联合网络通信集团有限公司甘肃省分公司 简介

◀中国联合网络通信集团有限公司甘肃省分公司主要经营固定通信、移动通信、国内国际通信设施服务、卫星国际专线、数据通信、网络接入和各类电信增值等业务,营销网点遍布全省城乡各地,服务公众客户近 300 万户,集团客户近万家,并与全球 227 个国家和地区的 445 个运营商开通了语音/短信漫游业务,与 161 个国家和地区的 321 个运营商开通了数据漫游业务,为 3G 用户提供了 90 个主要国家和地区的高速数据漫游业务,与 11 个国家和地区的 22 个运营商开通了可视电话漫游业务。2012 年,实现主营业务收入 15.3 亿元。图为中国联合网络通信集团有限公司甘肃省分公司中心机房数字配线架。

图版71 中国联合网络通信集团有限公司甘肃省分公司中心机房数字配线架